东汉晚期陈留文人群体研究

袁亚铮 著

吉林大学出版社
·长春·

图书在版编目（CIP）数据

东汉晚期陈留文人群体研究 / 袁亚铮著. -- 长春：吉林大学出版社，2020.3
ISBN 978-7-5692-6175-2

Ⅰ.①东… Ⅱ.①袁… Ⅲ.①文人-人物研究-陈留县-东汉时代 Ⅳ.①K825.6

中国版本图书馆CIP数据核字（2020）第036197号

书　　名	东汉晚期陈留文人群体研究
	DONGHAN WANQI CHENLIU WENREN QUNTI YANJIU
作　　者	袁亚铮　著
策划编辑	李伟华
责任编辑	李卓彦
责任校对	柳　燕
装帧设计	王　艳
出版发行	吉林大学出版社
社　　址	长春市人民大街4059号
邮政编码	130021
发行电话	0431-89580028/29/21
网　　址	http：//www.jlup.com.cn
电子邮箱	jdcbs@jlu.edu.cn
印　　刷	北京厚诚则铭印刷科技有限公司
开　　本	787mm×1092mm　1/16
印　　张	10
字　　数	180千字
版　　次	2021年3月　第1版
印　　次	2021年3月　第1次
书　　号	ISBN 978-7-5692-6175-2
定　　价	48.00元

版权所有　翻印必究

绪 论

我国土地广袤，不同地域其风俗、人物亦颇有差别，此点早已为史家所注意到。《史记·货殖列传》和《汉书·地理志》皆曾论及各地风俗及人物的差异。东汉时期不同地域的士人，其政治追求和精神意态颇有不同，如东汉末年曹操与荀彧书信中曰："汝颍故多奇士"，孔融和陈群因辩论汝、颍两地士人的优劣而留下了《汝颍优劣论》一文。正如余英时先生所云："然则文举此论简略，实为说明汉末士大夫地域分化及汉晋之际精神意态之转变之重要文字，读史者诚不宜忽视之也。"① 王传武的《东汉党人的地域认同研究》(《中华文化论坛》，2009年，第4期) 也认为"地域观念在东汉时已为人们普遍意识到"。

具体到陈留郡来说，东汉晚期，陈留郡下辖小黄、成安、宁陵、雍丘、酸枣、东昏、襄邑、外黄、封丘、长罗、尉氏、傿、长垣、平丘、济阳、浚仪等17县。作为"天下之冲"(《史记·郦生陆贾列传》) 陈留不但地理位置十分重要，其地域特征也十分明显，即文人荟萃。根据卢云先生的统计东汉时期《后汉书》列传中的士人数量陈留占据第五位；全国从事教授的人数陈留居第四位，而东汉一朝博士数量陈留居第一位②。陈君指出："边韶、边让出于陈留浚仪，蔡邕来自陈留圉县，张升为陈留尉氏人，仅此四人已可说明后汉陈留文才之盛。"③ 正如袁行霈先生的理解："在某个时期，同一地区集中出现一批文学家，使这个地区成为人文荟萃之地"(《中国文学概论·总论》第三章《中国文学的地域性与文学家的地理分布》) 就值得学界重视。而今学界对于

---

① 余英时：《士与中国文化》，上海人民出版社，1987年，第302页。
② 卢云：《汉晋文化地理》，陕西人民出版社，1991年，第91页。
③ 陈君：《东汉社会变迁与文学演进》，中国社会科学出版社，2012年，第232页。

东汉区域文学的研究多侧重于汝南、颍川和南阳地区，而对于在东汉末年大放异彩的陈留文人鲜有论及，为此笔者将致力于此问题的研究。

虽然现在尚未见到研究陈留文人群体的专著，但一些文献整理或研究性著作中也有所涉及，主要可以分为以下几个方面。

其一，涉及陈留文人资料的专著。吕友仁、查洪德先生主编的《中州文献总录》（中州古籍出版社，2002年），该书辑录了古代所有中原文人的资料，因为东汉陈留郡的辖区有一部分在中原地区，所以该书为笔者搜集陈留文人的资料提供了便利；曹道衡、沈玉成先生的《中古文学史料丛考》（中华书局，2003年），其书考证了陈留文人蔡邕、路粹、阮瑀、潘勖、苏林的事迹，考证翔实，结论可靠；吴树平的《秦汉文献研究》（齐鲁书社，1988年）一书中对陈留文人蔡邕的史学著述有详细的考辨和论述；此外，关于陈留文人文集的整理有邓安生的《蔡邕集编年校注》（河北教育出版社，2002年），其考辨编年颇见功力。

其二，注意到东汉陈留地区文化繁荣的专著或论文。卢云的《汉晋文化地理》根据实际数据统计得出"东汉时期，文化重心从西汉时的齐鲁及其周围地区逐渐西移至洛阳周围的南阳、颍川、汝南、河南、陈留一带"。认为："这与当时的清议党锢斗争有密切联系。"[①] 卢云认识到了汉末汝、颍、陈留地区文化的繁荣，但没有深入探讨；日本学者冈村繁通过对汉末文坛的考察指出"当时的陈留郡有一个令人瞩目的现象，即该地产生许多冠盖各地的文人俊才。"[②] 也认识到了汉末陈留文人辈出；刘德杰的《论东汉文学创作地理整体格局及其变迁》（《中南民族大学学报》，2015年，第2期）认为造成陈留在东汉中期以后文士泉涌局面的原因是陈留地近京师，自秦至汉，名臣甚多等诸多政治文化因素；刘太祥的《河南汉代的文化格局及其成因》（《周口师范学院学报》1999年第4期）认为陈留郡良好的社会风气，促进了陈留郡在东汉的文化繁荣；陈君亦注意到东汉时期陈留文才荟萃，其云："边韶、边让出于陈留浚仪，蔡邕来自陈留圉县，张升为陈留尉氏人，仅此四人已可说明后汉陈留文才之盛。"[③]但作者论述的重点不在此，所以对此并未深究。

其三，对陈留区域文化特征的论述。王兴龙的《两汉陈留郡研究》（云南师范大学2013年古代史硕士论文）从政区沿革、社会经济和思想文化三个方面探讨了两汉时期陈留郡的情况；日本学者冈村繁先生已经注意到汉末陈留郡

---

① 卢云：《汉晋文化地理》，陕西人民出版社，1991年，第80—88页。
② 冈村繁著、陆晓光译：《周汉文学史考》，上海古籍出版社，2002年，第253页。
③ 陈君：《东汉社会变迁与文学演进》，中国社会科学出版社，2012年，第232页。

的氛围"与首都洛阳暗淡狂躁的政治气氛迥然不同"。陈留文人与汝颍文人的"拮抗争锋"亦不同，显示出"崇尚隐逸文艺"的地域特点①。冈村繁先生关注到了汉末政治斗争盛行下陈留文人的独特之处；王子今的《论申屠蟠"绝迹于梁砀之间"——兼说汉代处士的文化表现与历史形象》（《中州学刊》，2009年第6期）和《汉末政治风暴与"处士"的文化表现》（《社会科学》2012年第1期）关注到了汉末以陈留士人申屠蟠、范冉等人为代表的"处士文化"，并称这与"梁砀之间"（陈留的外围）特殊的生态环境及由此构成的特殊的文化圈有关。

其四，对陈留文人及其文学创作的论述。关于陈留文人生平事迹钩沉的有：刘志伟的《桓灵时代与边让事迹考论》（《汉魏六朝文史论衡》，上海古籍出版社，2012年，第126-137页）对陈留著名作家边让的事迹进行了考辨和勾勒；陈君《东汉社会变迁与文学演进》（中国社会科学出版社，2012年，第388-390页）考辨了陈留文人张升的生平和事迹；关于陈留文人的辞赋创作，马积高注意到了陈留文人赋风的变化，认为蔡邕的《协和婚赋》和边让的赋作《章华台赋》"写得太放肆，竟稍带有庸俗的色情趣味了。"②关于陈留文人的创作与汉末文风的关系，刘跃进先生的《蔡邕的生平创作与汉末文风的转变》（《文学评论》，2004年第3期）和齐天举的《汉末文风转变中的代表作家蔡邕》（《文学遗产》，1986年第2期）皆关注到陈留文人蔡邕在汉魏文风的转变中起到的作用，认为蔡邕已经开启了骈偶化的风气。

其五，关于陈留士风对魏晋士风的影响的论述。最早论及此问题的是余嘉锡先生，余嘉锡先生认为魏晋风气自东汉启。《世说新语笺注·伤逝篇》"王仲宣好驴鸣"条余嘉锡引东汉人戴良为母学驴鸣事，有按语云："此可见一代风气，有开必先。虽一驴鸣之微，而魏晋名士之嗜好，亦袭自后汉也。"王永平的《魏晋风度的前奏》（《浙江社会科学》，2008年第11期）认为汉末陈留文人范冉的"激诡之行"和张升的"任情不羁"是魏晋风度的前奏。李春青的《闲情逸致：古代文人趣味的基本特征及其文化政治意蕴》（《江海学刊》，2013年，第5期）认为东汉后期蔡邕、阮瑀、蔡琰等人通过书法、音乐和诗歌来表达自己的"闲情逸趣"是"文人趣味"的体现。

基于以上研究成果，本书主要采取文献分析法，对东汉晚期的陈留文人群体进行全面的研究。需要说明的是本文所涉及的"东汉晚期"，从汉桓帝本初元年（146）起到汉献帝延康元年（220）曹丕代汉止，前后共74年。书中所

---

① 冈村繁著、陆晓光译：《周汉文学史考》，上海古籍出版社，2002年，第253页。
② 马积高：《赋史》上海古籍出版社，1987年，第133页。

论及的作家有早于或晚于此一时段的，但其活动时间大体在此范围之内。"东汉晚期"在历史上又被称为"汉末"，所以书中有时又用"汉末"来称呼这段时间。

此外，本文所论的"陈留文人"，指的是陈留籍贯的文人。又因为东汉晚期"文人"和"文学"尚未完全自觉，且文中涉及到"士风"的问题，所以文中有的地方会出现"陈留士人""陈留文士"等词，其均为"陈留文人"的别称。需要说明的是，有些陈留文人如蔡琰和阮瑀，有的文学史将其归为魏晋文学来讨论，而本文将其归到汉末，因为蔡琰在《后汉书》有传，阮瑀卒于建安十七年（212），其时曹丕尚未代汉，且二人的诗风更接近汉诗。

最后，本文拟从以下几个方面来研究陈留文学。

第一，先秦时期陈留地区的文化传统。主要讨论东汉陈留文人群体崛起的历史文化背景。

第二，汉末动荡背景下陈留文人的政治态度及其人生际遇。主要讨论陈留文人生活的时代背景。

第三，陈留文人的交游与汉末士风的嬗变。主要讨论陈留文人在交游上的新变，及其对魏晋士风的影响。

第四，两汉时期陈留经史之学与散文风尚。主要讨论陈留的经学、史学对其文学创作的影响。

第五，陈留文人的辞赋创作。主要探讨陈留文人辞赋题材上的新变。

第六，蔡邕专论。主要从性格角度探讨蔡邕的文学创作及其文学观念。

第七，陈留文人对魏晋文学的影响。东汉晚期陈留文人和魏晋文人往来颇多，其为魏晋文坛输送了不少文人，并且在诗赋创作的内容上（如纪行类）对魏晋文人有很大影响。

目 录

第一章 先秦时期陈留地区的文化传统 ·· 1
第一节 宋陈道家思想与陈留的隐逸传统 ································· 2
第二节 宋卫郑陈文化圈与陈留崇尚艺文的风气 ····················· 8
第三节 先王遗风和陈留的君子文化传统 ································ 15

第二章 汉末政治风暴中陈留文人政治态度和人生际遇 ············ 20
第一节 汉末政治风暴中陈留文人的政治态度 ······················· 20
第二节 汉末陈留文士的人生际遇 ·· 27

第三章 陈留文人的交游与汉末士风的嬗变 ································· 36
第一节 陈留文人的交游对象和交游准则 ······························ 37
第二节 汉末陈留士风的新变及其影响 ·································· 46

第四章 两汉时期陈留经史之学与散文风尚 ································· 59
第一节 东汉陈留的经学与散文创作 ······································ 61
第二节 东汉陈留的史学与散文创作 ······································ 72

第五章 陈留文人群体的辞赋创作 ··· 85
第一节 陈留文人辞赋创作题材上的新变 ······························ 85
第二节 陈留文人辞赋创作形式上的新倾向 ·························· 93
第三节 陈留文人的辞赋观 ·· 99

第六章 蔡邕及其文学创作 ··· 104
第一节 蔡邕的性格及其对文学的影响 ································ 104
第二节 蔡邕的文学观念 ··· 113
第三节 蔡邕的诗歌创作 ··· 119

第七章　陈留文人对魏晋文学的影响 …………………………………… 124
　　第一节　陈留与魏晋文才之盛 ……………………………………… 124
　　第二节　陈留文人对魏晋文人创作的影响 ………………………… 129
参考文献 ………………………………………………………………… 139
后　记 …………………………………………………………………… 148

第一章 先秦时期陈留地区的文化传统

陈留本是春秋时期的一个邑名，古称留邑。《汉书·地理志上》颜师古引孟康注云："留，郑邑也，后为陈所并，故曰陈留。"① 孟康解释了"陈留"一名的来源，并指出历史上留邑曾隶属郑、陈二国。两汉陈留郡的辖区在春秋时期多属宋、郑、陈、卫故地。秦王政二十二年（前225）置砀郡，辖睢阳县、虞县、蒙县、襄邑、外黄县、陈留县、雍丘县、大梁县、济阳县、单父县、栗县、鄢县、芒县、砀县、谯县等21个县，郡治睢阳县，即后来陈留郡的部分属县在秦始皇时归于砀郡。武帝元狩元年（前122）置陈留郡，属兖州。从此陈留为郡名，辖陈留、小黄、成安、宁陵、雍丘、酸枣、东昏、襄邑、外黄、封丘、长罗、尉氏、傿、长垣、平丘、济阳、浚仪等17县。此次设置奠定了陈留郡的基本辖区。东汉前期，省成安、长罗二县。章帝时，以梁郡甾县来属，更名为考城县。章帝建初四年（79），以傿县、宁陵县属梁国，以长垣县属济阴国。后又以长垣县还属陈留郡。和帝永元十一年（99），置己吾县。其后，以陈国之圉、扶沟二县属陈留。至此陈留郡的辖区基本定型，为17县，分别是：陈留、浚仪、尉氏、雍丘、襄邑、外黄、小黄、东昏、济阳、平丘、封丘、酸枣、长垣、己吾、考城、圉、扶沟。

把握两汉陈留郡区域文化特质，须厘清陈留下属各县的文化传承。两汉陈留郡的辖区，不仅有郑、陈之地，还是春秋战国时期宋、陈、卫、杞、魏等国的故地。1. 浚仪。《汉书·地理志上》颜师古注："故大梁，魏惠王自安邑徙此。"② 可见浚仪盖受魏国文化的影响；2. 尉氏。《汉书·地理志上》颜师古引臣瓒注云："郑大夫尉氏之邑，故遂以为邑。"③ 可见尉氏是郑故地，大抵受郑国文化的影响；3. 雍丘。《后汉书·郡国志三》陈留郡雍丘下李贤注云："雍丘本杞国"。可见雍丘是杞国的故地，大抵受杞文化的影响；4. 襄邑。

---

① 班固：《汉书》卷二十八上《地理志》，中华书局，1962年，第1559页。
② 班固：《汉书》卷二十八上《地理志》，中华书局，1962年，第1559页。
③ 班固：《汉书》卷二十八上《地理志》，中华书局，1962年，第1559页。

《汉书·地理志上》颜师古注云："圈称云襄邑宋地，本承匡襄陵乡也。宋襄公所葬，故曰襄陵。"① 可见襄邑本是宋的故地，其当受宋文化的影响；5. 外黄。《后汉书·郡国志》载陈留郡外黄县云："外黄，有葵丘聚，齐桓公会此。城中有曲棘里。"② 王先谦《后汉书集解》引惠栋注云："《陈留风俗传》云，外黄南有渠水，于春秋为宋之曲棘里，故宋之别都城矣。"③ 外黄之曲棘里是宋的别都，则外黄是宋故地，且其受宋国文化影响可知；6. 长垣。《后汉书·郡国三》陈留郡长垣县载："长垣侯国。有匡城。有蒲城。有祭城。"匡地和蒲城春秋时属于卫地，祭城。祭城杜预注曰"郑祭封人仲邑。"④ 可见长垣是郑、卫故地，其当受郑、卫文化的影响；7. 己吾。《后汉书·郡国三》陈留郡己吾县下王先谦引惠栋注释云："《陈留风俗传》云：县，故宋也。杂以陈、楚之地。……永元十一年，陈王削地，以大棘乡、直阳乡自隐隶之，命以嘉名曰己吾，犹有陈、楚之俗焉。"⑤ 己吾杂以陈、楚之地，所以其地受有陈、楚风俗的影响可知。8. 圉县。圉县，王先谦《后汉书集解》云："《陈留风俗传》云：旧陈地，苦楚之难，修干戈于境，以备虞其患，故曰圉。"⑥ 圉县春秋时期属于陈国，苦于楚国的侵犯，所以更名为圉，可见其概受陈文化的影响。由上可知，东汉时期陈留郡所辖区域多属春秋时宋、陈、卫、郑、杞之地，所以其地多受宋、陈、郑、卫、杞文化的影响。

第一节　宋陈道家思想与陈留的隐逸传统

春秋时期宋、陈两国毗邻，文化亦相近，所以后世有学者称其地学术、文化为"宋陈之学"或"宋陈文化"⑦。"宋陈之学"的核心是老、庄思想，因为宋陈地区是老、庄思想的发源地。关于老子，以前学界多认定其是楚人，此种说法源于司马迁，其在《史记·老子韩非列传》中记载："老子者，楚苦县厉乡曲仁里人也。"⑧ 但到刘宋裴骃为《史记》作集解时，反对老子是楚人一

---

① 班固：《汉书》卷二十八上《地理志》，中华书局，1962年，第1559页。
② 范晔：《后汉书》志第二十一《郡国三》，中华书局，1965年，第3447页。
③ 王先谦：《后汉书集解》，广陵书社影印本，2006年，第1191页。
④ 范晔：《后汉书》志第二十一《郡国三》，中华书局，1965年，第3449页。
⑤ 王先谦：《后汉书集解》，广陵书社影印本，2006年，第1192页。
⑥ 王先谦：《后汉书集解》，广陵书社影印本，2006年，第1192页。
⑦ 刘成纪：《宋陈文化与宋陈之学》，《社会科学战线》，1998年，第5期。
⑧ 司马迁：《史记》卷六十三《老子韩非列传》，中华书局，1959年，第2139页。

说，提出老子是陈人的说法，其云："《地理志》曰苦县属陈国。"① 唐司马贞解释了司马迁混淆老子籍贯的原因，其云："苦县本属陈，春秋时楚灭陈，而苦又属楚，故云楚苦县。"② 以上材料说明老子本是陈人，而司马迁将其归于楚人，正如有的学者所说："司马迁之所以称老子为楚人，不是由于他对历史年代的疏忽，就是因为他用战国时期的地理疆域去描述春秋时代的地理版图。"③ 据此，老子是陈人可知。而陈留与陈国的渊源颇深，陈留古称"留"，《汉书·地理志》曰："留，郑邑也，后为陈所并，故曰陈留。"④ 可见历史上陈留一度是陈国故地。陈留既曾为陈的故地，而老子又是陈人，所以在历史上陈留地区受老子思想的影响颇大。

除了陈之外，两汉时期陈留辖区还多宋的故地，而庄子即宋国蒙人。春秋时蒙地和苦地虽分属宋、陈两国，但两地相距颇近，"苦在今河南鹿邑县东，蒙在今商丘县东北，两地极相近，皆河南东缘，近安徽江苏西北境。"⑤ 苦县与蒙县地理相近，则老子和庄子思想趋近也在情理之中。关于老庄思想，司马迁在《史记·老子韩非列传》中云："其学以自隐无名为务。"⑥ 张岱年先生云："无为的学说，发自老子。老子是道家的创始人。春秋时代，有许多主张避世洁身的隐者。所谓道家者流，实源于此类隐者。"⑦ 二人皆指出老子的核心思想是无为和隐逸。春秋、战国时期宋、陈处于几大国的包围之中，其南面是楚，北面是齐，大国间的争霸战争令夹在其中的小国宋、陈产生了"以柔克刚""以曲求全"的智慧，主张退回到"虚静无为"中，此为宋、陈地区之所以会产生老庄思想的原因。老庄思想产生后在当时或后世受到了该地士人的认同，其表现为：

首先，春秋时期宋、陈地区多隐士。如《论语·微子篇》所记载的言行近于道家的隐士接舆、长沮、桀溺、荷蓧丈人，此前学界多认为其为楚人，而严耕望先生认为，"而《世家》系于去叶反蔡之下。唐前旧说，叶县黄城山即长沮桀溺耕处，且孔子至楚，似亦仅淮北陈、蔡、叶地区，故此诸人亦皆在淮北颍汝流域，即陈楚，非荆楚也。"⑧ 严先生指出上述几位隐士的活动范围大

---

① 司马迁：《史记》卷六十三《老子韩非列传》，中华书局，1959年，第2139页。
② 司马迁：《史记》卷六十三《老子韩非列传》，中华书局，1959年，第2139页。
③ 刘成纪：《宋陈文化与宋陈之学》，《社会科学战线》，1998年，第5期。
④ 班固：《汉书》卷二十八上《地理志》，中华书局，1962年，第1559页。
⑤ 严耕望：《严耕望史学论文集》《战国学术地理与人才分布》，中华书局，2006年，第34页。
⑥ 司马迁：《史记》卷六十三《老子韩非列传》，中华书局，1959年，第2141页。
⑦ 张岱年：《中国哲学史大纲》，中国社会科学出版社，1992年，第281页。
⑧ 严耕望：《严耕望史学论文集》《战国学术地理与人才分布》，中华书局，2006年，第35页。

抵是陈、蔡地区，此说极有见地。除《论语》中所载的隐士外，当时陈、宋文化圈中信奉道家思想的还有列子。关于列子的籍贯，严耕望先生曰："列子，名御寇，梁人"。① 而《汉书·地理志》载梁国的睢阳云："睢阳，故宋国，微子所封。"② 可见梁地多为春秋宋国故地。《史记·货殖列传》亦将梁宋划为一个区域，其云："夫自鸿沟以东，芒、砀以北，属巨野，此梁、宋也。"③ 由此可见列子亦属于宋陈文化圈中人。除此之外，严耕望先生认为杨朱亦受道家思想的影响，其云："此外杨朱为我，与道家为近。庄子称其之宋，南之沛，是其可考见之活动范围亦在淮北。"④ 则严先生认为杨朱的活动范围主要在淮河以北地区，而此地正是宋陈文化的核心区域。再则班固的《汉书·艺文志》在叙述道家学派时云："《老子徐氏经说》六篇。字少季，临淮人，传《老子》。"⑤ 临淮在淮河流域，属于宋陈文化圈影响所及之地。又云"《公子牟》四篇。魏之公子也。先庄子，庄子称之。"⑥ 战国时期魏、齐和楚三国灭宋，且宋地大部分为魏占据，所以魏地可列入宋陈文化圈，且庄子是宋人，与公子牟有交往，据此推测公子牟可能受到陈宋道家文化的影响。

其次，战国到西汉时期，此地士人好黄老、重隐逸。战国时期魏国的大梁多隐士，大梁是原春秋时期宋国故地，宋国是庄子思想的发源地，据此可知其地多隐士的原因。其中最著名的有两位，一曰侯嬴："魏有隐士曰侯嬴，年七十，家贫，为大梁夷门监者。"⑦ 一曰朱亥："臣所过屠者朱亥，此子贤者，世莫能知，故隐屠间耳。"⑧ 此两位隐士一隐于城门为小吏，一隐于市井为屠户；秦汉之际陈留阳武人陈平少时"本好黄帝、老子之术"⑨ 可见老子思想对陈留士人的影响；陈留阳武人张苍秦朝时为御史，汉文帝时，张苍官至丞相。史载："苍之免相后，老，口中无齿，食乳，女子为乳母。妻妾以百数，尝孕者不复幸。苍年百有馀岁而卒。"⑩ 从张苍用食乳的方式来养生看，其颇受道家"贵生"思想的影响；陈留圉县人蔡勋，"好黄、老，平帝时为郿令。王莽

---

① 严耕望：《严耕望史学论文集》《战国学术地理与人才分布》，中华书局，2006年，第34页。
② 班固：《汉书》卷二十八上《地理志》，中华书局，1962年，第1636页。
③ 司马迁：《史记》卷一百二十九《货殖列传》，中华书局，第3266页。
④ 严耕望：《严耕望史学论文集》《战国学术地理与人才分布》，中华书局，2006年，第35页。
⑤ 班固：《汉书》卷三十《艺文志》，中华书局，1962年，第1729页。
⑥ 班固：《汉书》卷三十《艺文志》，中华书局，1962年，第1730页。
⑦ 司马迁：《史记》卷七十七《魏公子列传》，中华书局，1959年，第2378页。
⑧ 司马迁：《史记》卷七十七《魏公子列传》，中华书局，1959年，第2379页。
⑨ 司马迁：《史记》卷五十六《陈丞相世家》，中华书局，1959年，第2062页。
⑩ 司马迁：《史记》卷九十六《张丞相列传》，中华书局，1959年，第页。

初……遂携将家属，逃入深山，与鲍宣、卓茂等同不仕新室。"①

最后，受老庄思想的影响，东汉晚期陈留多"处士"。"处士"是汉代通行的称谓，指行政体制之外的民间有才德的士人。《汉书》卷一三《异姓诸侯王表》中颜师古将"处士"定义为："'处士'谓不官于朝而居家者也。"②《后汉书》卷二十五《刘宽传》李贤注云："处士，有道艺而在家者"③ 可知"处士"的外部特征是"居家"，而"处士"内在的品格却是和政治保持距离。《史记》卷一百二十六《滑稽列传》载东方朔言及处士，其云："今世之处士，时虽不用，崛然独立，块然独处。"④ 可见"崛然独立"是"处士"的内在品格。

东汉末年，士大夫与宦官的斗争愈演愈烈，汝、颍士人多投身于政治斗争的洪流中，汝南人范滂在这场政治斗争中更是成为士大夫的精神领袖，士人争慕其风，史书载："先是京师游士汝南范滂等非评朝政，自公卿以下皆折节下之。太学生争慕其风，以为文学将兴，处士复用。"⑤ 当是时士人争相跻身这场政治洪流中，唯独陈留人申屠蟠对此十分冷静，面对这场政治运动，史书云：

蟠独叹曰：'昔战国之世，处士横议，列国之王，至为拥篲先驱，卒有阬儒烧书之祸，今之谓矣。'乃绝迹于梁、砀之间，因树为屋，自同佣人。居二年，滂等果罹党锢，或死或刑者数百人，蟠确然免于疑论。⑥

申屠蟠认为战国时期，各国君主纷纷礼贤下士，士人积极干预政治，结果却是焚书坑儒之祸，因此，申屠蟠反对士人过多参与政治，认为政治终究会给士人群体带来伤害，所以当多数士人参与到东汉末年与宦官的争斗中时，申屠蟠却远离政坛的洪流，主动"绝迹于梁、砀之间，因树为屋，自同佣人"，其对政局清醒的认识为他逃过了党锢之祸，两年后当范滂等党人或死或刑时，申屠蟠"确然免于疑论"。需要说明的是申屠蟠的免于祸难，并非完全因为其睿智，而是申屠蟠隐约认识到士人应追求自身独立的价值，并非一定要依附于政治。

申屠蟠对于自身独立价值，精神自由的追求，表现在其多次拒绝朝廷的征辟上。大将军何进初开幕府时，意欲笼络人才，接连征辟申屠蟠而申不至，何

---

① 范晔：《后汉书》卷六十下《蔡邕列传》，中华书局，1965年，第1979页。
② 班固：《汉书》卷十三《异姓诸侯王表》，中华书局，1962年，第364页。
③ 范晔：《后汉书》卷二十五《卓鲁魏刘列传》，中华书局，1965年，第887页。
④ 司马迁：《史记》卷一百二十六《滑稽列传》，中华书局，1959年，第3207页。
⑤ 范晔：《后汉书》卷五十三《周黄徐姜申屠列传》，中华书局，1965年，第1752页。
⑥ 范晔：《后汉书》卷五十三《周黄徐姜申屠列传》，中华书局，1965年，第1752页。

进必欲致之，曾使其同郡陈留人黄忠移书劝申屠蟠，申屠蟠不应答。灵帝中平五年（188）：

> 复与（荀）爽、（郑）玄及颍川韩融、陈纪等十四人并博士征，不至。明年，董卓废立，蟠及爽、融、纪等复俱公车征，惟蟠不到。众人咸劝之，蟠笑而不应。居无几，爽等为卓所胁迫，西都长安，京师扰乱。及大驾西迁，公卿多遇兵饥，室家流散，融等仅以身脱。唯蟠处乱末，终全高志。年七十四，终于家。①

何进和董卓皆为权倾一时权臣，此二人争相征辟申屠蟠，足见申屠蟠在当时名声极大。何进为了招致申屠蟠，还专门令其同郡人黄忠移书相劝，但申屠蟠不为所动。董卓执政后，并征申屠蟠、荀爽、韩融、陈纪等名士，荀爽、韩融、陈纪慑于董卓的淫威，应征立到，唯有申屠蟠不到。其后董卓逼迫献帝迁都长安，公卿也随銮驾到西都，时值混乱之时，士兵遭遇饥饿，公卿豪族流散，韩融等人狼狈不堪，仅以身脱，独有申屠蟠终全高志。范晔对申屠蟠在乱世中保全性命的做法颇为赞许，其评价申屠蟠云："及大驾西迁，公卿多遇兵饥，室家流散，融等仅以身脱。唯蟠处乱末，终全高志。年七十四，终于家。"此处范晔将韩融等人的狼狈和申屠蟠的从容作对比，且指出申屠蟠虽身处乱世，却能保全其志，赞许之情溢于言表。

与申屠蟠有相同志向的还有陈留外黄人范冉。范冉青年时期游历三辅，就马融通经，学成后"桓帝时，以冉为莱芜长，遭母忧，不到官。后辟太尉府，以狷急不能从俗，常佩韦于朝。议者欲以为侍御史，因遁身逃命于梁、沛之间，徒行敝服，卖卜于市。"②范冉游学三辅多年后，其先朝廷任命他为莱芜长，范冉以遭母忧为由不到官；其后太尉府征辟，其不改自身狷急个性，不屈从于流俗，还时常佩韦于朝；最后当议者欲推荐范冉为侍御史时，他便"遁身逃命于梁、沛之间"，由此看来范冉的确无意于仕途。后党锢之祸兴起：

> 遭党人禁锢，遂推鹿车，载妻子，捃拾自资。或寓息客庐，或依宿树荫。如此十余年，乃结草室而居焉。所止单陋，有时粮粒尽，穷居自若，言貌无改。闾里歌之曰："'甑中生尘范史云，釜中生鱼范莱芜。'"③

由上可知范冉在遭到党锢之祸后，对朝廷并未满怀怨愤，亦并未四处逃亡，而是推鹿车，载妻子，结草室而居，过着清贫隐逸的生活，正如颜回安于陋巷，范冉"有时粮粒尽，穷居自若，言貌无改"。现实生活的清贫，不能动

---

① 范晔：《后汉书》卷五十三《周黄徐姜申屠列传》，中华书局，1965年，第1754页。
② 范晔：《后汉书》卷八十一《独行列传》，中华书局，1965年，第2689页。
③ 范晔：《后汉书》卷八十一《独行列传》，中华书局，1965年，第2689页。

第一章　先秦时期陈留地区的文化传统

摇其内心的志向，其屡次拒绝朝廷的征辟，而选择栖息山林之中，大概出于其"好违时绝俗"① 的性格。范冉在东汉末年那个动荡的社会里，虽生活清贫，却率性而为，最终得到了精神的自由。其卒后"会葬者二千余人，刺史郡守各为立碑表墓焉。"② 足见时人对范冉的敬重。

再如陈留考城人仇览，少为书生，乡里无知者。年四十，县召补史，选为蒲亭长。后考城令王涣观其贤，资助其入太学游学。

览入太学。时，诸生同郡符融有高名，与览比宇，宾客盈室。览常自守，不与融言。融观其容止，心独奇之，乃谓曰：'与先生同郡壤，邻房牖。今京师英雄四集，志士交结之秋，虽务经学，守之何固？'览乃正色曰：'天子修设太学，岂但使人游谈其中！'高揖而去，不复与言。后融以告郭林宗，林宗因与融赍刺就房谒之，遂请留宿。林宗嗟叹，下床为拜。③

仇览就读于太学时，与同为陈留郡的符融为邻，其时，符融已有高名，每日宾客盈室，但仇览却常自守，不与融言。符融诧异，并劝仇览不必固守经学，可参与到太学生的交游和清谈中，仇览反驳云："天子修设太学，岂但使人游谈其中！"后符融将仇览的言行告知郭林宗，郭林宗与仇览交谈后下床便拜。时郭林宗已身为太学生领袖，却对仇览下床便拜，可见仇览的境界，颇为郭林宗等人欣赏。其后"览学毕归乡里，州郡并请，皆以疾辞。虽在宴居，必以礼自整。妻子有过，辄免冠自责。妻子庭谢，候览冠，乃敢升堂。家人莫见喜怒声色之异。后征方正，遇疾而卒。"④ 仇览入太学前为郡县小吏，从太学学成归来之后"州郡并请，皆以疾辞"。其对于仕途的态度前后迥异，大抵是游学提升了仇览的自我意识。其归家后"虽在宴居，必以礼自整。妻子有过，辄免冠自责。"证明游学归来后仇览服膺儒学，并以儒家信条作为自身的终身追求和精神信仰，足见游学太学之后，仇览追求精神自由的意识增强了。

与仇览有相似经历的还有陈留浚仪人符融。符融少为都官吏，后游太学，师事少府李膺，渐知名，"州郡礼请，举孝廉，公府连辟，皆不应……妻亡，贫无殡敛，乡人欲为具棺服，融不肯受。曰：'古之亡者，弃之中野。唯妻子可以行志，但即土埋藏而已。'"⑤ 符融游学太学时已有高名，但学成后州郡礼请，公府连辟，皆不应，可见其志向不在仕途。其妻亡无以为葬，乡人欲助其置办棺服，符融却不受，还引用古书云"古之亡者，弃之中野"，又云：

---

① 范晔：《后汉书》卷八十一《独行列传》，中华书局，1965年，第2688页。
② 范晔：《后汉书》卷八十一《独行列传》，中华书局，1965年，第2688页。
③ 范晔：《后汉书》卷七十六《循吏列传》，中华书局，1965年，第2481页。
④ 范晔：《后汉书》卷七十六《循吏列传》，中华书局，1965年，第2481页。
⑤ 范晔：《后汉书》卷六十八《郭符许列传》，中华书局，1965年，第2233页。

"唯妻子可以行志"，可见符融是以古人的做法为自身的准则，用妻子的葬礼来践行自身的志向，其志趣可见一斑。当时陈留还有不少人与符融有相同的志向，史载："（符）融同郡田盛，字仲向，与郭林宗同好，亦名知人，优游不仕，并以寿终。"① 可见陈留郡的名士优游不仕的不在少数。再比如陈留人圈典，学问精深，却不乐仕途"州郡礼招，休命交集，徒加名位而已，莫之能起也。博士征，举至孝，耻己处而复出，若有初而无终。洁耿介于丘园，慕七人之遗风。"② 建宁二年（169）卒，时年七十有五，其生平事迹保存在蔡邕的《处士圈叔则铭》中。再如陈留人茅容，"年四十余，耕于野，时与等辈避雨树下，众皆夷踞相对，容独危坐愈恭。林宗行见之而奇其异，遂与共言，因请寓宿。旦日，容杀鸡为馔，林宗谓为己设，既而以供其母，自以草蔬与客同饭。林宗起拜之曰：'卿贤乎哉！'因劝令学，卒以成德。"③ 众多陈留士人身为名士，精于学问，却居于乡野，隐居不仕，可见东汉末年陈留地区的士林风气。关于东汉晚期陈留处士的隐逸之风，日本学者冈村繁先生认为"与首都洛阳暗淡狂躁的政治气氛迥然不同。"汉末陈留郡显示出"崇尚隐逸"④ 的地域特点。

总之，因为先秦的宋、陈是道家思想的发源地，而陈留又是宋、陈故地，所以道家思想在该地的影响深远，这种影响一直持续到汉魏六朝。东汉晚期陈留地区隐逸风气之盛就表明了道家思想在该地的影响，到魏晋时期这种影响体现在以竹林七贤为代表的魏晋风度上。

第二节　宋卫郑陈文化圈与陈留崇尚艺文的风气

因为宋、卫是殷商遗民聚集地，所以其地保留了部分殷商的礼乐。春秋时期，文化是以礼乐的形式显现出来的，其时诸侯国的共识是："诸侯宋、鲁，于是观礼。"⑤ 于宋、鲁观礼，杨伯峻注释曰："诸侯之中，鲁用周天子之禘礼，宋用殷商之王礼，故他国人往观之。"⑥ 可见其时宋、鲁两国的礼乐享誉

---

① 范晔：《后汉书》卷六十八《郭符许列传》，中华书局，1965年，第2233页。
② 邓安生：《蔡邕集编年校注》，河北教育出版社，2002年，第114页。
③ 范晔：《后汉书》卷六十八《郭符许列传》，中华书局，1965年，第2228页。
④ 冈村繁著、陆晓光译：《周汉文学史考》，上海古籍出版社，2002年，第253页。
⑤ 杨伯峻编著：《春秋左传注》，中华书局，2009年，第977页。
⑥ 杨伯峻编著：《春秋左传注》，中华书局，2009年，第976页。

诸侯。春秋宋地是文化发达区域，《左传》中有不少关于宋国礼乐活动的记载。鲁襄公十年（前563）"宋公享晋侯于楚丘，请以《桑林》。"① 宋国宴享晋国君臣时拟献《桑林》之乐，关于《桑林》之乐，杨伯峻注曰："殷有《桑林》之乐，此天子之乐，而宋沿用之。"②即《桑林》之乐是商朝天子祭祀的音乐，春秋时期尚保留在宋国，此是宋国文化发达的体现。因商人好乐，宋作为商的后裔，保留了商人的音乐，所以宋人在祭祀殷商祖先时其歌舞场面十分壮观，如《商颂·那》中即有描述宋人祭祀商汤的场面：

猗与那与！置我鞉鼓。奏鼓简简，衎我烈祖。汤孙奏假，绥我思成。鞉鼓渊渊，嘒嘒管声。既和且平，依我磬声。於赫汤孙！穆穆厥声。庸鼓有斁，万舞有奕。③

此诗是祭祖诗，通过乐、舞等形式展现"汤孙"对"烈祖"的颂美。诗中"鞉""管""磬""庸"等皆为乐器，并从"简简""渊渊""嘒嘒"等拟声词以及"万舞有奕"画面来看，其祭祀活动规模宏大，其所用音乐器材极多，参与舞蹈人数极众，这些皆充分说明了宋国乐、舞的发达。

除宋国外，殷商故地的郑、卫，以及东夷文化故地的陈国音乐也十分发达，它们和宋国一起形成了宋、陈、郑、卫音乐区。关于陈国，《汉书·地理志下》记载："陈，故国，舜后，胡公所封，为楚所灭。"④ 又云："陈国，今淮阳之地。"⑤ 陈人是舜的后裔，而舜是东夷人，《孟子·离娄下》载："舜生于诸冯，迁于负夏，卒于鸣条，东夷人也。"⑥ 且古陈国所在的淮阳一带，很早便是东夷部族的活动地，所以陈国有东夷文化的传统，而"东夷文化与其他文化圈相比，简礼仪而重巫祠。"⑦ 两周时期陈国巫风盛行，《汉书·地理志》载："周武王封舜后妫满于陈，是为胡公，妻以元女大姬。妇人尊贵，好祭祀，用史巫，故其俗巫鬼。"⑧《汉书·匡张孔马传》载匡衡语："陈夫人好巫，而民淫祀。"颜师古注引张晏曰："胡公夫人，武王之女大姬，无子，好祭鬼神，鼓舞而祀，故其诗云：'坎击其鼓，宛丘之下，无冬无夏，值其鹭羽。'"⑨ 张晏所引诗句出自《诗经·陈风·宛丘》一诗。诗中的"鹭羽"是

---

① 杨伯峻编著：《春秋左传注》，中华书局，2009年，第977页。
② 杨伯峻编著：《春秋左传注》，中华书局，2009年，第977页。
③ 阮元校刻《十三经注疏》，中华书局影印本，1980年，第620页。
④ 班固：《汉书》卷二十八下《地理志》，中华书局，1962年，第1635页。
⑤ 班固：《汉书》卷二十八下《地理志》，中华书局，1962年，第1653页。
⑥ 阮元校刻《十三经注疏》，中华书局影印本，1980年，第2725页。
⑦ 金荣权：《陈国文化与〈诗经·陈风〉》，中州学刊，2010年，第5期。
⑧ 班固：《汉书》卷二十八下《地理志》，中华书局，1962年，第1653页。
⑨ 班固：《汉书》卷八十一《匡张孔马传》，中华书局，1962年，第3335-3336页。

鹭鸟的羽毛，是歌舞时的道具，而此诗的"无冬无夏"则反映出陈国歌舞之风盛行。《诗经·陈风·东门之枌》云："东门之枌，宛丘之栩。子仲之子，婆娑其下。"朱熹在《诗集传》中注释此诗云："婆娑，舞貌。"又云："此男女聚会歌舞，而赋其事以相乐也。"① 又《陈风·东门之池》云："东门之池，可以沤麻。彼美淑姬，可与晤歌。"② 本诗为我们展示出两千多年前陈国东门水池边男女互唱以相悦的热闹场景。陈国因为太姬好巫祀，祭祀时又必有歌舞辅助，上行下效，所以陈国民间亦善歌舞，且民风浪漫，今本《诗经》收录陈国诗歌共10篇，反映歌舞的诗歌就有4篇，正如朱熹所云："（陈）大姬妇人尊贵，好乐巫觋歌舞之事，其民化之。"③

卫是商的故地，商部族的一大特征是重视祭祀，祭祀时常伴有歌舞娱神的内容。《墨子·三辩》载："汤放桀于大水，环天下自立以为王，事成功立，无大后患，因先王之乐，又自作乐，命曰《護》，又修《九招》；"④ 汤为商部族的开国君主，其作《護》乐，修《九招》，开商朝国君作乐的传统。到商末其君主纣更为好乐，《史记·殷本纪》载："帝纣……好酒淫乐……于是使师涓作新淫声，北里之舞，靡靡之乐。"⑤ 由此可知殷商舞乐之盛。受殷人好乐遗风的影响，卫国的君主多好乐。《史记·卫世家》载："献公十三年，公令师曹教宫妾鼓琴，妾不善，曹笞之。"⑥《史记集解》引贾逵语曰："师曹，乐人。"⑦ 卫献公令乐工教宫人习乐，则其人好乐可知。晋平公时，卫国的乐师师涓随卫灵公出访晋国，至濮水时，灵公闻琴声，"乃召师涓曰：'吾闻鼓琴音，问左右，皆不闻。其状似鬼神，为我听而写之。'师涓曰：'诺。'因端坐援琴，听而写之。……即去之晋，见晋平公。……即令师涓坐师旷旁，援琴鼓之。"⑧ 据《史记》记载此次卫国乐师师涓的演奏令晋平公大喜。统治者的喜好影响到卫地的民众，卫地的民众普遍喜好音乐歌舞。《孟子·告子下》载："昔者王豹处于淇，而河西善讴；"⑨ 河西卫人王豹善讴，影响到河西百姓亦擅长歌唱。再如《吕氏春秋·举难》记载：

宁戚欲干齐桓公，穷困无以自进，于是为商旅将任车以至齐，暮宿于郭门

---

① 朱熹：《诗集传》，中华书局，2017年，第126页。
② 阮元校刻：《十三经注疏》，中华书局影印版，1980年，第377页。
③ 朱熹：《诗集传》，中华书局，2017年，第125页。
④ 孙诒让撰，孙启治点校：《墨子间诂》，中华书局，2001年，第40页。
⑤ 司马迁：《史记》卷三《殷本纪》，中华书局，1959年，第105页。
⑥ 司马迁：《史记》卷三十七《卫康叔世家》，中华书局，1959年，第1596页。
⑦ 司马迁：《史记》卷三十七《卫康叔世家》，中华书局，1959年，第1597页。
⑧ 司马迁：《史记》卷二十四《乐书》，中华书局，1959年，第1235页。
⑨ 阮元校刻：《十三经注疏》，中华书局影印本，1980年，第2757页。

之外。桓公郊迎客，夜开门，辟任车，爝火甚盛，从者甚众。宁戚饭牛居车下，望桓公而悲，击牛角疾歌。①

卫人宁戚用唱歌的方式引齐桓公注意，可见卫人擅长歌唱。公元前660年，卫国被狄人所灭，齐桓公帮助其在楚丘重新建国，卫人在修建宫室的同时首先"树之榛栗，椅桐梓漆，爰伐琴瑟。"②即栽种椅、桐、梓、漆等树，以供制造琴瑟之用，"因为这四种树木是做琴瑟所必须的材料。由此可见，音乐在卫人心目中占有多么重要的不可或缺的地位。"③春秋时期卫人好乐更是集中体现在《诗经》中。《诗经》十五国风中，邶、鄘、卫三风皆属卫风，《毛郑正义》卷二《邶风柏舟训诂传第三》郑玄云："邶、鄘、卫者，殷纣畿内地名，属古冀州。自纣城而北曰邶，南曰鄘，东曰卫。卫在汲郡朝歌县，时康叔正封于卫。其末子孙稍并兼彼二国，混其地而名之。作者各有所伤，从其本国而异之，故有邶、鄘、卫之诗。"④郑玄指出卫国后来兼并邶、鄘二国，所以邶、鄘、卫三风笼统来说皆可以称作卫风，"'邶''鄘''卫'三风皆卫诗，这由于三风之中所言之事皆卫事，所言地名皆卫地可知。"⑤又《诗经》国风共一百六十篇，仅卫地的邶、鄘、卫三风就三十九篇，几乎占整个国风的四分之一，卫地风诗数量的繁多，是其地音乐发达的标志。

春秋时期，以乐、舞著称的还有郑国，因卫国和郑国毗邻，且在音乐上存在颇多相似之处，故其两地的音乐被称为"郑卫之音"。先秦时期郑国、卫国乐舞文化发达，其时郑卫音乐在各个诸侯国受到普遍欢迎。如鲁襄公十一年（前562），晋率诸侯伐郑，郑人求和，"郑人赂晋侯以师悝、师触、师蠲……歌钟二肆，及其镈、磬，女乐二八。"⑥鲁襄公十五年（前568），郑人向宋行贿"以马四十乘，与师茷、师慧。"⑦郑人多次以乐师和女乐行贿诸侯，一则说明郑国的音乐发达，二则说明其时郑国的音乐在诸侯国中广受欢迎。战国时期颇有作为的魏文侯亦毫不掩饰其对郑卫之音的喜爱。《史记·乐书》记载："魏文侯问于子夏曰：'吾端冕而听古乐则唯恐卧，听郑卫之音则不知倦。敢问古乐之如彼，何也？新乐之如此，何也？'"⑧魏文侯听郑卫之音则不知疲倦，可见其时郑卫之音在各诸侯国上层颇受欢迎。

---

① 许维遹撰，梁运华整理：《吕氏春秋集释》，中华书局，2009年，第542页。
② 阮元校刻：《十三经注疏》，中华书局影印本，1980年，第315页。
③ 卢云：《汉晋文化地理》，陕西人民出版社，1991年，第368页。
④ 阮元校刻《十三经注疏》，中华书局影印本，1980年，第295页。
⑤ 孙作云：《从读史的方面谈谈<诗经>的时代和地域性》，《历史教学》，1957年，第3期。
⑥ 杨伯峻：《春秋左传注》，中华书局，2009年，第991-993页。
⑦ 杨伯峻：《春秋左传注》，中华书局，2009年，第1023页。
⑧ 司马迁：《史记》卷二十四《乐书》，中华书局，1959年，第1222页。

在先秦时期，因宋、陈、卫、郑等地，歌舞繁盛，新声频出，因此还受到儒家的指责，《汉书·礼乐志》记载："是时，周室大坏，诸侯恣行……桑间、濮上，郑、卫、宋、赵之声并出。"① 此则材料虽意在批评郑、卫、宋、赵之声乱《雅》《颂》，从中亦可看出郑、卫、宋等地的音乐在当时的流行程度，且已将郑、卫、宋、赵等地视为同一个音乐区域。《礼记·乐记》中子夏论乐时亦将宋、卫、郑地音乐视为一体，其云："郑音好滥淫志，宋音燕女溺志，卫音趋数烦志，齐音敖辟乔志。此四者，皆淫于色而害于德，是以祭祀弗用也。"② 子夏的言辞虽是对郑、宋、卫、齐音乐的批评，但可得知其时郑、卫、宋、齐是音乐发达的区域。总之，在先秦时期，陈、宋、郑、卫乐舞发达，且其迥异于《雅》《颂》正声。

先秦时期在宋陈郑卫地区，除了音乐、舞蹈十分繁荣以外，文辞在该地亦颇受重视。《左传》中多次记载郑国大夫子产的外交辞令。孔子在《论语·宪问》中曾称赞郑国的执政大夫重视外交辞令，其云："为命，裨谌草创之，世叔讨论之，行人子羽修饰之，东里子产润色之。"③ 郑国的外交辞令从草创、讨论、修饰到最后润色，前后历经四人之手，才正式定稿，足见郑国对外交辞令的重视。为报复此前陈国的入侵，鲁襄公二十五年（前548）郑国伐陈，其时晋为霸主，郑在伐陈之前向晋请示，未获准许，所以，战役之后，子产便戎服献捷于晋：

郑子产献捷于晋，戎服将事。晋人问陈之罪，对曰：'昔虞阏父为周陶正，以服事我先王。我先王赖其利器用也，与其神明之后也，庸以元女大姬配胡公，而封诸陈，以备三恪。则我周之自出，至于今是赖。桓公之乱，蔡人欲立其出，我先君庄公奉五父而立之，蔡人杀之，我又与蔡人奉戴厉公，至于庄、宣，皆我之自立。夏氏之乱，成公播荡，又我之自入，君所知也。今陈忘周之大德，蔑我大惠，弃我姻亲，介恃楚众，以凭陵我敝邑，不可亿逞。我是以有往年之告。未获成命，则有我东门之役。当陈遂者，井堙、木刊。敝邑大惧不竟，而耻大姬，天诱其衷，启敝邑心。陈知其罪，授手于我。用敢献功。'晋人曰：'何故侵小？'对曰：'先王之命，唯罪所在，各致其辟。且昔天子之地一圻，列国一同，自是以衰。今大国多数圻矣，若无侵小，何以至焉？'晋人曰：'何故戎服？'对曰：'我先君武、庄，为平、桓卿士。城濮之役，文公布命，曰：'各复旧职！'命我文公戎服辅王，以授楚捷，不敢废王

---

① 班固：《汉书》卷二十二《礼乐志》，中华书局，1962年，第1042页。
② 阮元校刻：《十三经注疏》，中华书局影印本，1980年，第1540页。
③ 阮元校刻：《十三经注疏》，中华书局影印本，1980年，第2510页。

命故也。'士庄伯不能诘，复于赵文子。文子曰：'其辞顺，犯顺不祥。'乃受之。①

本段中面对晋人的问罪，子产不卑不亢，慷慨陈词。首先，子产认为郑国作为周王室的宗亲，郑并以王室的宗亲的身份历数周、郑对陈之德，而陈不但毫无感激，还以怨报德，出兵伐郑，且所到之处郑国的井被塞、树被伐，当时郑国即向晋国请示以伐陈，因晋国不许，致使陈国恣意入侵郑国，遂有陈、楚联合伐郑的东门之役。其次，子产认为郑国为报复东门之役而讨伐陈国，入陈后仅使陈君认罪，而未掠一人一物。最后，在面对霸主晋国上下盛气凌人的责问时，子产从容不迫，逐一辩答，最后迫使晋国君臣折服，并接受其献捷。整段陈辞一气呵成，理直气壮，多用"我"字，气势十足。对于子产的此段外交辞令孔子亦极为赞许，《左传·襄公二十五年》载孔子评论此次子产的外交辞令云："《志》有之：'言以足志，文以足言。'不言，谁知其志？言之无文，行而不远。晋为伯，郑入陈，非文辞不为功。慎辞哉！"② 鉴于文辞的重要性，孔子在教授弟子时尤重文辞，孔门四科中单列"言语"一科，而擅长"言语"的孔门弟子中即有宋陈卫郑区域的卫人子贡，《史记·仲尼弟子列传》载子贡"利口巧辩"③遍说诸侯，其"事若可信，则（子贡为）纵横说至最早见者矣。"④

战国时期陈留地区多属魏国领地，魏文侯招揽子夏等一众学士在西河讲学，促进了魏国学术的繁荣。战国时期本区域的思想家庄子，其书亦被公认是诸子之书中最富文采的。《庄子》中作者通过离奇的形象、夸张的言辞、荒诞的情节，来编织五彩缤纷的言"道"画卷，其文散发着浓郁的诗性、诗情，产生了强烈的艺术感染力。对此，司马迁评价曰："皆空语无事实。然善属书离辞，指事类情，用剽剥儒、墨，虽当世宿学不能自解免也。其言洸洋自恣以适己，故自王公大人不能器之。"⑤ 指出其文辞汪洋恣肆，为后世所重。

先秦宋陈郑卫文化的繁荣对两汉的陈留士人有一定影响。西汉前期陈留的部分地区一度归梁国所辖，梁孝王时梁国聚集了许多文人，如谢灵运在《拟魏太子邺中集·序》中称"梁孝王时，有邹、枚、严、马，游者美矣。"⑥ 到东汉时期，陈留地区文学的发展更是突飞猛进。其表现为知名文士数量增多。

---

① 杨伯峻：《春秋左传注》，中华书局，2009年，第1104-1106页。
② 杨伯峻：《春秋左传注》，中华书局，2009年，第1104-1106页。
③ 司马迁：《史记》卷六十七《仲尼弟子列传》，中华书局，1959年，第2195页。
④ 严耕望：《严耕望史学论文集》，中华书局，2006年，第40页。
⑤ 司马迁：《史记》卷六十三《老子韩非列传》，中华书局，1959年，第2144页。
⑥ 萧统编、李善注：《文选》，中华书局，1977年，第437页。

《后汉书·文苑传》所录文人22人，而陈留籍的文人就占3人，几乎占《后汉书·文苑传》的七分之一。其所录文人如陈留浚仪人边韶，"以文章知名，教授数百人……桓帝时，为临颍侯相，征拜太中大夫，著作东观。再迁北地太守，入拜尚书令。后为陈相，卒官。著诗、颂、碑、铭、书、策，凡十五篇。"① 边韶兼擅经学和文学，但史家指出其尤"以文章知名"，足见其文名之高；陈留尉氏人张升"少好学，多关览……仕郡为纲纪，以能出守外黄令……遇党锢去官，后竟见诛，年四十九。著赋、诔、颂、碑、书，凡六十篇。"② 史籍载其著赋、诔、颂等六十多篇，可见其创作的丰富；陈留浚仪人边让"少辩博，能属文。作《章华赋》，虽多淫丽之辞，而终之以正……建安中，其乡人有构让于操，操告郡就杀之。文多遗失。"③《章华赋》被全文收录到《后汉书》中，可知史家对其赋作的重视。

东汉晚期的知名文士除了《后汉书·文苑传》记载的边韶、张升、边让外，还有一些知名文人。如蔡邕之女蔡琰，史载：

博学有才辩，又妙于音律。适河东卫仲道。夫亡无子，归宁于家。兴平中，天下丧乱，文姬为胡骑所获，没于南匈奴左贤王，在胡中十二年，生二子。曹操素与邕善，痛其无嗣，乃遣使者以金璧赎之，而重嫁于祀……后感伤乱离，追怀悲愤，作诗二章。④

其诗即为《悲愤诗》二首，被史家全文录入《后汉书》中，后成为文学史的名篇。再如陈留尉氏的阮瑀，史载"瑀少受学於蔡邕……太祖并以琳、瑀为司空军谋祭酒，管记室，军国书檄，多琳、瑀所作也。"⑤ 与阮瑀同样师从蔡邕的还有陈留文人路粹，史载其"少学於蔡邕。初平中，随车驾至三辅。建安初，以高才与京兆严像擢拜尚书郎。像以兼有文武，出为扬州刺史。粹后为军谋祭酒，与陈琳、阮瑀等典记室……"⑥ 陈留中牟人潘勖，建安时期，任尚书右丞，建安十八年（213）曹操加九锡，"魏公九锡策命，勖所作也。"⑦ 即曹操加九锡的册命即出于潘勖手笔，后来该文成为九锡文的经典。建安十七年（212）荀彧卒，潘勖为其作碑文。

东汉晚期陈留最著名的文人当属蔡邕，史载其：

---

① 范晔：《后汉书》卷八十上《文苑列传》，中华书局，1965年，第2623-2624页。
② 范晔：《后汉书》卷八十下《文苑列传》，中华书局，1965年，第2627-2628页。
③ 范晔：《后汉书》卷八十下《文苑列传》，中华书局，1965年，第2640-2647页。
④ 范晔：《后汉书》卷八十四《列女传》，中华书局，1965年，第2800-2801页。
⑤ 陈寿：《三国志·魏书》卷二十一《王卫二刘傅传》，中华书局，1959年，第600页。
⑥ 陈寿：《三国志·魏书》卷二十一《王卫二刘傅传》，中华书局，1959年，第603页。
⑦ 陈寿：《三国志·魏书》卷二十一《王卫二刘傅传》，中华书局，1959年，第613页。

少博学，师事太傅胡广。好辞章、数术、天文，妙操音律。桓帝时，中常侍徐璜、左悺等五侯擅恣……闲居玩古，不交当世。感东方朔《客难》及杨雄、班固、崔骃之徒设疑以自通，乃斟酌群言，韪其是而矫其非，作《释诲》以戒厉云尔……所著诗、赋、碑、诔、铭、赞、连珠、箴、吊、论议、《独断》《劝学》《释诲》《叙乐》《女训》《篆艺》、祝文、章表、书记，凡百四篇，传于世。①

总之，因为先秦时期，宋、陈、卫、郑地是文化发达区域，所以其对两汉时期的陈留文化有一定影响。东汉末年陈留文才辈出，陈留一郡在汉魏之际几乎为当时的文坛贡献了一半的力量，正如陈君所云："陈留郡为一文才聚集之地。边韶、边让出于陈留浚仪，蔡邕来自陈留圉县，张升为陈留尉氏人。仅此四人已可说明后汉陈留文才之盛。"② 可以说，两汉时期，尤其是到东汉，陈留一跃而成为文化发达区域，这是与其文化传统分不开的。

第三节　先王遗风和陈留的君子文化传统

陈留郡的辖区地跨春秋时期的宋、卫、陈、杞和郑，以上诸国皆是较早分封的诸侯国，宋、陈、卫、杞或为上古先王的后裔，或为夏、商、周国君的后裔。周武王建国伊始，不仅大肆分封同姓诸侯，对上古各个先王的后裔也实行了分封。据《史记·周本纪》记载："武王追思先圣王，乃褒封神农之后于焦，黄帝之后于祝，帝尧之后于蓟，帝舜之后于陈，大禹之后于杞。"③ 关于陈国的地望，《汉书·地理志》淮阳国"陈"县班固注云："故国，舜后，胡公所封，为楚所灭。"④ 则其地望为淮阳。关于杞国，《史记》载："杞东楼公者，夏后禹之后苗裔也。殷时或封或绝。周武王克殷纣，求禹之后，得东楼公，封之於杞，以奉夏后氏祀。"⑤ 关于杞之地望，《史记集解》引宋忠语曰："杞，今陈留雍丘县也。"⑥ 关于殷商的后裔宋，最初武王封商纣之子武庚继殷

---

① 范晔：《后汉书》卷六十下《蔡邕列传》，中华书局，1965年，第1980-2007页。
② 陈君：《东汉社会变迁与文学演进》，中国社会科学出版社，2012年，第232页。
③ 司马迁：《史记》卷四《周本纪》，中华书局，1959年，第127页。
④ 班固：《汉书》卷二十八下《地理志》，中华书局，1962年，第1635页。
⑤ 司马迁：《史记》卷三十六《陈杞世家》，中华书局，1959年，第1583页。
⑥ 司马迁：《史记》卷三十六《陈杞世家》，中华书局，1959年，第1584页。

祀，"封纣子武庚禄父以续殷祀，使管叔、蔡叔傅相之。"① 其后武庚与管叔、蔡叔作乱，"周公既承成王命诛武庚，杀管叔，放蔡叔，乃命微子开代殷后，奉其先祀，作微子之命以申之，国于宋。"② 微子是"殷帝乙之首子而帝纣之庶兄也。"③ 据此可知宋是殷商后裔；卫的始封国君是周武王的同母少弟卫康叔。上文提及管蔡之乱时，"周公旦以成王命兴师伐殷，杀武庚禄父、管叔，放蔡叔，以武庚殷余民封康叔为卫君，居河、淇间故商墟。"④ 至于卫地，《史记索引》载："宋忠曰：'康叔从康徙封卫，卫即殷墟定昌之地。'"⑤ 由此可知卫地乃殷墟故地。

宋、陈、杞诸国是殷、舜、禹等先王后裔，其地有祭祀先公、先王的传统，并且此传统一直保留到两汉时期。如陈留郡雍丘县，据《后汉书·郡国志》载："雍丘，本杞国。"⑥ 王先谦《后汉书集解》云："曹植《禹庙赞》曰：'有禹祠，植移于其城，城本名杞城。'"⑦ 雍丘本为杞的故地，而杞是大禹之后，所以其地有关大禹的祭祀一直延续不绝。再如陈留郡考城县，王先谦《后汉书集解》："《陈留志》曰有箕子祠。"⑧ 可见考城县有祭祀箕子的传统。综上，陈留郡的辖区多夏、商故地，故其地多流传着先王、贤臣的事迹，甚至到两汉时期仍保留先王、贤臣的祭祀、墓地、庙宇，则其地的先贤之遗风可知。

宋、陈、杞多为先王故地，不但其地多流传着先王的事迹，并且春秋时期其地国君自觉以"先王之后"身份自居，并且其先王之后身份还得到了诸侯国的认同，如《左传·僖公二十四年》载：

宋及楚平。宋成公如楚，还入于郑。郑伯将享之，问礼于皇武子。对曰：'宋，先代之后也，于周为客，天子有事膰焉，有丧拜焉，丰厚可也。'郑伯从之，享宋公有加，礼也。⑨

可见诸侯国将宋视为继承"先王"传统的国家，所以接待宋君时，礼仪更为隆重。宋国国君作为先王之后，其在行事上亦颇能遵守古礼，有先王遗风。如《左传·僖公二十二年》载：

---

① 司马迁：《史记》卷三十三《鲁周公世家》，中华书局，1959年，第1515页。
② 司马迁：《史记》卷三十八《宋微子世家》，中华书局，1959年，第1621页。
③ 司马迁：《史记》卷三十八《宋微子世家》，中华书局，1959年，第1607页。
④ 司马迁：《史记》卷三十七《卫康叔世家》，中华书局，1959年，第1589页。
⑤ 司马迁：《史记》卷三十七《卫康叔世家》，中华书局，1959年，第1589页。
⑥ 范晔：《后汉书》志第二十一《郡国三》，中华书局，1965年，第3447页。
⑦ 王先谦：《后汉书集解》，广陵书社影印本，2006年，第1191页。
⑧ 王先谦：《后汉书集解》，广陵书社，2006年，第1192页。
⑨ 杨伯峻：《春秋左传注》，中华书局，2009年，第427页。

冬，十一月己巳朔，宋公及楚人战于泓。宋人既成列，楚人未既济。司马曰：'彼众我寡，及其未既济也，请击之。'公曰：'不可。'既济而未成列，又以告。公曰：'未可。'既陈而后击之，宋师败绩。公伤股，门官歼焉。国人皆咎公。公曰：'君子不重伤，不禽二毛。古之为军也，不以阻隘也。寡人虽亡国之余，不鼓不成列。'"①

宋襄公的"不鼓不成列"是一种较为古老的作战方式，可见宋襄公对古制的遵守，而其"不重伤，不禽二毛"则更是显示了其作为"先王之后"的风度。

除了先王遗风外，随着春秋时期诸子学说的兴起，宋、卫、陈地的君子之风开始兴起。春秋时期吴国公子季札在鲁国请观周乐，鲁国乐工为之歌《邶》《鄘》《卫》之后，季札赞叹道："美哉渊乎！忧而不困者也。"② 其在《卫风》中犹"闻卫康叔、武公之德"。到卫国后季札"见蘧伯玉、史鰌，曰：'卫多君子，其国无故'"③，可见卫国多君子。蘧伯玉和史鰌的事迹多见于先秦典籍，《论语·卫灵公篇》子曰："直哉史鱼！邦有道，如矢；邦无道，如矢。君子哉蘧伯玉！邦有道，则仕；邦无道，则可卷而怀之。"④ 在此则记载中孔子称赞卫国君子史鰌之直和蘧伯玉的仕隐有道。孔子的弟子子路做事果断"无宿诺"⑤，其曾任卫国大夫孔悝的邑宰。周敬王四十年（前480），卫国出公与庄公父子争位，孔悝参与了推翻出公的政变，子路力图阻止这场政变，在战斗中，子路冠下的丝缨被击断，子路曰："君子死而冠不免"⑥，在从容结缨正冠之时被杀。子路从学于孔子，其恪守儒家的礼仪，至死践行儒家的君子信仰。卫国历史上的蘧伯玉、子路等人奉行的君子风范对后世影响极大，几百年后东汉的班昭随子去陈留赴任，途径卫国故地长垣、蒲城时，见当地仍流传着对蘧伯玉和子路的颂扬，其赋云：

怅容与而久驻兮，忘日夕而将昏。到长垣之境界，察农野之居民。睹蒲城之丘墟兮，生荆棘之榛榛。惕觉悟而顾问兮，想子路之威神。卫人嘉其勇义兮，迄于今而称云。蘧氏在城之东南兮，民亦尚其丘坟。唯令德为不朽兮，身既殁而名存。⑦

---

① 杨伯峻：《春秋左传注》，中华书局，2009 年，第 396-397 页。
② 阮元校刻：《十三经注疏》，中华书局影印本，1980 年，第 2006 页。
③ 司马迁：《史记》卷三十七《卫康叔世家》，中华书局，1959 年，第 1597 页。
④ 阮元校刻：《十三经注疏》，中华书局影印本，1980 年，第 2517 页。
⑤ 阮元校刻：《十三经注疏》，中华书局影印本，1980 年，第 2504 页。
⑥ 司马迁：《史记》卷六十七《仲尼弟子列传》，中华书局，1959 年，第 2193 页。
⑦ 萧统编、李善注：《文选》，中华书局，1977 年，第 145 页。

子路之义勇、蘧伯玉之德行几百年后在陈留地区仍有流传,足见此种"身既殁而名存"的君子文化对陈留的影响。在此种君子风范的影响下,西汉时期陈留郡出现了郦食其和陈平等贤臣,并世代享受当地百姓的祭祀。《后汉书集解·郡国志》载:"雍丘,本杞国。齐民《北征记》曰:'有吕禄台,高七丈。有郦生祠。'"① 可见其地有祭祀郦食其的传统。东昏县的户牖乡为陈平故里,《后汉书集解·郡国志》载"《陈留志》曰:'故户牖乡有陈平祠。'"② 可见乡人对陈平的怀念。

　　先秦宋、陈等地的先王遗风、君子之风对两汉的陈留士人影响颇大,使得陈留地区的士人颇怀正直之风。如两汉之际的大儒陈留人刘昆,光武帝建武时期征拜议郎,稍迁侍中、弘农太守。

　　先是,崤、黾驿道多虎灾,行旅不通。昆为政三年,仁化大行,虎皆负子度河。帝闻而异之。二十二年,征代杜林为光禄勋。诏问昆曰:'前在江陵,反风灭火,后守弘农,虎北度河,行何德政而致是事?'昆对曰:'偶然耳。'左右皆笑其质讷。帝叹曰:'此乃长者之言也。'③

　　光武帝颇好谶纬,士人也颇以谶纬得以任用。刘昆是当时大儒,教授弟子五百余人。刘昆为政仁化大行,"虎皆负子度河",光武帝闻而异之,召刘昆问其原因时,刘昆却答"偶然耳"。刘昆的答辞体现了一位正直士人的涵养;东汉安帝时大将军邓骘权倾朝野,却每卑敬陈留李充,"充乃为陈海内隐居怀道之士,颇有不合……遂出,径去。"④ 李充的直言进谏表现了陈留儒者的正直之风;陈留长垣人吴祐任胶东相时政绩突出,深得大将军梁冀的赏识,"祐在胶东九年,迁齐相,大将军梁冀表为长史。及冀诬奏太尉李固,祐闻而请见,与冀争之,不听。……冀怒而起入室,祐亦径去。冀遂出祐为河间相,因自免归家,不复仕。"⑤ 梁冀向朝廷表奏吴祐为长史,可见梁冀对吴祐的赏识。但吴祐是正直之士,在李固被诬一事上与梁冀据理力争,即使罢官也无所畏惧。

　　桓帝"建和元年(147),(杜乔)代胡广为太尉。桓帝将纳梁冀妹,冀欲令以厚礼迎之,乔据执旧典,不听。"⑥ 以此忤逆外戚梁冀。后宦官在桓帝前

---

① 王先谦:《后汉书集解》,广陵书社影印本,2006年,第1191页。
② 王先谦:《后汉书集解》,广陵书社影印本,2006年,第1191页。
③ 范晔:《后汉书》卷七十九上《儒林列传》,中华书局,1965年,第2549-2550页。
④ 范晔:《后汉书》卷八十一《独行列传》,中华书局,1965年,第2685页。
⑤ 范晔:《后汉书》卷六十四《吴延史卢赵列传》,中华书局,1965年,第2102页。
⑥ 范晔:《后汉书》卷六十三《李杜列传》,中华书局,1965年,第2093页。

谗毁杜乔云："陛下前当即位，乔与李固抗议言上不堪奉汉宗祀"①，后梁冀又诬陷杜乔和李固交通，遂下狱，死狱中：

> 与李固俱暴尸于城北，家属故人莫敢视者。乔故掾陈留杨匡闻之，号泣星行到洛阳，乃著故赤帻，托为夏门亭吏，守卫尸丧，驱护蝇虫，积十二日，都官从事执之以闻。梁太后义而不罪。匡于是带鈇锧诣阙上书，并乞李、杜二公骸骨。太后许之。②

杨匡带鈇锧诣阙上书，为杜乔乞骸骨，行葬礼。其义举受到梁太后的赏识，其行正是陈留地区君子文化的体现。

灵帝时，宦官专权，危害社稷，大将军窦武和太傅陈蕃合谋诛杀宦官，事泄，陈蕃下狱被害，朝廷下诏：

> 徙其家属于比景，宗族、门生、故吏皆斥免禁锢。蕃友人陈留朱震，时为铚令，闻而弃官哭之，收葬蕃尸，匿其子逸于甘陵界中。事觉系狱，合门桎梏。震受考掠，誓死不言，故逸得免。③

朱震本为朝廷官员，听闻友人陈蕃被害，遂弃官为陈蕃收尸，并隐匿其子，事泄后宁受酷刑也拒不透露陈蕃之子的藏匿之处，这种舍身为友的义举，颇有君子之风。

总之，陈留郡据有春秋时期宋、卫、陈、杞的故地，而宋、卫、陈、杞又是夏、商文化的保存地，所以此地保留有先王、先贤的遗风，其风流余韵流传百年而不衰。司马迁在谈到此地的风俗时云："夫自鸿沟以东，芒、砀以北，属巨野，此梁、宋也。陶、睢阳亦一都会也。昔尧作成阳，舜渔於雷泽，汤止于亳。其俗犹有先王遗风，重厚多君子，好稼穑，虽无山川之饶，能恶衣食，致其蓄藏。"④ 太史公明确指出其地"重厚多君子"，其俗"犹有先王遗风"，此风在东汉晚期的陈留士人身上可以看到。

---

① 范晔：《后汉书》卷六十三《李杜列传》，中华书局，1965年，第2093-2094页。
② 范晔：《后汉书》卷六十三《李杜列传》，中华书局，1965年，第2093-2094页。
③ 范晔：《后汉书》卷六十六《陈王列传》，中华书局，1965年，第2170-2171页。
④ 司马迁：《史记》卷一百二十九《货殖列传第六十九》，中华书局，1959年，第3266页。

第二章　汉末政治风暴中陈留文人政治态度和人生际遇

孟子云："颂其诗，读其书，不知其人可乎？是以论其世也。"① 治陈留文人群体，不能不了解其时代背景及其在那个时代下的际遇。

第一节　汉末政治风暴中陈留文人的政治态度

东汉晚期社会的主旋律是政治斗争，是士人和宦官的政治斗争，其时政治斗争的洪流裹挟着每一位士人。面对这场政治斗争，汝颍文士多积极投身于这场政治斗争中，而陈留文士却采取了不同的态度。

一、汉末的政治动荡

自秦汉时期政治权力集中于君主之后，最为接近君主的群体是外戚和宦官。有王莽篡权的前车之鉴，东汉前期的皇帝对外戚防范甚严。光武帝时，为防外戚势力坐大，"帝惩西京外戚宾客，故皆以法绳之，大者抵死徙，其余至贬黜"②。永平初，明帝立马援之女为皇后，其后"显宗图画建武中名臣、列将于云台，以椒房故，独不及援"。③ 马援为东汉王朝的建立，立下汗马功劳，却不得跻身于云台二十八将，足见东汉前期君主对外戚的防范。

章帝之后，和帝刘肇以十岁登基，窦太后临朝，"和帝即祚幼弱，而窦宪兄弟专总权威"④。其后和帝重用宦官郑众等人铲除窦宪一党，郑众"遂享分

---

① 阮元校刻：《十三经注疏》，中华书局影印本，1980年，第2746页。
② 范晔：《后汉书》卷二十八上《桓谭冯衍列传》，中华书局，1965年，第978页。
③ 范晔：《后汉书》卷二十四《马援列传》，中华书局，1965年，第851页。
④ 范晔：《后汉书》卷七十八《宦者列传》，中华书局，1965年，第2509页。

土之封，超登宫卿之位。于是中官始盛焉"①，从此拉开了宦官干预朝政的序幕。顺帝去世后，冲帝二岁即位，三岁去世，梁太后临朝，扶立质帝，即位时年仅八岁，此后朝政一直掌握在外戚梁氏一门手中。桓帝时，梁冀掌权已久，飞扬跋扈，"而（后）兄大将军冀鸩杀质帝，专权暴滥，忌害忠良"②。早已对梁冀不满的桓帝，最终依靠宦官单超、徐璜等的势力诛杀梁冀，功成"封（单）超新丰侯，二万户，（徐）璜武原侯，（具）瑗东武阳侯，各万五千户，赐钱各千五百万；（左）悺上蔡侯，（唐）衡汝阳侯，各万三千户，赐钱各千三百万。五人同日封，故世谓之'五侯'。……自是权归宦官，朝廷日乱矣"③。从此朝政大权落入宦官群体手中。纵观东汉中后期的皇权与外戚之争，君主重掌权力依靠的是宦官群体，而后皇权的败落亦缘于宦官群体的专权。自桓帝借助宦官肃清梁冀的势力之后，宦官的权力达到了顶峰，史官言其专横骄恣之状云：

府署第馆，棋列于都鄙；子弟支附，过半于州国。南金、和宝、冰纨、雾縠之积，盈仞珍藏；嫱媛侍儿、歌童舞女之玩，充备绮室。狗马饰雕文，土木被缇绣。皆剥割萌黎，竞恣奢欲。构害明贤，专树党类。其有更相援引，希附权强者，皆腐身熏子，以自衒达。同敝相济，故其徒有繁，败国蠹政之事，不可单书。④

其时，宦官祸乱朝政，陈蕃、窦武谋诛宦官，事泄，陈蕃、窦武皆被害，其宗亲、宾客、姻属，或被诛杀或被禁锢，"天下寒心，海内失望"⑤。

自西汉中期大一统思想确立后，士大夫群体为维护王权做出了不懈的努力，在经历了王莽篡汉后，维护正统的观念深入人心。在东汉王朝的建立中，士大夫居功甚伟，而光武帝和汉明帝所表现出的对儒学风雅的尊重，更令士大夫倾心。史载光武帝"未及下车，而先访儒雅，采求阙文，补缀漏逸。先是四方学士多怀协图书，遁逃林薮。自是莫不抱负坟策，云会京师"⑥。明帝即位后更是"亲行其礼。天子始冠通天，衣日月，备法物之驾，盛清道之仪，坐明堂而朝群后，登灵台以望云物，袒割辟雍之上，尊养三老五更。飨射礼毕，帝正坐自讲，诸儒执经问难于前，冠带缙绅之人，圜桥门而观听者盖亿万

---

① 范晔：《后汉书》卷七十八《宦者列传》，中华书局，1965年，第2509页。
② 范晔：《后汉书》卷十下《皇后纪》，中华书局，1965年，第440页。
③ 范晔：《后汉书》卷七十八《宦者列传》，中华书局，1965年，第2520页。
④ 范晔：《后汉书》卷七十八《宦者列传》，中华书局，1965年，第2510页。
⑤ 范晔：《后汉书》卷六十九《窦何列传》，中华书局，1965年，第2240页。
⑥ 范晔：《后汉书》卷七十九上《儒林列传》，中华书局，1965年，第2545页。

计。"① 其时，士人是忠于皇权的，包括对于外戚和宦官的反对，亦是出于对皇权的维护。

汉末随着宦官势力的膨胀，士人的政治空间被空前挤压，加上在和宦官的斗争中，皇权对宦官的包庇，对士人群体的打击，使得士人对皇权的向心力逐渐冷却，开始和皇权离心。史载："当是时，凶竖得志，士大夫皆丧其气矣。"② 此时士人的心态正如罗宗强先生所言："他们原本从矢忠于皇权开始，反对外戚和宦官专制的腐败政治，意在维护大一统政权，而这个政权对他们的报答，却是一次次残酷无情的打击。他们对于这个政权的向心力是很自然地满满消失了，他们的心态，从矢忠于皇权，转向了高自标置，转向了互相题拂。"③ 此时以李膺、陈蕃为首的士人群体又与太学生合流，借助其势力扩大影响，史称其时"诸生三万余人，郭林宗、贾伟节为其冠，并与李膺、陈蕃、王畅更相褒重"④。太学中称赞士人的歌谣曰："天下模楷李元礼，不畏强御陈仲举，天下俊秀王叔茂。"⑤ 其后，士人与太学生遂共相标榜，指天下名士，为之称号，"三君""八俊""八顾""八及""八厨"之说不胫而走，"窦武、刘淑、陈蕃为'三君'。君者，言一世之所宗也。李膺、荀翌、杜密、王畅……为'八俊'。俊者，言人之英也。郭林宗、宗慈、巴肃、夏馥、范滂、尹勋、蔡衍、羊陟为'八顾'。顾者，言能以德行引人者也……。"⑥

随着时局的进一步恶化，士人之间本于互相标榜的品评逐渐演化为对公卿以及朝政的清议，史书言："逮桓、灵之间，主荒政缪，国命委于阉寺，士子羞与为伍，故匹夫抗愤，处士横议，遂乃激扬名声，互相题拂，品核公卿，裁量执政，婞直之风，于斯行矣。"《后汉书·党锢列传》云："自公卿以下，莫不畏其贬议，屣履到门。"⑦ 一时间士人掌握了舆论的风向，舆论对士人的偏向引起了不轨之徒的不满，其诬告士人共为部党，诽讪朝廷，祸乱风俗，"于是天子震怒，班下郡国，逮捕党人，布告天下，使同忿疾，遂收执膺等。其辞所连及陈寔之徒二百余人。"⑧ 是为第一次党锢之祸。

首次党锢之祸，虽然士人最终"皆赦归田里"⑨，但士人与朝廷之间已渐

---

① 范晔：《后汉书》卷七十九上《儒林列传》，中华书局，1965年，第2545-2546页。
② 范晔：《后汉书》卷六十九《窦何列传》，中华书局，1965年，第2244页。
③ 罗宗强：《魏晋玄学与士人心态》，天津教育出版社，2005年，第13页。
④ 范晔：《后汉书》卷六十七《党锢列传》，中华书局，1965年，第2186页。
⑤ 范晔：《后汉书》卷六十七《党锢列传》，中华书局，1965年，第2186页。
⑥ 范晔：《后汉书》卷六十七《党锢列传》，中华书局，1965年，第2187页。
⑦ 范晔：《后汉书》卷六十七《党锢列传》，中华书局，1965年，第2186页。
⑧ 范晔：《后汉书》卷六十七《党锢列传》，中华书局，1965年，第2187页。
⑨ 范晔：《后汉书》卷六十七《党锢列传》，中华书局，1965年，第2187页。

生嫌隙，士人出于对党人的同情，将朝廷推向了整个士林的对立面，纷纷站在党人一边，"膺免归乡里，居阳城山中，天下士大夫皆高尚其道，而污秽朝廷。"① 范滂因事入狱，被赦后南归回乡，"始发京师，汝南、南阳士大夫迎之者数千两"②。其时，党人声望如日中天，此点引起了朝廷的忌惮和宦官的不满，于是，宦官指使其攀附再次诬告党人，最终酿成了第二次党锢之祸。此次"太仆杜密、长乐少府李膺、司隶校尉朱㝢、颍川太守巴肃、沛相荀翌、河内太守魏朗、山阳太守翟超、任城相刘儒、太尉掾范滂等百余人，皆死狱中。……其死徙废禁者，六七百人"③。

总之，纵观东汉后期的政局，其最突出的特点就是士大夫和宦官的斗争及士大夫对朝政的批评，这在当时形成了一股洪流，天下士大夫纷纷投身其中，整个士林的氛围是狂躁的，不冷静的，可以说东汉末年士大夫将婞直之风发挥到了极致。

二、婞直之风下陈留文人对政治的疏离

汉末，当汝南、颍川地区的士人多投身于抗衡宦官、议论朝政的政治洪流时，与之相近的陈留士人却恬淡寡欲，远离政治纷争。延熹二年（159），时梁冀新诛，"中常侍徐璜、左悺等五侯擅恣，闻（蔡）邕善鼓琴，遂白天子，敕陈留太守督促发遣。邕不得已，行到偃师，称疾而归。闲居玩古，不交当世。感东方朔《客难》及扬雄、班固、崔骃之徒设疑以自通，乃斟酌群言，韪其是而矫其非，作《释诲》以戒厉云尔"④。延熹二年距爆发第一次党锢之祸的延熹八年、九年尚有六七年的时间，此时徐璜等"五侯"初执政事，虽擅权恣意，但危害士林的党锢之祸尚未显露，此时朝廷征召蔡邕，蔡邕"称疾而归"，流露出对"五侯"专权的失望，此后数年便"闲居玩古，不交当世"⑤。蔡邕的"闲居玩古，不交当世"正在两次党锢之祸期间，亦是士人交游之风盛行之时，所谓的"今京师英雄四集，志士交结之秋"⑥。而在此背景下，蔡邕能超然于时代风气之外，概得益于陈留浓厚的道家思想氛围和蔡氏儒、道并举的家风。蔡邕在此期间所作的《释诲》清楚地表明了其心态。文中通过"务世公子"和"华颠胡老"的对话来表明作者的心迹，而"务世公

---

① 范晔：《后汉书》卷六十七《党锢列传》，中华书局，1965年，第2195页。
② 范晔：《后汉书》卷六十七《党锢列传》，中华书局，1965年，第2206页。
③ 范晔：《后汉书》卷六十七《党锢列传》，中华书局，1965年，第2188页。
④ 范晔：《后汉书》卷六十下《蔡邕列传》，中华书局，1965年，第1980页。
⑤ 范晔：《后汉书》卷六十下《蔡邕列传》，中华书局，1965年，第1980页。
⑥ 范晔：《后汉书》卷七十六《循吏列传》，中华书局，1965年，第2481页。

子，虚拟人名，取致力于用世之意。华颠胡老，白发老人，是作者的自况。"①
当务世公子说以"方今圣上宽明，辅弼贤知，……盍以回涂要至，俯仰取容，辑当世之利，定不拔之功，荣家宗于此时，遗不灭之令踪"②时，华颠胡老答以："所谓睹暖昧之利，而忘昭哲之害；专必成之功，而忽蹉跌之败者也。"③且"贪夫殉财，夸者死权。暗谦盈之效，迷损益之数。骋骛骀于修路，慕骐骥而增驱；卑俯乎外戚之门，乞助乎近贵之誉。荣显未副，从而颠踣，下获薰胥之辜，高受灭家之诛。前车已覆，袭轨而骛，曾不鉴祸，以知畏惧"④。蔡邕的这种思想大抵是道家福祸相依和儒家明哲保身思想的合一，是从道家的福祸相依、月盈则亏的角度来看待汉末士人的争权趋利，且认为当今之世可谓是"群车方奔乎险路，安能与之齐轨？"⑤ 生逢乱世，作者只好"覃思典籍，韫椟《六经》，安贫乐贱，与世无营。"⑥蔡邕"安贫乐贱，与世无营"的倾向，带有明显的道家思想的味道。

在汉末政治风暴中，"当时不仅蔡邕，许多有识之士也对太学的清议及党人的行动不满，甚至有相当辛辣的批评"⑦。如曾被蔡邕举荐过外黄人申屠蟠，其对这场政治风暴亦有着清醒且深刻的认识。

先是京师游士汝南范滂等非讦朝政，自公卿以下皆折节下之。太学生争慕其风，以为文学将兴，处士复用，蟠独叹曰：'昔战国之世，处士横议，列国之王，至为拥篲先驱，卒有坑儒烧书之祸，今之谓矣。'乃绝迹于梁、砀之间，因树为屋，自同佣人。居二年，滂等果罹党锢，或死或刑者数百人，蟠确然免于疑论。⑧

当汝、颍士人范滂、李膺等聚众议论朝政，掌控舆论风向之时，公卿士大夫皆畏其议，京师的太学生莫不倾慕其风，申屠蟠却十分清醒。他感叹战国之时列国君主礼贤下士、放任处士横议的风气，最终造成了焚书坑儒之祸，预言当今三万余太学生聚集于太学，议论时政，将再次导致焚书坑儒之祸，即"卒有坑儒烧书之祸，今之谓矣"。鉴于此，申屠蟠拒绝参与太学生和党人的清议，其后二年，范滂等人果罹党锢，而申屠蟠免于其难。

---

① 邓安生：《蔡邕集编年校注》，河北教育出版社，2002年，第54页。
② 邓安生：《蔡邕集编年校注》，河北教育出版社，2002年，第51页。
③ 邓安生：《蔡邕集编年校注》，河北教育出版社，2002年，第51页。
④ 邓安生：《蔡邕集编年校注》，河北教育出版社，2002年，第53页。
⑤ 邓安生：《蔡邕集编年校注》，河北教育出版社，2002年，第53页。
⑥ 邓安生：《蔡邕集编年校注》，河北教育出版社，2002年，第51页。
⑦ 冈村繁：《周汉文学史考》，上海古籍出版社，2002年，第251页。
⑧ 范晔：《后汉书》卷五十三《周黄徐姜申屠列传》，中华书局，1965年，第1752页。

第二章 汉末政治风暴中陈留文人政治态度和人生际遇

蔡邕、申屠蟠并非独醒者,其时大多数陈留士人与其有着相似的态度,比如仇览。仇览在太学为诸生,"时诸生同郡符融有高名,与览比宇,宾客盈室。览常自守,不与融言。融观其容止,心独奇之,乃谓曰:'与先生同郡壤,邻房廡。今京师英雄四集,志士交结之秋,虽务经学,守之何固?'览乃正色曰:'天子修设太学,岂但使人游谈其中!'高揖而去,不复与言"①。仇览与符融同为太学生,且皆是陈留人,又房廡相邻,其时符融已享有高名,整日宾客盈室,唯独仇览不与符融言。符融劝以"今京师英雄四集,志士交结之秋",不必笃守经书,仇览尖锐地指出天子修设太学决非是为了使人"游谈其中",仇览拒不参与交游的态度,就反映了其对当时浮华交游的不满,也表明了他无意参与政治的心迹。再有:

陈留老父者,不知何许人也。桓帝世,党锢事起,守外黄令陈留张升去官归乡里,道逢友人,共班草而言。升曰:"……今宦竖日乱,陷害忠良,贤人君子其去朝乎?夫德之不建,人之无援,将性命之不免,奈何?"因相抱而泣。老父趋而过之,植其杖,太息言曰:"吁!二大夫何泣之悲也?夫龙不隐鳞,凤不藏羽,网罗高县,去将安所?虽泣何及乎!"二人欲与之语,不顾而去,莫知所终。②

陈留老父道逢张升并对其劝慰,然其"所谓'虽泣何及'则包含着'早知今日,何必当初'的感慨。"③ 正如一些学者所指出的:"他(陈留老父)以韬光养晦之道为规劝,也毫不客气地批评党人自蹈险地。"④

需要指出的是,汉末陈留士人虽亦有被列入党人的,但仍特立独行,不与激进的党人为伍。

夏馥字子治,陈留圉人也。少为书生,言行质直。……馥虽不交时宜,然以声名为中官所惮,遂与范滂、张俭等俱被诬陷,诏下州郡,捕为党魁。及(张)俭等亡命,经历之处,皆被收考,辞所连引,布遍天下。馥乃顿足而叹曰:"孽自己作,空污良善,一人逃死,祸及万家,何以生为!"乃自剪须变形,入林虑山中,隐匿姓名,为冶家佣。亲突烟炭,形貌毁瘁,积二三年,人无知者。⑤

汉末张俭因刻石立坛招致党祸再起,又因逃难而累及四方,夏馥责其'孽自己作,空污良善,一人逃死,祸及万家,何以生为!'"他们(夏馥)的

---

① 范晔《后汉书》卷七十六《循吏列传》,中华书局,1965年,第2481页。
② 范晔:《后汉书》卷八十三《逸民列传》,中华书局,1965年,第2776页。
③ 冈村繁:《周汉文学史考》,上海古籍出版社,2002年,第252页。
④ 蓝旭:《汉末士风述论》,《江苏行政学院学报》2004年第3期。
⑤ 范晔:《后汉书》卷六十七《党锢列传》,中华书局,1965年,第2202页。

独立裁断,体现了不为一时士风所蛊惑的特立独行的风姿,足为党人良心的代表。"① 夏馥"虽不交时宦",却被诬陷为党人,为了不累及他人,夏馥主动选择隐匿山林,材料中夏馥对张俭的指责表现了其对激进的党人的不满,是对其时狂躁士风的疏离。

汉末,在太学生与党人非评朝政的浪潮中,陈留文士却集体缺席,并未加入批评朝政的浪潮,表现出与朝政的疏离,其原因大概有二:

其一,陈留士人对时局有清醒的判断。蔡邕认为当今之世可谓是"群车方奔乎险路,安能与之齐轨?"② 蔡邕将当时时局喻为险路,将奔腾其中的士人比喻为群车,显然其不愿置身其中;申屠蟠将时局喻为纷乱的"战国之世"③;范冉临终前叹曰:"吾生于昏暗之世,值乎淫侈之俗。"④ 用"昏暗之世"来形容汉末朝政的昏暗;张升去官道逢友人,与友人论时政云:"'今宦竖日乱,陷害忠良,贤人君子其去朝乎?夫德之不建,人之无援,将性命之不免,奈何?'因相抱而泣。"⑤ 张升与友人的谈话道出了汉末宦官当权,陷害忠良,贤人君子失路且性命难保的实情;陈留老父认为当今朝廷"网罗高县",劝士人不要自投罗网。汉末政治斗争激烈,汝、颍士人纷纷参与其中,而陈留士人却置身事外,此点引起了学者的注意,正如日本学者冈村繁先生所论:"当时的陈留郡与邻郡汝南、颍川同为全国知识人产生最多的地区。汝南与颍川皆因党锢事件而派送不少激进斗士赴首都洛阳,当时流行的'汝颍优劣论'便是这两郡拮抗争锋的最好象征。与此不同的,陈留郡却没有那样强烈的政治氛围,而毋宁说是以崇尚隐逸文艺为特色。"⑥陈留地区迥异于汝、颍地区浓烈的政治氛围,是意识到时局的危险与无望,正如其时士林领袖郭泰所预言的:"吾夜观乾象,昼察人事,天之所废,不可支也。"⑦ 郭泰据天象和人事已经推测到东汉王朝衰败的迹象,而郭泰与陈留士人往来密切,其与陈留士人对时局的判断趋于一致亦在意料之中。

其二,自先秦以来陈留地区就有隐逸传统。道家思想是陈留地区的文化传统之一,作为道家思想表征的隐逸风气自春秋以后在陈留就绵延不绝。战国时期魏国大梁是春秋时期的故宋之地,两汉以来属于陈留郡的辖区。战国晚期在

---

① 蓝旭:《汉末士风述论》,《江苏行政学院学报》2004年第3期。
② 邓安生:《蔡邕集编年校注》,河北教育出版社,2002年,第53页。
③ 范晔:《后汉书》卷五十三《周黄徐姜申屠列传》,中华书局,1965年,第1752页。
④ 范晔:《后汉书》卷八十一《独行列传》,中华书局,1965年,第2690页。
⑤ 范晔:《后汉书》卷八十三《逸民列传》,中华书局,1965年,第2776页。
⑥ 冈村繁著、陆晓光译:《周汉文学史考》,上海古籍出版社,2002年,第253页。
⑦ 范晔:《后汉书》卷六十八《郭符许列传》,中华书局,1965年,第2225页。

魏国的大梁就出现了两位著名的隐士，一是侯嬴，"魏有隐士曰侯嬴，年七十，家贫，为大梁夷门监者"①；一是朱亥，"臣所过屠者朱亥，此子贤者，世莫能知，故隐屠间耳"。②战国晚期大梁出现著名的隐士，说明此地的隐逸风气颇浓。

先秦以后道家思想在传播过程中，有的与传播地思想融合并形成了新的思想，"儒、道西传三晋，助成法家之兴盛；东传至齐，道衍为黄老，儒则颇与阴阳合流"。③两汉时期的黄老思想就是融合演变的产物。两汉时期陈留地区习黄老道家的士人颇多，西汉前期陈留阳武人陈平"少时家贫，好读书，治黄帝、老子之术"④。可知黄老思想对其有很大影响。观陈平传记，从其开始反秦直到后来与吕氏集团的斗争，颇得黄老思想之精髓。汉文帝时丞相陈留阳武人张苍罢相后："老，口中无齿，食乳，女子为乳母。妻妾以百数，尝孕者不复幸。苍年百有余岁而卒。"⑤从张苍无齿食乳以致寿考百余岁的"贵生"行为来看，盖受到道家养生思想的启发。两汉之际陈留圉人蔡勋，"好黄老，平帝时为郿令。王莽初……遂携将家属，逃入深山，与鲍宣、卓茂等同不仕新室。"⑥

综上，汉末当士大夫积极投身于和宦官的斗争中时，陈留士人却有意地和政局保持着距离，甘愿过隐居的生活，此点显示了陈留文人群体的独特性，而这种独特性的形成既有现实政治的因素，也有传统文化的影响。

第二节　汉末陈留文士的人生际遇

汉末的政局可用"动荡"来形容，其表现是外戚和宦官把持朝政，士大夫阶层遭到排挤。因此士大夫与外戚、宦官势力展开了激烈的斗争，最终酿成了党锢之祸。动荡的政局使士人的命运发生了根本的改变，两次党锢之祸中，下狱或逃亡的士人不计其数。在士人普遍遭厄的背景下，陈留文士亦未能免祸，其人生际遇可分为如下几种。

---

① 司马迁：《史记》卷七十七《魏公子列传》，中华书局，1959年，第2378页。
② 司马迁：《史记》卷七十七《魏公子列传》，中华书局，1959年，第2379页。
③ 严耕望：《严耕望史学论文选集》，中华书局，2006年，第53页。
④ 班固：《汉书》卷四十《张陈王周传》，中华书局，1962年，第2038页。
⑤ 司马迁：《史记》卷九十六《张丞相列传》，中华书局，1959年，第2682页。
⑥ 范晔：《后汉书》卷六十下《蔡邕列传》，中华书局，1965年，第1979页。

一、因党锢之祸而遭受流离或杀戮

汉末陈留文士对政治相对疏离，但在朝廷打击党人的背景下，陈留士人也被波及。这其中最典型的就是无端被列入党人的夏馥。夏馥字子治，陈留圉人，与蔡邕是同乡。夏馥为人正直，不喜攀附权贵，《后汉书·党锢列传》载："少为书生，言行质直。同县高氏、蔡氏并皆富殖，郡人畏而事之，唯馥比门不与交通，由是为豪姓所仇。"① 由此看来夏馥并不热衷于交游豪族。但由于其声名在外，终为声名所累，史书载："馥虽不交时宦，然以声名为中官所惮，遂与范滂、张俭等俱被诬陷，诏下州郡，捕为党魁。"② 生逢党锢之祸的时代，夏馥虽不主动交往时宦，却还是被诬蔑为党魁。夏馥不愿像张俭一样累及他人，"乃自翦须变形，入林虑山中，隐匿姓名，为冶家佣。亲突烟炭，形貌毁瘁，积二三年，人无知者。"③ 为了逃避朝廷的追捕，夏馥逃入林虑山，隐姓埋名，甚至用烟炭灼烧身体，以至于形貌尽毁。夏馥离家已久，其弟夏静甚为思念，后其弟：

乘车马，载缣帛，追之于涅阳市中。遇馥不识，闻其言声，乃觉而拜之。馥避不与语，静追随至客舍，共宿。夜中密呼静曰：'吾以守道疾恶，故为权宦所陷。且念营苟全，以庇性命，弟奈何载物相求，是以祸见追也。'明旦，别去。党禁未解而卒。④

夏馥逃亡后，其弟追寻夏馥于涅阳市中，待到认出夏馥后，夏馥却避而不与其语。夜中夏馥方表明其心迹，夏馥称自己一生"守道疾恶"却为权宦所陷害，为保全性命，只得用此种方式苟全于乱世。夏馥是一生笃守道义，其若生活在清明时代，或外出做官，或居家读书，皆可优游卒岁。但时值乱世，正直之士遭到陷害，所以夏馥只能背井离乡，躲进深山，自毁形貌，为人佣作，直至其死，党禁仍未解除。可以说夏馥的后半生皆生活在流离、恐惧之中，其内心的伤痛可知，谙于此，即可知一代士人有一代的际遇。

与夏馥遭遇类似的还有陈留外黄人范冉。年轻时范冉游学三辅。学成后，朝廷两次征辟范冉，范冉以其狷急不能从俗而拒绝。其后"遭党人禁锢，遂推鹿车，载妻子，捃拾自资，或寓息客庐，或依宿树荫。如此十余年，乃结草

---

① 范晔：《后汉书》卷六十七《党锢列传》，中华书局，1965年，第2201-2202页。
② 范晔：《后汉书》卷六十七《党锢列传》，中华书局，1965年，第2202页。
③ 范晔：《后汉书》卷六十七《党锢列传》，中华书局，1965年，第2202页。
④ 范晔：《后汉书》卷六十七《党锢列传》，中华书局，1965年，第2202页。

室而居焉。所止单陋，有时粮粒尽……"① 事实上范冉从未参与党人抗议朝廷的活动，其之所以遭到禁锢大抵是因为其狷急的个性，再加上其名士的身份。遭遇禁锢对范冉的生活影响颇大，被禁锢前范冉还参与士林活动，被禁锢之后，史书言其隐居逃亡长达数十年，"乃结草室而居焉。所止单陋，有时粮粒尽"，期间有时粮尽，其生活穷困至此。党禁解除不久即卒于家，终年七十四岁。从某种程度上来说，范冉人生的困顿，很大程度上是那个混乱的时代造成的，正如范冉临终前对其时代的评价云："吾生于昏暗之世，值乎淫侈之俗……"② 时代昏暗所造成的士人命运的不幸，在范冉身上体现得尤为明显。

虽同样面临党锢之祸，夏馥和范冉仅是流离，而张升在这次祸乱中则是被杀害。张升陈留尉氏人，少好学而任情不羁，张升入仕后：

仕郡为纲纪，以能出守外黄令。吏有受赇者，即论杀之。或讥升守领一时，何足趋明威戮乎？对曰：'昔仲尼暂相，诛齐之侏儒，手足异门而出，故能威震强国，反其侵地。君子仕不为己，职思其忧，岂以久近而异其度哉？'遇党锢去官，后竟见诛，年四十九。③

张升是富平侯张放之孙，其家世不可为不显赫。加上张升本人好学，遂成当时名士。不同于只会坐而论道的空疏之士，张升是有实干才能的文士，在任职陈留郡时，以才能升任外黄令，此点足以说明张升的才干。史书载其对受贿官吏的处置也表明了其政治才干，更可贵的是张升执法严明并非为自己博得声誉，而是想要扭转当时的风气。有如此家世、学问和才干的人在党锢之祸中不但被牵连丢官，后来还落得被诛的下场，可以想见当时清白之士在那场政治风波的遭遇。大抵清流之士素日得罪了不少宵小之辈，在党锢之祸中这些人借机对清流之士实行打击报复，士人沦落为政治风暴的牺牲品，无怪乎党锢之祸后士人与朝廷离心离德。

二、因拒绝迎合权贵而被贬谪或杀戮

造成汉末政局混乱的两股势力，一是宦官，一是外戚，这两种势力皆对陈留士人的际遇产生了很大的影响。陈留长垣人吴祐，年二十余举孝廉，后任胶东侯相：

祐在胶东九年，迁齐相，大将军梁冀表为长史。及冀诬奏太尉李固，祐闻而请见，与冀争之，不听。时扶风马融在坐，为冀章草，祐因谓融曰：'李公

---

① 范晔：《后汉书》卷八十一《独行列传》，中华书局，1965年，第2689页。
② 范晔：《后汉书》卷八十一《独行列传》，中华书局，1965年，第2690页。
③ 范晔：《后汉书》卷八十下《文苑列传》，中华书局，1965年，第2627-2628页。

之罪，成于卿手。李公即诛，卿何面目见天下之人乎?'冀怒而起入室，祐亦径去。冀遂出祐为河间相，因自免归家，不复仕，躬灌园蔬，以经书教授。年九十八卒。①

吴祐任胶东侯相时，颇有清誉，史书云："祐政唯仁简，以身率物。民有争诉者，辄闭阁自责，然后断其讼，以道譬之。或身到闾里，重相和解。自是之后，争隙省息，吏人怀而不欺。"② 大将军梁冀表奏吴祐为长史，可见吴祐曾受梁冀赏识。其时梁冀正权势熏天，李固因拒不阿附梁冀而遭诬陷，此时深受梁冀赏识的吴祐挺身为李固辩解，因而触怒梁冀，将其贬为河间相，吴祐辞官归家，终老田园。从其生平可知，吴祐是一位有抱负的能吏，但生逢外戚当政的时代，吴祐所秉持的士人的操守与外戚的飞扬跋扈格格不入，最终落得有志难伸、辞官归乡的下场。从吴祐身上我们可以看出外戚专权给士人的理想带来的破灭。

再如陈留考城人史弼。史弼初仕州郡，后迁尚书，又出为平原相。其时正值党锢之祸兴起，史载：

时诏书下举钩党，郡国所奏相连及者多至数百，唯独弼独无所上。诏书前后切却州郡，髡笞掾史。从事坐传责曰："诏书疾恶党人，旨意恳恻。青州六郡，其五有党，近国甘陵，亦考南北部，平原何理而得独无?"……从事大怒，即收郡僚职送狱，遂举奏弼。会党禁中解，弼以俸赎罪得免，济活者千余人。③

史弼任平原相期间，正是党锢之祸如火如荼之时，当时朝廷下令上报一切与党人有牵连的士人，其时平原郡属青州管辖，青州下辖六郡，其余五郡皆有党人上奏，唯独平原郡无，所以朝廷切责州郡的从事、掾史，最后因史弼拒绝向朝廷上奏党人，州郡从事将史弼扭送入狱，直到党禁解除时，史弼才以俸禄赎罪。正直、有才干如史弼者，因生于党锢四起之时，无罪而有牢狱之灾，可悲可叹！

史弼除了在党锢之祸中无罪入狱外，其后更因得罪宦官而再度入狱。汉末宦官飞扬跋扈，多用子弟出任要职，而史弼"为政特挫抑强豪，其小民有罪，多所容贷。"④ 所以得罪了宦官，因此险些丧命。事情的起因是史弼迁河东太守后，按照惯例当向朝廷举荐孝廉：

弼知多权贵请托，乃豫勑断绝书属。中常侍侯览果遣诸生齎书请之，并求

---

① 范晔：《后汉书》卷六十四《吴延史卢赵列传》，中华书局，1965年，第2102页。
② 范晔：《后汉书》卷六十四《吴延史卢赵列传》，中华书局，1965年，第2101页。
③ 范晔：《后汉书》卷六十四《吴延史卢赵列传》，中华书局，1965年，第2110页。
④ 范晔：《后汉书》卷六十四《吴延史卢赵列传》，中华书局，1965年，第2111页。

假盐税，积日不得通。生乃说以它事谒弼，而因达览书。弼大怒曰："太守悉荷重任，当选士报国，尔何人而伪诈无状！"命左右引出，楚捶数百，府丞、掾史十余人皆谏于廷，弼不对。遂付安邑狱，即日考杀之。侯览大怨，遂诈作飞章下司隶，诬弼诽谤，槛车征。吏人莫敢近者，唯前孝廉裴瑜送到崤渑之间，大言于道傍曰："明府摧折虐臣，选德报国，如其获罪，足以垂名竹帛，愿不忧不惧。"弼曰："谁谓荼苦，其甘如荠。"昔人刎颈，九死不恨。及下廷尉诏狱，平原吏人奔走诣阙讼之……刑竟归田里，称病闭门不出。数为公卿所荐，议郎何休又讼弼有干国之器，宜登台相，征拜议郎。侯览等恶之。光和中，出为彭城相，会病卒。①

史弼因拒绝宦官侯览的请托，即被其诬蔑下狱，几死于狱中，可见正直士人在乱世生存的困境。

和史弼一样因得罪宦官、权臣而遭到迫害还有蔡邕。灵帝时灾害频仍，史书载："时频有雷霆疾风，伤树拔木，地震、陨雹、蝗虫之害。又鲜卑犯境，役赋及民。"② 其后又"妖异数见，人相惊扰……又特诏问曰：'比灾变互生，未知厥咎，朝廷焦心，载怀恐惧……以邕经学深奥，故密特稽问，宜披露失得，指陈政要，勿有依违，自生疑讳。具对经术，以皂囊封上。'邕对曰……"③ 面对频繁发生灾异，朝廷特诏经学素养深厚的蔡邕指陈政事得失，作为忧国忧民的士大夫，蔡邕不顾自身安危，对曰："今灾眚之发，不于它所，远则门垣，近在寺署，其为监戒，可谓至切。"④ 蔡邕直斥造成现今天降灾异局面的是宦官，奏疏上报之后"曹节于后窃视之，悉宣语左右，事遂漏露。其为邕所裁黜者，皆侧目思报。"⑤ 由于蔡邕的奏疏冒犯了宦官，宦官群体对其心怀怨愤，于是就利用蔡质、蔡邕叔侄与其他朝臣的矛盾，诬奏蔡邕并致其下狱，史载：

初，邕与司徒刘郃素不相平，叔父卫尉质又与将作大匠阳球有隙。球即中常侍程璜女夫也，璜遂使人飞章言邕、质数以私事请托于郃，郃不听，邕含隐切，志欲相中。于是诏下尚书，召邕诘状……于是下邕、质于洛阳狱，劾以仇怨奉公，议害大臣，大不敬，弃市。事奏，中常侍吕强愍邕无罪，请之，帝亦更思其章，有诏减死一等，与家属髡钳徙朔方，不得以赦令除。⑥

---

① 范晔：《后汉书》卷六十四《吴延史卢赵列传》，中华书局，1965年，第2111-2112页。
② 范晔：《后汉书》卷六十下《蔡邕列传》，中华书局，1965年，第1992页。
③ 范晔：《后汉书》卷六十下《蔡邕列传》，中华书局，1965年，第1998页。
④ 范晔：《后汉书》卷六十下《蔡邕列传》，中华书局，1965年，第1999页。
⑤ 范晔：《后汉书》卷六十下《蔡邕列传》，中华书局，1965年，第2000页。
⑥ 范晔：《后汉书》卷六十下《蔡邕列传》，中华书局，1965年，第2001-2002页。

蔡邕于流放途中上书自陈，灵帝嘉其才高，会明年大赦，乃宥蔡邕返还本郡。蔡邕返回中原途中路过五原：

> 五原太守王智饯之。酒酣，智起舞属邕，邕不为报。智者，中常侍王甫弟也，素贵骄，惭于宾客，诟邕曰：'徒敢轻我！'邕拂衣而去。智衔之，密告邕怨于囚放，谤讪朝廷。内宠恶之。邕虑卒不免，乃亡命江海，远迹吴会。往来依太山羊氏，积十二年，在吴。①

在政治昏暗的时代，以蔡邕正直的个性，势必和宦官成水火之势。蔡邕在忧心朝政、忠心为国的同时，完全忘记了个人安危，在宦官和政敌的双重夹击下被弹劾下狱，最后髡钳朔方。如此的遭际还未令其改变自己的个性，在被赦免的途中又因得罪宦官王甫之弟王智而难返故土，最后流亡江海十二年。其后董卓执掌大权，曾一度重用蔡邕。蔡邕念其恩德，在司徒王允的座中对董卓之死流露出惋惜之情，因此激怒王允，被收付廷尉治罪，后遂死狱中。纵观蔡邕一生其行事作风全凭一时意气，虽说其位列朝臣，毋宁说文人才是最适合他的身份。作为文人其本该教授弟子、优游卒岁，但晚年却漂泊无依，终死狱中，蔡邕的经历说明乱世之中文人的性命难以保全。

与蔡邕同样被权臣杀害的还有边让。边让陈留浚仪人，以才华知名当世。初为大将军令史"后以高才擢进，屡迁"②，曾出任九江太守。汉末婞直之风盛行，边让也沾染了名士的习气。献帝"初平中，王室大乱，让去官还家。恃才气，不屈曹操，多轻侮之言。建安中，其乡人有构让于操，操告郡就杀之。文多遗失。"③ 从《章华台赋》就可以看出，边让的确才华横溢，但就是这样一位才华横溢的文士在乱世的遭遇就颇令人唏嘘。汉献帝时王室大乱，边让先是丢官，大乱之后，军阀当权，董卓死后，曹操把持朝政。边让或许是出于名士的孤傲，不愿臣服于曹操，并对曹操多轻侮之言，遭到曹操忌恨，最后其乡人在曹操的授意下诬告边让，曹操借官府之手杀害了边让。史书称"魏晋之际，天下多故，名士少有全者"④。其实，汉魏之际的名士亦少有全者，边让即是死于乱世的名士的典型。

三、因战乱而遭遇颠沛流离

乱世中的名士多颠沛流离或身遭屠戮，乱世中的女子更有被胡人掳掠，没

---

① 范晔：《后汉书》卷六十下《蔡邕列传》，中华书局，1965年，第2003页。
② 范晔：《后汉书》卷八十下《文苑列传》，中华书局，1965年，第2647页。
③ 范晔：《后汉书》卷八十下《文苑列传》，中华书局，1965年，第2647页。
④ 房玄龄等：《晋书》卷四十九《阮籍列传》，中华书局，1974年，第1360页。

第二章　汉末政治风暴中陈留文人政治态度和人生际遇

于胡中多年，蔡琰即是如此。蔡琰是陈留圉县人，其父蔡邕是汉末名士，献帝"初平元年（190），拜左中郎将，从献帝迁都长安，封高阳乡侯"。[①] 蔡邕既是名士又得以封侯，蔡琰的家世不可谓不显赫。但即使身为官宦之女，在汉末动乱中也难逃为胡骑所掳掠的命运，史书称："兴平中，天下丧乱，文姬为胡骑所获，没于南匈奴左贤王，在胡中十二年，生二子。曹操素与邕善，痛其无嗣，乃遣使者以金璧赎之，而重嫁于祀。"[②] 蔡琰在匈奴十二年，生育二子，其后虽被曹操赎回，但此段坎坷的经历给蔡琰带了巨大的创伤。回归中原后蔡琰：

感伤乱离，追怀悲愤，作诗二章。其辞曰：汉季失权柄，董卓乱天常。志欲图篡弑，先害诸贤良。逼迫迁旧邦，拥主以自强……平土人脆弱，来兵皆胡羌。猎野围城邑，所向悉破亡……马边县男头，马后载妇女。长驱西入关，迥路险且阻。还顾邈冥冥，肝脾为烂腐。所略有万计，不得令屯聚。或有骨肉俱，欲言不敢语。失意机微间，辄言毙降虏。要当以亭刃，我曹不活汝。岂复惜性命，不堪其詈骂。或便加棰杖，毒痛参并下。旦则号泣行，夜则悲吟坐。欲死不能得，欲生无一可。彼苍者何辜，乃遭此厄祸……既至家人尽，又复无中外。城郭为山林，庭宇生荆艾。白骨不知谁，纵横莫覆盖。出门无人声，豺狼号且吠。茕茕对孤景，怛咤糜肝肺。登高远眺望，魂神忽飞逝。奄若寿命尽，旁人相宽大。为复强视息，虽生何聊赖！托命于新人，竭心自勖厉。流离成鄙贱，常恐复捐废。人生几何时，怀忧终年岁！[③]

蔡琰是世家女子，本应生活优渥，但战乱彻底改变了蔡琰的命运。董卓进京后其部下李傕、郭汜等人掳掠了当时洛阳附近较为富庶的陈留、颍川，史称"初，卓女婿中郎将牛辅典兵别屯陕，分遣校尉李傕、郭汜、张济略陈留、颍川诸县。"[④] 李傕、郭汜、张济大军所过之处被掳杀一空，蔡琰的故乡陈留在这次劫掠中首当其冲，大约也是在这场浩劫中，蔡琰"为胡骑所获"。从陈留到胡地，路途千里，途中蔡琰和其他被掳的百姓不仅要忍受饥寒，还要忍受胡兵"或便加棰杖，毒痛参并下"的虐待，这是蔡琰在战乱中所经受的第一重苦难；大抵因为蔡琰官宦之女的身份，最后辗转流落于南匈奴左贤王帐下，生育二子，滞留胡地长达十二年之久。因曹操与其父蔡邕素善，所以用金璧将蔡琰赎回。虽然回归中原是蔡琰的夙愿，但此次回归也意味着与胡儿的离别，本诗中写母子离别的场面云："儿前抱我颈，问母欲何之。'人言母当去，岂复

---

① 范晔：《后汉书》卷六十下《蔡邕列传》，中华书局，1965年，第2005页。
② 范晔：《后汉书》卷八十四《列女传》，中华书局，1965年，第2800页。
③ 范晔：《后汉书》卷八十四《列女传》，中华书局，1965年，第2801-2802页。
④ 陈寿：《三国志·魏书》卷六《董二袁刘传》，中华书局，1959年，第180页。

有还时。阿母常仁恻，今何更不慈？我尚未成人，奈何不顾思！'见此崩五内，恍惚生狂痴。"① 这是乱世中作为母亲的蔡琰遭遇的第二重苦难，即母子离别之苦；其后，蔡琰虽然被赎回，跋涉千里返回故乡后所见的陈留已不复先前的境况，战乱后的陈留"既至家人尽，又复无中外。城郭为山林，庭宇生荆艾。白骨不知谁，纵横莫覆盖。出门无人声，豺狼号且吠。"故乡寥无人烟，举目望去唯有丛生的荆艾和遍地的白骨，此情此景令蔡琰肝肠寸断，精神恍惚，于是她发出了"虽生何聊赖"的悲叹。亲人的离世，家园的沦丧令蔡琰了无生趣，这是蔡琰经历的第三重苦难，即家园被毁之苦；曹操将蔡琰赎回后将其重嫁给董祀，再嫁的蔡琰却因自己曾流落胡地并生育二子的经历忐忑不安，畏惧遭到嫌弃，所以蔡琰的晚年是在一种忧惧中度过，这是蔡琰所遭受的第四重苦。蔡琰虽是一个世家女子，但在战乱中其和普通百姓一样遭受了骨肉分离、家园破碎、名节被毁，其种种痛苦皆源自那个战乱的时代，而战乱中女子的命运则更令人同情。

综上，陈留文人作为汉末文人的缩影，其人生际遇具有普遍性。汉末一部分文人死于党锢之祸和权臣的陷害，一部分文人因为得罪权臣而遭贬谪，一部分文人因战乱或逃避追捕颠沛流离，种种辛酸陈留文人遍尝之。具体而言，张升死于党锢之祸；蔡邕和边让死于权臣的构陷；阮瑀染疫而亡；夏馥和范冉因党锢之祸流亡十几年；蔡琰没于胡地十几年……无怪乎范冉临终前感叹："吾生于昏暗之世，值乎淫侈之俗……"② 蔡琰感慨"人生几何时，怀忧终年岁"。③ 从中可知其时文人的遭际。这其中尤以蔡邕的遭遇最为曲折，其先是因直言进谏而被贬朔方，遇赦回归的途中又因得罪宦官而亡命江海。董卓执政后又强行征辟蔡邕为官。董卓去世后蔡邕因流露出对董卓的惋惜而被王允杀害。蔡邕之死及其晚年颠沛流离的遭遇引起了史官的深切同情，范晔在《蔡邕列传》末尾感叹乱世文人的遭遇云：

意气之感，士所不能忘也。流极之运，有生所共深悲也。当伯喈抱钳扭，徙幽裔，仰日月而不见照烛，临风尘而不得经过，其意岂及语平日倖全人哉！及解刑衣，窜欧越，潜舟江壑，不知其远，捷步深林，尚苦不密，但愿北首旧丘，归骸先垄，又可得乎？④

"仰日月而不见照烛，临风尘而不得经过""潜舟江壑，不知其远，捷步深林，尚苦不密"，极写蔡邕遭贬或避难时的惨状，并对其遭遇深表同情，某

---

① 范晔：《后汉书》卷八十四《列女传》，中华书局，1965年，第2802页。
② 范晔：《后汉书》卷八十一《独行列传》，中华书局，1965年，第2690页。
③ 范晔：《后汉书》卷八十四《列女传》，中华书局，1965年，第2802页。
④ 范晔：《后汉书》卷六十下《蔡邕列传》，中华书局，1965年，第2007页。

种意义上来说，蔡邕的遭遇，代表了汉末整个陈留文人的人生际遇。

陈留文人在汉末的人生遭遇体现在文学上就是其时诗文风格的悲凉。清人沈德潜评蔡琰的《悲愤诗》云："激昂酸楚。读去如惊蓬坐振，沙砾自飞，在东汉人中，力量最大。"① 其又云读其诗："使人忘其失节，而只觉可怜，由情真，亦由情深也。"② 其中"酸楚"二字颇能概括汉末陈留文人创作的总体风格。陈留文人阮瑀亦有诗云："民生受天命，飘若河中尘。虽称百龄寿，孰能应此身。犹获婴凶祸，流落恒苦辛。"③ 在阮瑀看来，汉末动荡的社会残酷地吞噬着百姓的性命，百姓如河水中的尘土，不能主宰自己的命运，凶祸犹如枷锁，令人无法摆脱。阮瑀本诗道出了当时社会中文人的普遍感受。蔡邕在其《翠鸟》诗中亦流露出忧惧的心情，其诗云："幸脱虞人机，得亲君子庭。"④ 可见恐惧是其时文人的共同感受。总之，汉末社会的动荡给文人内心造成了巨大的伤害，并由此影响到了文学创作，正如刘勰所云："观其时文，雅好慷慨，良由世积乱离，风衰俗怨，并志深而笔长，故梗概而多气也。"⑤ 陈留文人创作中也体现了"雅好慷慨"的特点，此点正是由"世积乱离"引起的。

---

① 沈德潜：《古诗源》，中华书局，2006年，第58页。
② 沈德潜：《古诗源》，中华书局，2006年，第58页。
③ 逯钦立：《先秦汉魏晋南北朝诗》，中华书局，1983年，第381页。
④ 逯钦立：《先秦汉魏晋南北朝诗》，中华书局，1983年，第193页。
⑤ 刘勰著、范文澜注：《文心雕龙注》，人民文学出版社，1958年，第674页。

第三章　陈留文人的交游与汉末士风的嬗变

东汉中后期，皇权旁落，外戚和宦官交替主政。不满于昏暗时局，于是士人群体聚集起来批评朝政。史书论及此时期的士风云："逮桓、灵之间，主荒政缪，国命委于阉寺，士子羞与为伍，故匹夫抗愤，处士横议，遂乃激扬名声，互相题拂，品核公卿，裁量执政，婞直之风，于斯行矣。"① 汉末"国命委于阉寺"，士人与宦官的抗衡，需要统一步调，需要商议、协调，所以政治斗争的加剧必然导致士人交游活动的频繁，正如史书所指出的此时期的士人"遂乃激扬名声，互相题拂"。

汉末士人热衷交游，除了"主荒政缪"外，经学的衰落也是一大因素。东汉中晚期经学的衰落，其外部表现为自帝王到博士对经学的倦怠。正如《后汉书·儒林传序》云："及邓后称制，学者颇懈……自安帝览政，薄于艺文，博士倚席不讲，朋徒相视怠散，学舍颓敝，鞠为园蔬，牧儿荛竖，至于薪刈其下。"② 其内部表现则是经学自身走向繁琐。由于经学在传授中必须严守家法，导致其发展逐渐走向僵化，已经不能吸引士人，到桓帝时，遂有"章句渐疏，而多以浮华相尚，儒者之风盖衰矣"③ 的风气。其时士人"多以浮华相尚"，务于交游，王符批评当时的社会风气云："今多务交游以结党助，偷世窃名以取济渡，夸末之徒，从而尚之……"④ 汉魏之际的徐干描述其时的交游风气云：

> 桓灵之世，其甚者也。自公卿大夫、州牧郡守，王事不恤，宾客为务，冠盖填门，儒服塞道，饥不暇餐，倦不获已，殷殷沄沄，俾夜作昼，下及小司，列城墨绶，莫不相商以得人，自矜以下士；星言凤驾，送往迎来，亭传常满，吏卒传问，炬火夜行，阉寺不闭；把臂扼腕，扣天矢誓，推诚恩好，不较轻重，文书委于官曹，系囚积于囹圄，而不遑省也。详察其为也，非欲忧国恤

---

① 范晔：《后汉书》卷六十七《党锢列传》，中华书局，1965年，第2185页。
② 范晔：《后汉书》卷七十九上《儒林列传》，中华书局，1965年，第2546-2547页。
③ 范晔：《后汉书》卷七十九上《儒林列传》，中华书局，1965年，第2547页。
④ 王符著，汪继培笺，彭铎校正：《潜夫论笺校正》，中华书局，1985年，第20页。

民、谋道讲德也，徒营己治私，求势逐利而已。有策名于朝而称门生于富贵之家者，比屋有之。为之师而无以教，弟子亦不受业。然其于事也，至乎怀丈夫之容，而袭婢妾之态，或奉货而行赂以自固结，求志属托，规图仕进，然揶目指掌，高谈大语。若此之类，言之犹可羞，而行之者不知耻。嗟乎！王教之败，乃至于斯乎？"①

第一节 陈留文人的交游对象和交游准则

汉末士人务于交游，陈留文士也积极投身其中。汉末文士的交游多属名利之交，而陈留文人的交游却有其自身的特点：

一、陈留文士多交权臣和名臣

汉末陈留文士在仕途上鲜有飞黄腾达者，但其与权臣、名臣却颇有交往。元嘉元年（151）"桓帝欲褒崇大将军梁冀，使中朝二千石以上会议其礼。特进胡广、太常羊溥、司隶校尉祝恬、太中大夫边韶等，咸称冀之勋德，其制度赉赏，以宜比周公，锡之山川、土田、附庸。"② 其时，梁冀以大将军身份总揽朝政，朝中官员多依附梁冀。时陈留边韶任太中大夫，其虽知梁冀飞扬跋扈，但仍与胡广、羊溥、祝恬等人咸称颂梁冀勋德，可见边韶对梁冀颇存畏惧；其时和梁冀有往来的陈留文人还有长垣人吴祐，任胶东相时政绩突出：

祐在胶东九年，迁齐相，大将军梁冀表为长史。及冀诬奏太尉李固，祐闻而请见，与冀争之，不听。时扶风马融在坐，为冀章草，祐因谓融曰：'李公之罪，成于卿手。李公即诛，卿何面目见天下之人乎？'冀怒而起入室，祐亦径去。冀遂出祐为河间相，因自免归家，不复仕。③

梁冀向朝廷表奏吴祐为长史，可见梁冀对吴祐的赏识。但吴祐是正直、廉洁之士，李贤《后汉书》注引《陈留耆旧传》云："祐处同僚，无私书之问，上司无笺檄之敬。在胶东，书不入京师也。"④ 吴祐虽得梁冀的赏识，但其在诬奏李固一事上据理力争，因此得罪梁冀而被贬。与为梁冀起草诬奏李固奏章

---

① 徐干撰，孙启治解诂：《中论解诂》，中华书局，2014年，第231-232页。
② 范晔：《后汉书》卷六十一《左周黄列传》，中华书局，1965年，第2035-2036页。
③ 范晔：《后汉书》卷六十四《吴延史卢赵列传》，中华书局，1965年，第2102页。
④ 范晔：《后汉书》卷六十四《吴延史卢赵列传》，中华书局，1965年，第2102页。

的马融相比，二人品格高下立现。

灵帝时期，何进任大将军，其初开幕府时积极招贤纳士，陈留文士因其卓越的才华深得何进的青睐。灵帝中平元年（184），蔡邕作《荐边文礼书》向何进推荐边让。史书载：

> 边让字文礼，陈留浚仪人也。少辩博，能属文……大将军何进闻让才名，欲辟命之。恐不至，诡以军事征召。既到，署令史，进以礼见之……议郎蔡邕深敬之，以为让宜处高任，乃荐于何进曰……①

边让少有才名且能属文，其名声为大将军何进所闻，何进欲征辟边让作属官，恐边让不至，用军事事务来征召边让。边让既到，何进任命其为大将军令史，待之以礼。其时，不独何进对边让礼遇有加，时任议郎的蔡邕也深敬边让，蔡邕认为以边让的才华宜处高任。从陈留边让应何进之征，再到陈留蔡邕向何进举荐人才可以看出，陈留文士与何进交情颇深。

除了梁冀、何进外，陈留文人与权臣董卓和曹操也颇有交往。董卓性格中虽有残暴的一面，但受当时尚才风气的影响，"及其在事，虽行无道，而犹忍性矫情，擢用群士。乃任吏部尚书汉阳周珌、侍中汝南伍琼、尚书郑公业、长史何颙等……幽滞之士，多所显拔。以尚书韩馥为冀州刺史，侍中刘岱为兖州刺史，陈留孔伷为豫州刺史，颍川张咨为南阳太守。"② 董卓掌权时，擢用群士，对人才济济的陈留郡也颇为留意，不但擢用陈留孔伷为豫州刺史，还征辟陈留人申屠蟠、蔡邕等。申屠蟠因不愿卷入政治漩涡中，没有应征。史称："明年董卓废立，蟠及爽、融、纪等复俱公车征，惟蟠不到。"③ 相比申屠蟠来说，蔡邕的态度还不够坚决，史载：

> 中平六年（189），灵帝崩，董卓为司空，闻邕名高，辟之，称疾不就。卓大怒，詈曰：'我力能族人，蔡邕遂偃蹇者，不旋踵矣！'又切敕州郡举邕诣府，邕不得已，到，署祭酒，甚见敬重。④

蔡邕到后，董卓遇之颇善，"卓重邕才学，厚相遇待，每集宴，辄令邕鼓琴赞事，邕亦每存匡益。"⑤ 由此可见蔡邕颇得董卓的赏识。董卓死后，蔡邕虽知其性格残暴，但毕竟其对自己有知遇之恩，所以对其流露出怜悯之情，并因此而为王允所杀。在和董卓的交往中，蔡邕因恩情而忽视政治立场，最终落得身死狱中的下场，令人唏嘘。

---

① 范晔：《后汉书》卷八十下《文苑传》，中华书局，1965 年，第 2640-2646 页。
② 范晔：《后汉书》卷七十二《董卓列传》，中华书局，1965 年，第 2326 页。
③ 范晔：《后汉书》卷五十三《周黄徐姜申屠列传》，中华书局，1965 年，第 1754 页。
④ 范晔：《后汉书》卷六十下《蔡邕列传》，中华书局，1965 年，第 2005 页。
⑤ 范晔：《后汉书》卷六十下《蔡邕列传》，中华书局，1965 年，第 2006 页。

第三章　陈留文人的交游与汉末士风的嬗变

汉末，蔡邕学高位重，其遂成为权臣争相结交的人物，比如权臣曹操就与蔡邕相交甚笃。史载："曹操素与邕善"① 可见二人相交已久。魏文帝曹丕在《蔡伯喈女赋》序中提到："家公与蔡伯喈有管鲍之好。"② "管鲍之交"用的是鲍叔牙和管仲的典故，后世用来形容互为知音。曹丕用"管鲍之交"来形容其父和蔡邕的交情，可见二人的交往是建立在彼此欣赏的基础之上。曹操和蔡邕感情深厚，蔡邕去世后，其女蔡琰在汉末的战乱中没入胡中，此时身为丞相的曹操虽日理万机，仍不忘故人之女，派人持玉璧入胡地将蔡琰赎回，以此作为对亡友的交代。曹操在政治上是奸雄，但在交友上则显示了其重情的一面。

汉末，陈留文士中，和曹操相交甚笃的还有阮瑀和路粹。阮瑀和路粹皆是陈留人，皆受学于蔡邕，又同为曹操的僚属。《三国志·魏志·阮瑀传》云："瑀少受学于蔡邕。建安中都护曹洪欲使掌书记，瑀终不为屈。太祖并以琳、瑀为司空军谋祭酒，管记室，军国书檄，多琳、瑀所作也。"③ 起初曹洪欲征阮瑀做掌书记，阮瑀终不为屈。而当曹操以阮瑀和陈琳为司空军谋祭酒时，阮瑀则欣然从焉，且此后军国书檄多出自二人之手，足见阮瑀乐为曹操所用。路粹与蔡邕同郡，曾师事蔡邕，建安初，路粹在曹操的授意下上表弹劾孔融，导致孔融被杀，《后汉书·孔融传》李贤注引《典略》云："融诛之后，人睹粹所作，无不嘉其才而忌其笔也。"④ 建安初，路粹为曹操所用，在孔融被杀一事上，其已经沦落为曹操铲除异己的爪牙。

除权臣外，陈留文士和名臣也颇有交往。如陈留外黄人范冉为人任性不羁，史书云："常慕梁伯鸾、闵仲叔之为人。与汉中李固、河内王奂亲善，而鄙贾伟节、郭林宗焉。"⑤ 郭泰字林宗，是汉末名士，其在士林中享有盛名，却遭范冉鄙视，足见范冉的不同流俗。然范冉却与李固亲善，李固亦是当时的名臣，好学且有操守，因反对外戚梁冀专权而被害，范晔评价李固云：

顺桓之间，国统三绝，太后称制，贼臣虎视。李固据位持重，以争大义，确乎而不可夺。岂不知守节之触祸，耻夫覆折之伤任也。观其发正辞，及所遗梁冀书，虽机失谋乖，犹恋恋不能已。至矣哉，社稷之心乎！⑥

范晔用"社稷之心"来评价李固，足见李固可谓是社稷之臣，而范冉与

---

① 范晔：《后汉书》卷八十四《列女传》，中华书局，1965年，第2800页。
② 严可均：《全上古三代秦汉三国六朝文》，中华书局，1958年，第1074页。
③ 陈寿：《三国志·魏书》卷二十一《王卫二刘傅传》，中华书局，1959年，第600页。
④ 范晔：《后汉书》卷七十《郑孔荀列传》，中华书局，1965年，第2278页。
⑤ 范晔：《后汉书》卷八十一《吴延史卢赵列传》，中华书局，1965年，第2688页。
⑥ 范晔：《后汉书》卷六十三《李杜列传》，中华书局，1965年，第2094-2095页。

李固亲善，则范冉交游的好尚由此可见。

桓帝"建和元年，（杜乔）代胡广为太尉。桓帝将纳梁冀妹，冀欲令以厚礼迎之，乔据执旧典，不听。"①以此忤逆梁冀。后宦官又在桓帝前谗毁杜乔云："陛下前当即位，乔与李固抗议言上不堪奉汉宗祀"②。后梁冀又诬陷杜乔和李固交通，遂下狱，死狱中：

> 与李固俱暴尸于城北，家属故人莫敢视者。乔故掾陈留杨匡闻之，号泣星行到洛阳，乃著故赤帻，托为夏门亭吏，守卫尸丧，驱护蝇虫，积十二日，都官从事执之以闻。梁太后义而不罪。匡于是带鈇锧诣阙上书，并乞李、杜二公骸骨。太后许之。③

灵帝时，宦官专权之势愈演愈烈，大将军窦武和太傅陈蕃合谋诛杀宦官，事泄，陈蕃被害，朝廷下诏：

> 徙其家属于比景，宗族、门生、故吏皆斥免禁锢。蕃友人陈留朱震，时为铚令，闻而弃官哭之，收葬蕃尸，匿其子逸于甘陵界中。事觉系狱，合门桎梏。震受考掠，誓死不言，故逸得免。后黄巾贼起，大赦党人，乃追还逸，官至鲁相。④

朱震本为朝廷官员，听闻友人陈蕃被害，遂弃官为陈蕃收尸，并隐匿其子，事泄后宁受酷刑也拒不透露陈蕃之子的藏匿之处，这种舍身为友的义举，令人敬仰。上述材料中的杨匡、朱震是杜乔、陈蕃的下属或故交，当杜、陈位居高位时，未见杨、朱二人有所攀附，而当杜、陈遇难时，二人却挺身而出。朱震宁受酷刑也要护陈蕃之子周全，杨匡带鈇锧诣阙上书，为杜乔乞骸骨，行葬礼。朱、杨与陈蕃、杜乔的交往，已经超出了一般意义上的朋友交往，朱、杨二人的举动更多的是出于对陈、杜人格的景仰。

汉末陈留文士和名臣的交往还体现在符融和李膺、蔡邕和朱穆的交往上。陈留浚仪人符融，少游太学，师事少府李膺。李膺字元礼，是当时名臣，其被太学生称为"天下模楷李元礼"⑤。史称："膺独持风裁，以声名自高。士有被其容接者，名为登龙门。"⑥足见李膺在当时颇有名望。李膺风性高简，但每见符融，就摒绝其他宾客，专心听其言论，史书载："膺风性高简，每见

---

① 范晔：《后汉书》卷六十三《李杜列传》，中华书局，1965年，第2093页。
② 范晔：《后汉书》卷六十三《李杜列传》，中华书局，1965年，第2093-2094页。
③ 范晔：《后汉书》卷六十三《李杜列传》，中华书局，1965年，第2093-2094页。
④ 范晔：《后汉书》卷六十六《陈王列传》，中华书局，1965年，第2170-2171页。
⑤ 范晔：《后汉书》卷六十七《党锢列传》，中华书局，1965年，第2186页。
⑥ 范晔：《后汉书》卷六十七《党锢列传》，中华书局，1965年，第2195页。

(融)，辄绝它宾客，听其言论……膺每捧手叹息。"① 由此可见李膺对符融的服膺。且符融当时并未入仕，却能深得李膺的青睐，足见二人相交之深，可谓知音。

朱穆字公叔，为人正直、廉洁，是当时名臣，史称："禄仕数十年，蔬食布衣，家无余财。"② 其死后"公卿共表穆立节忠清，虔恭机密，守死善道，宜蒙旌宠。"③ 蔡邕与朱穆多有交往，"及穆卒，蔡邕复与门人共述其体行，谥为文忠先生。"④ 且亲自为朱穆撰写碑文。蔡邕为朱穆定谥号"文忠先生"可知，蔡邕对朱穆清忠品格的敬佩。

二、陈留文人多交学者和才士

陈留郡由于临近鲁地，后者在两汉时期一度是学术中心，所以陈留多受鲁地文化风气的熏染。再加上陈留地区自秦汉以来一直盛行好学之风，所以到东汉时期陈留一跃成为学术文化发达的区域。据卢云研究，东汉时期就全国来统计，《后汉书》列传所载的士人数量陈留占据第五位，全国从事教授的人数陈留居第四位，而东汉一朝博士数量陈留更是位居第一⑤，由此可见陈留学术文化之盛。

（一）陈留文人多结交学者

浓厚的文化氛围对陈留文人的交游产生了一定的影响，使得陈留文人更倾向于结交才学之士。长垣人吴祐丧父之后，"居无檐石，而不受赠遗。常牧豕于长垣泽中，行吟经书。"⑥ 吴祐家境贫寒却手不释卷，其好学如此。不久即被举为孝廉。被举孝廉后，"时，公沙穆来游太学，无资粮，乃变服客佣，为祐赁春。祐与语大惊，遂共定交于杵臼之间。"⑦ 公沙穆来游太学，因无资粮遂在吴祐家为佣。吴祐与公沙穆交谈后，为公沙穆渊博的学问震惊，吴祐全然不顾身份，遂与公沙穆定交杵臼之间。可以说吴祐和公沙穆交往的基础是基于对学问的爱好。其后吴祐迁胶东侯相，"时济北戴宏父为县丞，宏年十六，从在丞舍。祐每行园，常闻讽诵之音，奇而厚之，亦与为友，卒成儒宗，知名东

---

① 范晔：《后汉书》卷六十八《郭符许列传》，中华书局，1965年，第2232页。
② 范晔：《后汉书》卷四十三《朱乐何列传》，中华书局，1965年，第1473页。
③ 范晔：《后汉书》卷四十三《朱乐何列传》，中华书局，1965年，第1473页。
④ 范晔：《后汉书》卷四十三《朱乐何列传》，中华书局，1965年，第1473页。
⑤ 卢云：《汉晋文化地理》，陕西人民出版社，1991年，第91页。
⑥ 范晔：《后汉书》卷六十四《吴延史卢赵列传》，中华书局，1965年，第2099页。
⑦ 范晔：《后汉书》卷六十四《吴延史卢赵列传》，中华书局，1965年，第2101页。

夏，官至酒泉太守。"① 吴祐为胶东侯相，戴宏父为县丞属官，因其好学不辍，而得吴祐赏识，亦相交为友，后戴宏父果为儒宗，知名东夏。由上可知吴祐与人交游不以身份、地位为重，独重好学、博学之人，此点应与吴祐自身的好学有关。

陈留圉县人蔡邕是当时的著名学者，史书称蔡邕少博学"好辞章、数术、天文，妙操音律"②。身为才士的蔡邕亦喜交学问之士。郭泰是汉末名士，不但在士林中享有极高的声誉，还"博通坟籍"③"善谈论，美音制"④，蔡邕与其交往颇多。郭泰去世后，蔡邕曾不远千里前去吊唁，并亲自为其撰写《郭有道碑》，还谓同行的卢植曰："吾为碑文多矣，皆有惭德，唯郭有道无愧色耳。"⑤ 蔡邕对郭泰的欣赏，除了其品行外，其学问也占很大成分。灵帝时期，蔡邕召拜郎中，校书东观，在此期间，其结交了许多饱学之士，如卢植、马日䃅、郑玄、韩说等。《后汉书·卢植传》云：

卢植字子幹，涿郡涿人也。身长八尺二寸，音声如钟。少与郑玄俱事马融，能通古今学，好研精而不守章句。……岁余，复征拜议郎，与谏议大夫马日䃅、议郎蔡邕、杨彪、韩说等并在东观，校中书《五经》记传，补续《汉纪》。⑥

后蔡邕触怒权臣被贬朔方，群僚出于畏惧不敢为其辩解，独卢植上书为蔡邕请命。其后，董卓执政，擅行废立之事，群僚无敢言，独卢植抗议不同。史载："及卓至，果陵虐朝廷，乃大会百官于朝堂，议欲废立。群僚无敢言，植独抗议不同。卓怒罢会，将诛植，语在《卓传》。植素善蔡邕，邕前徙朔方，植独上书请之。邕时见亲于卓，故往请植事。……卓乃止，但免植官而已。"⑦ 卢植和蔡邕甘冒风险为对方请命，足见二人交情之深。值得注意的是，卢植和蔡邕的交往不但建立在共同的政见之上，更是建立在相同的学术兴趣之上。卢植和蔡邕不但共同在东观校书，后又一起正定《五经》文字，还共同参加郭泰的葬礼，其二人无论是在政治还是学术上可谓是志同道合。马日䃅是马融的族孙，献帝时曾官至太傅，早年曾与卢植、蔡邕等人并在东观校书，又共同刊定熹平石经。其后蔡邕得罪王允，王允欲杀蔡邕，其时马日䃅已官至太尉，

---

① 范晔：《后汉书》卷六十四《吴延史卢赵列传》，中华书局，1965年，第2100页。
② 范晔：《后汉书》卷六十下《蔡邕列传》，中华书局，1965年，第1980页。
③ 范晔：《后汉书》卷六十八《郭符许列传》，中华书局，1965年，第2225页。
④ 范晔：《后汉书》卷六十八《郭符许列传》，中华书局，1965年，第2225页。
⑤ 范晔：《后汉书》卷六十八《郭符许列传》，中华书局，1965年，第2227页。
⑥ 范晔：《后汉书》卷六十四《吴延史卢赵列传》，中华书局，1965年，第2113-2117页。
⑦ 范晔：《后汉书》卷六十四《吴延史卢赵列传》，中华书局，1965年，第2119页。

"驰往"王允处为其求情，曰："伯喈旷世逸才，多识汉事，当续成后史，为一代大典。且忠孝素著，而所坐无名，诛之无乃失人望乎?"①从马日磾劝谏王允的言语中可以看出，其对蔡邕的学问、才华极为欣赏，认为蔡邕能够像班固一样续修东汉一朝的历史。观览蔡邕列传，可知修史是蔡邕毕生之志，马日磾可谓是蔡邕的知音。和马日磾一样，深知蔡邕有修史才能的还有郑玄。郑玄是其时的经学大师，曾与蔡邕同朝为官，对蔡邕有极高的评价。蔡邕死后，郑玄闻而叹曰："汉世之事，谁与正之!"②郑玄把蔡邕视为撰修汉史的不二人选，认为蔡邕一旦遭遇不幸，这一任务将后继无人，足见蔡邕在郑玄心中的位置。

(二) 陈留文人多结交才士

陈留浚仪人边让，颇有才华，曾作《章华赋》，蔡邕对其极为叹服，向大将军何进推荐边让云：

窃见令史陈留边让，天授逸才，聪明贤智。髫龀夙孤，不尽家训。及就学庐，便受大典。初涉诸经，见本知义，授者不能对其问，章句不能逮其意。心通性达，口辩辞长。……使让生在唐、虞，则元、凯之次，运值仲尼，则颜、冉之亚，岂徒俗之凡偶近器而已者哉!③

其时边让年纪尚轻，蔡邕却认为其可与孔门的颜回、冉有比肩，并倾心推荐。追溯二人交往的原因，应出于蔡邕对边让才华的赏识。郦炎是一位文人，因其妻死于难产而被妻家诉讼，后死于狱中，年仅二十八。郦炎临死前，曾留下《遗令书》曰："陈留蔡伯喈，与我初不相见，吾仰之犹父，不敢为兄，彼必爱以为弟。"④郦炎临死向其子讲述自己的蔡邕的交往，看来二人素有交情。探究二人交往的原因，大抵由于二人有共同的好尚，史载郦炎"有文才，解音律，言论给捷"⑤。此三点皆与蔡邕契合，由此可知才华应是二人相交的基础。

初平元年，蔡邕从献帝迁都长安后，被封为左中郎将、高阳乡侯，学高位重，盛极一时，王粲慕名来访，《三国志》载：

献帝西迁，粲徙长安，左中郎将蔡邕见而奇之。时邕才学显著，贵重朝廷，常车骑填巷，宾客盈坐。闻粲在门，倒屣迎之。粲至，年既幼弱，容状短

---

① 范晔：《后汉书》卷六十下《蔡邕列传》，中华书局，1965年，第2006页。
② 范晔：《后汉书》卷六十下《蔡邕列传》，中华书局，1965年，第2006页。
③ 范晔：《后汉书》卷八十下《文苑列传》，中华书局，1965年，第2646页。
④ 严可均：《全上古三代秦汉三国六朝文》，中华书局，1958年，第913页。
⑤ 范晔：《后汉书》卷八十下《文苑列传》，中华书局，1965年，第2647页。

小，一坐尽惊。邕曰：'此王公孙也，有异才，吾不如也。吾家书籍文章，尽当与之。'①

汉末盛行人物鉴赏，士人的品貌风姿是人物鉴赏的重要参考。王粲"容状短小"，甚失众望。其后往荆州依刘表，刘表虽为天下名士尚"以粲貌寝而体弱通悦，不甚重也"。②而此时作为文坛领袖的蔡邕却"倒屣迎之"，足见其对王粲的看重。察蔡邕与王粲交游的原因，大抵出于王粲的"异才"，此点也体现了蔡邕交游观中重视才华的一面。

吴郡无锡人高彪，有雅才，"尝从马融欲访大义，融疾，不获见，乃复刺遗融书曰……融省书惭，追谢还之，彪逝而不顾。"③其恃才狂傲如此。后校书东观，"时，京兆第五永为督军御史，使督幽州。百官大会，祖饯于长乐观。议郎蔡邕等皆赋诗，彪乃独作箴曰……邕等甚美其文，以为莫尚也。"④在为第五永举行的饯行宴上，蔡邕等皆赋诗，独高彪作讽谏意味浓厚的箴，其特立独行大抵如此。而蔡邕"甚美其文"，可见蔡邕对"异才"的欣赏和包容。

蔡邕不但热衷于结交有才之士，在选择弟子上也偏爱有才之人。蔡邕是陈留人，又是其时的文坛领袖，所以不少陈留文人投拜于其门下，如陈留尉氏人阮瑀。史载"瑀少受学于蔡邕。"⑤而阮瑀能拜到蔡邕门下，离不开蔡邕对阮瑀才华的欣赏。据《太平御览》三百八十五引《文士传》曰："阮瑀少有隽才，应机捷丽，就蔡邕学，叹曰：'童子奇才，朗朗无双。'"⑥可知蔡邕对阮瑀的欣赏源于其才华。陈留人路粹亦是蔡邕的弟子，《后汉书·孔融传》李贤注引《典略》云："（粹）字文蔚，陈留人，少学于蔡邕。"⑦路粹最大的特点是有才华，史书言其为曹操所用，在曹操的授意下作书诬奏孔融，最终致使孔融下狱弃市。孔融死后："人睹粹所作，无不嘉其才而忌其笔也。"⑧众人睹路粹所作而"无不嘉其才"，则起初蔡邕引以为徒，大抵出于爱才的缘故。

---

① 陈寿：《三国志·魏书》卷二十一《王卫二刘傅传》，中华书局，1959年，第597页。
② 陈寿：《三国志·魏书》卷二十一《王卫二刘傅传》，中华书局，1959年，第598页。
③ 范晔：《后汉书》卷八十下《文苑列传》，中华书局，1965年，第2649-2650页。
④ 范晔：《后汉书》卷八十下《文苑列传》，中华书局，1965年，第2650页。
⑤ 陈寿：《三国志·魏书》卷二十一《王卫二刘傅传》，中华书局，1959年，第600页。
⑥ 李昉等撰：《太平御览》，上海古籍出版社，2008年，第509页。
⑦ 范晔：《后汉书》卷七十《郑孔荀列传》，中华书局，1965年，第2278页。
⑧ 范晔：《后汉书》卷七十《郑孔荀列传》，中华书局，1965年，第2278页。

三、陈留文人多任情之交

陈留文人在交游对象上多选择权臣、名臣和才士，在交游准则上则多主任情，此点最为明显的是张升。张升，陈留尉氏人。史载张升与人交游：

> 而任情不羁。其意相合者，则倾身交结，不问穷贱；如乖其志好者，虽王公大人，终不屈从。常叹曰：'死生有命，富贵在天。其有知我，虽胡越可亲；苟不相识，从物何益？'①

张升交游以志意为标准，任情不羁，与其不合者，虽王公大臣，张升也不屈从。与其相投者，虽胡越亦可亲。并且其宣称自己交游的目的是为了寻求"知我"者；无独有偶，陈留外黄人范冉亦"好违时绝俗，为激诡之行。"② 初为县小吏，因耻于逢迎督邮而弃官，后"到南阳，受业于樊英。又游三辅，就马融通经，历年乃还。"③ 范冉的"好违时绝俗"，观其游学之师从即可知，其师一为著名隐士樊英，一为"达生任性，不拘儒者之节"④ 的通儒马融，皆任性绝俗之人，则范冉交游的原则，大抵可知；陈留外黄人申屠蟠博贯《五经》，却无意于仕宦，屡辞州郡征辟，太尉黄琼辟，不就。然尚清谈：

> 及琼卒，归葬江夏，四方名豪会帐下者六七千人，互相谈论，莫有及蟠者。唯南郡一生与相酬对，既别，执蟠手曰：'君非聘则征，如是相见于上京矣。'蟠勃然作色曰：'始吾以子为可与言也，何意乃相拘教乐贵之徒邪？'因振手而去，不复与言。⑤

在太尉黄琼的葬礼上，由于南郡儒生善于清谈，初申屠蟠视其为知音，临别之际，该生表达了不久二人可能会受到征辟，将要相见于京师的期许，此点与申屠蟠的趣味相去万里，于是申屠蟠勃然作色，振手而去，不复与言。申屠蟠与南郡儒生从相惜到鄙弃，反映了其任情的交游准则；又陈留长垣人吴祐被举荐为孝廉，"将行，郡中为祖道，祐越坛共小史雍丘黄真欢语移时，与结友而别。功曹以祐倨，请黜之。太守曰：'吴季英有知人之明，卿且勿言。'"⑥ 在郡中为吴祐举行的祖道仪式上，吴祐置太守和功曹不顾，越坛和一位名不见经传的小史攀谈，最后结友而别，则吴祐交友之任情可知。

---

① 范晔：《后汉书》卷八十下《文苑列传》，中华书局，1965年，第2627页。
② 范晔：《后汉书》卷八十一《独行列传》，中华书局，1965年，第2688页。
③ 范晔：《后汉书》卷八十一《独行列传》，中华书局，1965年，第2688页。
④ 范晔：《后汉书》卷六十上《马融列传》，中华书局，1965年，第1972页。
⑤ 范晔：《后汉书》卷五十三《周黄徐姜申屠列传》，中华书局，1965年，第1752页。
⑥ 范晔：《后汉书》卷六十四《吴延史卢赵列传》，中华书局，1965年，第2100页。

鲁国人孔融"幼有异才"①史载路粹奏表孔融："又前与白衣祢衡跌荡放言，云'父之与子，当有何亲？论其本意，实为情欲发耳、子之与母，亦复奚为？譬如寄物瓴中，出则离矣。'"②孔融言论之惊世骇俗诸如此类。孔融言行虽任诞，但却是重情之人。其素日喜欢奖掖后进，府中常宾客盈集，史书载其"性宽容少忌，好士，喜诱益后进。及退闲职，宾客日盈其门。"③此与蔡邕在献帝初平年间的情境相似，其"时邕才学显著，贵重朝廷，常车骑填巷，宾客盈坐。"④所以二人遂为莫逆之交。史书载孔融"与蔡邕素善，邕卒后，有虎贲士貌类于邕，融每酒酣，引与同坐，曰：'虽无老成人，且有典刑'"。⑤其重情如此。由此可知蔡邕与孔融的交往是建立在重情的基础上，加之二人皆有异端思想，所以交情甚笃。

综上，东汉时期，文人和权臣的交游，主要是通过文人入幕的方式。在二者的交往中，一方面，文人通过与权臣的交往获得提拔和庇佑；另一方面，权臣通过对文人的延揽，获得礼贤下士的名声，在这个过程中文人的依附性逐渐增强，体现了文士向文人的转变。如东汉前期班固、傅毅、崔骃入大将军窦宪幕府即是如此。到汉末，在外戚、宦官把持朝政的背景下，文人与权臣的交往已渐趋成风，此种风气之下，陈留文人边韶、吴祐之交于梁冀；蔡邕、边让之交于何进；蔡邕之交于董卓、曹操；阮瑀、路粹之交于曹操皆属此类。最后，汉末社会有崇尚艺文的风气，陈留文人的尚才之交，就是当时崇尚文艺风气的体现。陈留文人不但爱才，对"异才"也颇能包容，有的文人甚至"任情不羁"，此举既是文人独特性的显现，又是魏晋风度的前奏。从陈留文人的交游中可以管窥汉魏士风的嬗变。

第二节　汉末陈留士风的新变及其影响

南朝刘义庆编纂的《世说新语》，记录了东汉末年到东晋时期士人的轶闻趣事，展示了这一时期士人的言语、品行和风貌，后世将此时期士人的言行特征概括为"魏晋风度"。关于魏晋风度的界定，有的学者认为"总体来看，

---

① 范晔：《后汉书》卷七十《郑孔荀列传》，中华书局，1965年，第2261页。
② 范晔：《后汉书》卷七十《郑孔荀列传》，中华书局，1965年，第2278页。
③ 范晔：《后汉书》卷七十《郑孔荀列传》，中华书局，1965年，第2277页。
④ 陈寿：《三国志·魏书》卷二十一《王卫二刘傅传》，中华书局，1959年，第597页。
⑤ 范晔：《后汉书》卷七十《郑孔荀列传》，中华书局，1965年，第2277页。

《世说新语》所呈现的魏晋风度的主要形态特征是超拔"①。《世说新语》所收录的人物是从东汉末年起,而东汉末年陈留文人在言行等诸多方面的确符合《世说新语》所载的"超拔"标准,下面将具体分析。

一、陈留文人超拔的言语、趣味和风度

(一) 陈留文人的言语风趣、深刻

《世说新语》目录的第二条专列"言语"篇,足见言语是士人风度的重要体现。东汉晚期陈留士人的超拔体现在其言行上。陈留浚仪人边韶:

以文章知名,教授数百人。韶口辩,曾昼日假卧,弟子私嘲之曰:'边孝先,腹便便。懒读书,但欲眠。'韶潜闻之,应时对曰:'边为姓、孝为字。腹便便,《五经》笥。但欲眠,思经事。寐与周公通梦,静与孔子同意。师而可嘲,出何典记?'嘲者大惭。韶之才捷皆此类也。②

范晔先用"口辩"来形容边韶,次则举例证明,当被弟子嘲笑时,边韶"应时"而对,且使"嘲者大惭",可见其反应之敏捷。边韶的答辞围绕嘲者所提出的"腹便便""但欲眠"两个问题,对云:"腹便便,《五经》笥。但欲眠,思经事。寐与周公通梦,静与孔子同意。"用"与周公通梦"回应了"但欲眠"的嘲讽,最后"嘲者大惭",而范晔也用其"才捷皆此类也"来评价边韶,足见范晔对边韶言辞的欣赏。后世"边韶昼眠"成为一个典故,被用来形容文人雅士洒脱、不拘的个性。唐代画家陆曜的《六逸图卷》中就画有"边韶昼眠"的故事,可见在后世边韶已经成为魏晋风度的代表人物。

东汉晚期太学盛行浮华交游,但陈留士人往往能超拔于此种风气之外,如陈留考城人仇览。仇览少为县小吏,河内王奂任考城令时召仇览为主簿,后王奂遣仇览入太学:

览入太学。时诸生同郡符融有高名,与览比宇,宾客盈室。览常自守,不与融言。融观其容止,心独奇之,乃谓曰:'与先生同郡壤,邻房牖。今京师英雄四集,志士交结之秋,虽务经学,守之何固?'览乃正色曰:'天子修设太学,岂但使人游谈其中!'高揖而去,不复与言。③

在士人皆务于浮华交游时,仇览却以经书自守,且云:"天子修设太学,

---

① 王文革:《从〈世说新语〉看魏晋风度的审美本质》,《华中师范大学学报》,2007 年,第 3 期。
② 范晔:《后汉书》卷八十上《文苑列传》,中华书局,1965 年,第 2623 页。
③ 范晔:《后汉书》卷七十六《循吏列传》,中华书局,1965 年,第 2481 页。

岂但使人游谈其中",言语中流露出对太学生疏于经学、务于交游的不满。虽然仇览固守经学的言行不合乎魏晋士人务虚的作风,但其言行超拔于一般士人,史官将其言语记录下来,大抵是出于对其言语的认同。汉末陈留文人中其言语振聋发聩的还有张升。张升陈留尉氏人,富平侯张放之孙,属于豪族子弟,按照世俗的观点,其应多结交权贵,然张升自述其交友准则却是:"其意相合者,则倾身交结,不问穷贱;如乖其志好者,虽王公大人,终不屈从。常叹曰:'死生有命,富贵在天。其有知我,虽胡越可亲;苟不相识,从物何益?'"① 张升在汉末社会崇尚浮华交游的时候,却能根据一己之好恶来交游,其认识可谓超拔时人,且其云"其有知我,虽胡越可亲",此言在当时更是惊世骇俗之论,所以史学家评价张升云:"任情不羁"②,从张升身上我们已经可以看到魏晋士人的影子。

再如陈留考城人史弼,博学且有操守,先迁尚书,后出为平原相。

时诏书下举钩党,郡国所奏相连及者多至数百,唯弼独无所上。诏书前后切却州郡,髡笞掾史。从事坐传责曰:'诏书疾恶党人,旨意恳恻。青州六郡,其五有党,近国甘陵,亦考南北部,平原何理而得独无?'弼曰:'先王疆理天下,画界分境,水土异齐,风俗不同。它郡自有,平原自无,胡可相比?若承望上司,诬诌良善,淫刑滥罚,以逞非理,则平原之人,户可为党。相有死而已,所不能也。'从事大怒,即收郡僚职送狱,遂举奏弼。会党禁中解,弼以俸赎罪得免,济活者千余人。③

史弼为平原相,其时党祸四起,朝廷下诏令各个州郡举报党人,其他郡国所奏党人多者数百,而唯独平原无所奏报,朝廷切责郡吏,郡从事责问史弼云:"青州六郡,其五有党,近国甘陵,亦考南北部,平原何理而得独无?",史弼答以"先王疆理天下,画界分境,水土异齐,风俗不同。它郡自有,平原自无,胡可相比?",如若"诬诌良善,淫刑滥罚""则平原之人,户可为党",直接指出了州郡为"承望上司",诬诌良善,淫刑滥罚,并且进一步说,按此标准,则平原郡人人可为党人。和郡吏的对话,彰显出史弼大义凛然的形象。且史弼的言语铁骨铮铮,透着汉末士人的刚劲之气。郡吏无言以对,恼羞成怒,只得把史弼遭送入狱。

陈留圉县人蔡琰字文姬,是蔡邕之女,博学有才辩。东汉末年蔡琰为胡骑掳掠,没于匈奴十二年,后为曹操用金璧赎回中原,而重嫁于董祀,时董祀犯

---

① 范晔:《后汉书》卷八十上《文苑列传》,中华书局,1965年,第2627页。
② 范晔:《后汉书》卷八十上《文苑列传》,中华书局,1965年,第2627页。
③ 范晔:《后汉书》卷六十四《吴延史卢赵列传》,中华书局,1965年,第2110页。

法将死，蔡琰为其向曹操求情：

及文姬进，蓬首徒行，叩头请罪，音辞清辩，旨甚酸哀，众皆为改容。操曰：'诚实相矜，然文状已去，奈何？'文姬曰：'明公厩马万匹，虎士成林，何惜疾足一骑，而不济垂死之命乎！'操感其言，乃追原祀罪。①

董祀犯法当死，蔡琰为救夫向曹操求情，言辞酸哀，当时满堂宾客莫不动容，足见其言辞之动人。然曹操御下甚严，曰："诚实相矜，然文状已去，奈何？"，流露出无可奈何之态，蔡琰对曰："明公厩马万匹，虎士成林，何惜疾足一骑，而不济垂死之命乎！"即明公手下厩马万匹，虎士成林，何必可惜一骑一马而不救垂死之人乎？一番言辞说得曹操无言以对，最终赦免了董祀的死罪。蔡琰之所以能说动曹操，凭的是其机智、感人的言语。

(二) 陈留文人的举止好尚颇具文人趣味

汉末陈留士人虽疏离政治，却托身于清谈和文艺。蔡邕在吴地得到《论衡》后"恒秘玩以为谈助"②，可见，蔡邕不但时常参与清谈，对自身的清谈水平也颇为重视，还引《论衡》以助谈兴；申屠蟠无意于仕途，朝廷屡次征辟而不应，却钟情于清谈，史载在太尉黄琼的葬礼上"四方名豪会帐下者六七千人，互相谈论，莫有及蟠者。"③ 申屠蟠在六七千人的谈论中，独领风骚，足见其清谈水平之高；符融早前在太学中已经知名，学成后，州郡多次征辟而不应，无意于官场的符融，却怀有一身清谈绝技，并因此而得到朝臣的赏识，史载少府李膺每见符融"辄绝它宾客，听其言论。融幅巾奋袖，谈辞如云，膺每捧手叹息。"④ 符融每次拜见，能令宾客满堂的李膺谢绝其他宾客，专听其言论，可知符融的谈辞颇具吸引力。符融"幅巾奋袖，谈辞如云"足见其投入程度，而李膺"每捧手叹息"则见对符融谈论的欣赏，由此可以想象其宾主尽欢的样子；范冉与河内王奂亲善，王奂升任汉阳太守时，将行，范冉乃与弟范协于道侧设坛以待之，"冉见奂车徒络绎，遂不自闻，惟与弟共辩论于路。奂识其声，即下车与相揖对。"⑤ 在人声鼎沸的送行队伍中，范冉用辩论来消磨时间，可见辩论是其时士人的休闲方式之一。且范冉与其弟范协皆精通辩论，足见辩论在士大夫阶层中的流行程度；陈留浚仪人孔伷字公绪，汉末时曾任豫州刺史。这位朝中要员还有一个爱好即清谈，时人云："孔公绪清谈高

---

① 范晔：《后汉书》卷八十四《列女传》，中华书局，1965年，第2800-2801页。
② 范晔：《后汉书》卷六十下《蔡邕列传》，中华书局，1965年，第1629页。
③ 范晔：《后汉书》卷五十三《周黄徐姜申屠列传》，中华书局，1965年，第1752页。
④ 范晔：《后汉书》卷六十八《郭符许列传》，中华书局，1965年，第2232页。
⑤ 范晔：《后汉书》卷八十一《独行列传》，中华书局，1965年，第2689页。

论，嘘枯吹生。"① 可见孔伷清谈的魅力；史书称赞蔡琰"博学有才辩"②。后其夫董祀犯法当死，蔡琰向曹操求情"时公卿名士及远方使驿坐者满堂，操谓宾客曰：'蔡伯喈女在外，今为诸君见之。'"③ 可见其时名士颇冀一睹才女蔡琰风采。

东汉末年，清谈在士人群体中逐渐兴起，汝、颍文人长于清谈者相对较少，而陈留文人却多擅长此艺，陈留文人中蔡邕、申屠蟠、范冉、符融均擅长清谈。尤其值得注意的是，申屠蟠、符融不乐仕途，却沉浸于清谈之中，由此可知，陈留文人有自身独特的兴趣和趣味，而这种独特的兴趣和趣味可以说是文人身份独立，甚至是文人自觉的标志之一。并且汉末在陈留等地兴起的清谈，到魏晋时期一变而为玄谈，二者在内容上虽略有不同，但本质却有相似之处，由此来看，汉末在陈留地区盛行的清谈对后来的"魏晋风度"有很大影响。

(三) 陈留文人颇具超拔的风神气度

东汉晚期士人的风度多通过两方面来展现，一是直接描写，一是他人的品评。陈留浚仪人边让少有才名，后"大将军何进闻让才名，欲辟命之，恐不至，诡以军事征召。既到，署令史，进以礼见之。让善占射，能辞对，时宾客满堂，莫不羡其风。府掾孔融、王朗并修刺候焉。"④《世说新语》补充道："让占对闲雅，声气如流，坐客皆慕之。"⑤ 边让初至何进幕府时，占对闲雅，声气如流，满堂宾客莫不慕其风度，足见其风度令人倾倒。孔融和王朗是汉末名士，皆"修刺候焉"，可见二人对边让的倾慕程度。边让的风度不仅令何进幕府的掾吏绝倒，同郡的蔡邕对其亦"深敬之，以为让宜处高任"⑥，并且向何进推荐他，其在《荐边文礼书》云："伏见令史陈留边让字文礼，天授逸才，聪明贤智，篡成伐柯不远之则。"蔡邕在评价边让时注重其才华，此点已经背离了儒家品评人物注重德行的传统，更接近《世说新语》中对魏晋人物超拔智慧的评论。

陈留外黄人范冉德行高洁，初朝廷屡次征召皆不应，后：

---

① 范晔：《后汉书》卷七十《郑孔荀列传》，中华书局，1965 年，第 2258 页。
② 范晔：《后汉书》卷八十四《列女传》，中华书局，1965 年，第 2800 页。
③ 范晔：《后汉书》卷八十四《列女传》，中华书局，1965 年，第 2800 页。
④ 范晔：《后汉书》卷八十下《文苑列传》，中华书局，1965 年，第 2645 页。
⑤ 《世说新语》刘孝标注引《文士传》，见余嘉锡《世说新语笺疏》，中华书局，2007 年，第 55 页。
⑥ 范晔：《后汉书》卷八十下《文苑列传》，中华书局，1965 年，第 2646 页。

第三章　陈留文人的交游与汉末士风的嬗变

遭党人禁锢，遂推鹿车，载妻子，捃拾自资，或寓息客庐，或依宿树荫。如此十余年，乃结草室而居焉。所止单陋，有时粮粒尽，穷居自若，言貌无改。闾里歌之曰：'甑中生尘范史云，釜中生鱼范莱芜。'①

范冉依树而宿，结草而室，甑中粮尽，却"穷居自若，言貌无改"其洒脱之风度，令人想见其风采，所以闾里才为之歌之曰："甑中生尘范史云。"范冉去世后，蔡邕在为其撰写的碑文《贞节先生陈留范史云铭》中评论范冉云："于显贞节，天授懿度。诞兹明哲，允迪德誉。如渊之清，如玉之素。圂之不浊，涅之不污。"② 在这里蔡邕虽是赞扬范冉德行的贞节，但蔡邕更强调其"懿度"，并用清澈之水、素洁之玉来比拟，可以说是对范冉整体形象、风度的描述，此点也是魏晋时期用自然之物来比喻人物的前奏。范冉的风度不仅体现在其"穷居自若"上，还体现在其交游上。范冉与河内王奂亲善，王奂为陈留考城令时，其辖境与外黄县相近，屡遣书请范冉，范冉皆不至。及王奂迁汉阳太守，将行，范冉于道侧设坛，且与弟共辩论于路以待之。临行：

奂识其声，即下车与相揖对。奂曰：'行路仓卒，非陈契阔之所，可共到前亭宿息，以叙分隔。'冉曰：'子前在考城，思欲相从，以贱质自绝豪友耳。今子远适千里，会面无期，故轻行相候，以展诀别。如其相追，将有慕贵之讥矣。'便起告违，拂衣而去。奂瞻望弗及，冉长逝不顾。③

范冉虽和王奂亲善，却不愿落得攀附豪友之名，当王奂邀请范冉去前亭一叙时，范冉畏惧此举将有"慕贵之讥"，便"便起告违，拂衣而去"。范晔在此则材料中叙述范冉的形象颇为细致，言范冉的任性，云其"拂衣而去""长逝不顾"，言语中流露出对范冉风度的欣赏。这里范冉言语的新奇，行为的诡异，皆与魏晋风度无异，所以史书评价其云："好违时绝俗，为激诡之行"④，而"绝俗""激诡"正是魏晋风度的体现。

陈留长垣人吴祐，其父吴恢曾任南海太守，"及年二十，丧父，居无檐石，而不受赡遗。常牧豕于长垣泽中，行吟经书。遇父故人，谓曰：'卿二千石子而自业贱事，纵子无耻，奈先君何？'祐辞谢而已，守志如初。"⑤ 吴祐的父亲曾位居太守，月俸两千石，其父去世后，吴祐居无檐石，而不受赡遗，亲操贱业，而穷居自若，其从容自若的心态，不以贱业为耻的风度，颇有魏晋风度的味道。

---

① 范晔：《后汉书》卷八十一《独行列传》，中华书局，1965年，第2689页。
② 邓安生：《蔡邕集编年校注》，河北教育出版社，2002年，第348页。
③ 范晔：《后汉书》卷八十一《独行列传》，中华书局，1965年，第2689页。
④ 范晔：《后汉书》卷八十一《独行列传》，中华书局，1965年，第2688页。
⑤ 范晔：《后汉书》卷六十四《吴延史卢赵列传》，中华书局，1965年，第2099页。

二、汉末陈留文人精神超拔的体现

魏晋风度的本质是精神自由，对精神自由的追求却并非自魏晋起，先秦的士人就有此追求。到东汉末年，政治极度昏暗，社会十分动荡，然而在昏暗、动荡的社会里，士人却努力追求精神的自由，此举为魏晋士人在动荡的时代追求精神自由提供了借鉴。

（一）面对朝廷保持高傲的姿态

陈留东昏人杨伦，曾师事司徒丁鸿，习《古文尚书》，初"为郡文学掾。更历数将，志乖于时，以不能人间事，遂去职，不复应州郡命。讲授于大泽中，弟子至千余人。元初中，郡礼请，三府并辟，公车征，皆辞疾不就。"① 阳嘉二年（133），征拜太中大夫。后梁商专权，杨伦拒不迎合梁商，史载：

大将军梁商以为长史。谏诤不合，出补常山王傅，病不之官。诏书敕司隶催促发遣，伦乃留河内朝歌，以疾自上，曰：'有留死一尺，无北行一寸。刎颈不易，九裂不恨。匹夫所执，强于三军。固敢有辞。'②

杨伦是当世名儒，当朝廷催促司隶遣送杨伦至朝廷时，其云"有留死一尺，无北行一寸"，足见杨伦拒绝征召的决心和其高傲的姿态。史家评论云："伦前后三征，皆以直谏不合。既归，闭门讲授，自绝人事。公车复征，逊遁不行，卒于家。"③

陈留外黄人申屠蟠，根据史书记载，其前后多次有为官的的机会，他却毅然地放弃。其具体表现如下：1. 后郡召为主簿，不行；2. 太尉黄琼辟，不就；3. 再举有道，不就；4. 大将军何进连征不诣；5. 何进必欲致之，使申屠蟠同郡黄忠书劝之，申屠蟠不答；6. 中平五年（188）复与爽、玄及颍川韩融、陈纪等十四人并博士征，不至；7. 明年，董卓废立，蟠及爽、融、纪等复俱公车征，惟蟠不到。众人咸劝之，蟠笑而不应。④ 申屠蟠面对朝廷的"召""辟""举""征"，以"不行""不就""不诣""不至"为应，对于诱引其入仕的劝说，或"不答"或"笑而不应"，表现出其内心的高傲。

申屠蟠不但不应朝廷的征召，对于向官员请托，接受官员的帮助亦表现出拒绝或不屑。申屠蟠友人陈郡冯雍坐事系狱，豫州牧黄琬欲杀之，"或劝蟠救

---

① 范晔：《后汉书》卷七十九上《儒林列传》，中华书局，1965年，第2564页。
② 范晔：《后汉书》卷七十九上《儒林列传》，中华书局，1965年，第2565页。
③ 范晔：《后汉书》卷七十九上《儒林列传》，中华书局，1965年，第2565页。
④ 范晔：《后汉书》卷五十三《周黄徐姜申屠列传》，中华书局，1965年，第1751-1754页。

雍，蟠不肯行，曰：'黄子琰为吾故邪，未必合罪。如不用吾言，虽往何益！'琬闻之，遂免雍罪。"① 首先，申屠蟠认为豫州牧未必加罪于黄琬。其次，申屠蟠认为假如豫州牧不听其劝，虽往无益。可见申屠蟠不愿为友人而放低姿态，去向官员请托，其内心的高傲可知。申屠蟠在太学时与济南王子居善，后"子居临殁，以身托蟠，蟠乃躬推辇车，送丧归乡里。遇司隶从事于河、巩之间，从事义之，为封传护送，蟠不肯受，投传于地而去。事毕还学。"② 申屠蟠的友人王子居临终前嘱托其将自己的灵柩运回故乡，申屠蟠信守承诺，亲推辇车，从洛阳到济南，千里送丧，在河、巩间路遇司隶，司隶深感申屠蟠的义举，提出可以用朝廷的传车来护送王子居的灵柩，并且留给申屠蟠乘坐驿站传车的凭证，申屠蟠拒绝了司隶的帮助，并将凭证投掷于地，由此可以看出其内心的高傲。

陈留外黄人范冉初与河内王奂亲善，"奂后为考城令，境接外黄，屡遣书请冉，冉不至。"③ 范冉是陈留外黄人，其友人王奂在陈留郡的考城县为官时，因考城与外黄临近，多次遣书请范冉，范冉皆不至，此时不是范冉不顾念朋友之谊，而是王奂的官员身份，使得范冉故意疏远王奂。及王奂迁汉阳太守时，将行，范冉乃与弟范协步赍麦酒，于道侧设坛以待之。

冉见奂车徒骆驿，遂不自闻，惟与弟共辩论于路。奂识其声，即下车与相揖对。奂曰：'行路仓卒，非陈契阔之所，可共到前亭宿息，以叙分隔。'冉曰：'子前在考城，思欲相从，以贱质自绝豪友耳。今子远适千里，会面无期，故轻行相候，以展诀别。如其相追，将有慕贵之讥矣。'便起告违，拂衣而去。奂瞻望弗及，冉长逝不顾。④

王奂将升任汉阳太守时，来送行的车辆络绎不绝，范冉亦在路边设坛以待，其时人车嘈杂，当王奂邀请范冉到前亭叙旧时，范冉解释此前王奂任职考城时，自己避而不见，是"以贱质自绝豪友耳"。而今王奂将任职汉阳，范冉相送是因"今子远适千里，会面无期，故轻行相候，以展诀别。"且明言如若此时追随王奂前去前亭"将有慕贵之讥矣"，由此可以看出范冉刻意疏远王奂，是不想落得攀附权贵的嘲讽，足见在范冉心中自己和朝廷官员有着明显的界限。言罢"便起告违，拂衣而去。奂瞻望弗及，冉长逝不顾。"这里史家特别用了"拂衣而去""瞻望弗及"和"长逝不顾"等词语，将王奂的愕然，以及范冉的决然、高傲、超迈的形象刻画得生动、逼真。

---

① 范晔：《后汉书》卷五十三《周黄徐姜申屠列传》，中华书局，1965年，第1752-1753页。
② 范晔：《后汉书》卷五十三《周黄徐姜申屠列传》，中华书局，1965年，第1751页。
③ 范晔：《后汉书》卷八十一《独行列传》，中华书局，1965年，第2688页。
④ 范晔：《后汉书》卷八十一《独行列传》，中华书局，1965年，第2689页。

（二）托身于山野的生活方式

汉末陈留士人对朝廷的征辟拒不接受，对朝廷保持着高傲的姿态，在生活中他们托身于山林，在山林中寻求精神的家园。陈留东昏人杨伦初为郡文学掾，"以不能人间事，遂去职，不复应州郡命。讲授于大泽中，弟子至千余人。"① 杨伦选择在大泽中讲学，概出于对沼泽的喜爱，其趣味由此可见；申屠蟠在汉末的政治洪流中，因"乃绝迹于梁、砀之间，因树为屋，自同佣人。"② 而免于被疑。"因树为屋"与鸟兽为邻，山林既是其栖息之所，也是其精神愉悦之地；范冉听闻"议者欲以为侍御史，因遁身逃命于梁沛之间，徒行敝服，卖卜于市"③；陈留圉人夏馥为躲避党锢之祸"乃自剪须变形，入林虑山中，隐匿姓名，为冶家佣"④，为人佣作，亲操贱业，而山中生活，亦为恐惧的夏馥带来了平静；吴祐丧父后"常牧豕于长垣泽中，行吟经书。遇父故人，谓曰：'卿二千石子而自业贱事，纵子无耻，奈先君何？'"⑤ 长垣的大泽，为丧父的吴祐提供了庇护，虽有牧豕的辛苦，使可以自给自足，保持自己精神上的独立。

以申屠蟠为代表的陈留士人"绝迹于梁、砀之间"，选择山林野泽的生活方式，不是偶然的，因为"'梁砀之间'有适合'处士'所居的环境。"⑥ 可以说陈留地区的环境为士人的山林生活提供了条件，陈留地区环境特点如下。

其一，陈留及其附近地区多山冈。两汉时期，陈留属于"梁宋"区，司马迁在《史记·货殖列传》中论及此地云："夫自鸿沟以东，芒、砀以北，属巨野，此梁、宋也。"裴骃的《史记集解》注云："今之浚仪"⑦ 即陈留郡的浚仪县，史书云其位于芒砀山以北，可知陈留毗邻芒砀山区。东汉末年，陈留外黄人申屠蟠不愿卷入批评朝政的洪流中，史书云："（申屠蟠）乃绝迹于梁砀之间，因树为屋，自同佣人。"⑧ 可知因临近陈留，芒砀山多有陈留士人的活动足迹。而申屠蟠能够因树为屋，足见东汉末年梁砀之间的环境依然比较好。此外，陈留郡的长垣县亦毗邻苏门山，魏晋之际著名隐士孙登曾隐居于此，阮籍亦曾登临此山，史载"籍尝于苏门山遇孙登，与尚略终古及栖神导

---

① 范晔：《后汉书》卷七十九上《儒林列传》，中华书局，1965年，第2564页。
② 范晔：《后汉书》卷五十三《周黄徐姜申屠列传》，中华书局，1965年，第1752页。
③ 范晔：《后汉书》卷八十一《独行列传》，中华书局，1965年，第2689页。
④ 范晔：《后汉书》卷六十七《党锢列传》，中华书局，1965年，第2202页。
⑤ 范晔：《后汉书》卷六十四《吴延史卢赵列传》，中华书局，1965年，第2099页。
⑥ 王子今：《论申屠蟠'绝迹于梁砀之间'》，中州学刊，2009年，第6期。
⑦ 司马迁：《史记》卷一百二十九《货殖列传》，中华书局，1959年，第3266页。
⑧ 范晔：《后汉书》卷五十三《周黄徐姜申屠列传》，中华书局，1965年，第1752页。

气之术。"① 可见苏门山是隐士清修之地。不但陈留临近山区，与陈留临近的河南郡和河内郡，此二郡境内亦是大山林立。如河南郡的荥阳县，其东紧邻阮籍故里陈留郡的尉氏县，而荥阳多山，如楚汉战争的遗址广武城即在荥阳的三皇山。史载"项王已定东海来，西，与汉俱临广武而军，相守数月。"关于"广武"的位置，裴骃的《史记集解》引孟康的注云："于荥阳筑两城相对为广武，在敖仓西三皇山上。"② 除三皇山外，荥阳又有武（虎）牢山，其上有阮籍登临之迹。史载阮籍"登武牢山，望京邑而叹，于是赋《豪杰诗》。"③ 由此可见，阮籍对于尉氏附近的荥阳名山皆颇为熟悉。除荥阳外，与尉氏临近的还有河南郡的密县，据《后汉书·郡国一》：载"密有大騩山。有梅山。有陉山。"④ 以上是与陈留临近的河南郡的名山概述。同样临近陈留郡的河内郡亦多名山，据《后汉书·郡国一》载：河内郡的"野王有太行山"⑤。又河内郡又有林虑山，据《后汉书·党锢列传》载，东汉末年，陈留圉县人夏馥为逃避朝廷的抓捕"乃自翦须变形，入林虑山中"⑥。可见由于河内与陈留临近，所以陈留士人多往还其山中。

其二，陈留及其附近多沼泽、林地。汉魏陈留郡的大部分地区是战国时期魏国的故地，而魏国多大泽，《史记·秦本纪》载魏国的都城大梁附近有"逢泽"，其云"（秦孝公）二十年（前342），诸侯毕贺。秦使公子少官率师会诸侯逢泽，朝天子。"张守节的《史记正义》引《括地志》注云："逢泽亦名逢池，在汴州浚仪县东南十四里。"⑦ 浚仪县在汉魏时属陈留郡，由此可见逢泽即在陈留郡内；又汉晋史籍载陈留多山林、沼泽。王先谦的《后汉书集解》在陈留郡的酸枣县下注云："《晋太康记》云，乌巢泽在县东南。"⑧ 则酸枣县内有大泽可知；又《汉书·沟洫志》载内黄有大泽，其云"又内黄界中有泽，方数十里"⑨ 则内黄县有大泽可知；又《后汉书》载长垣亦有大泽，其泽中多有陈留士人活动的足迹，如陈留长垣人吴祐"及年二十，丧父，居无檐石，而不受赡遗。常牧豕于长垣泽中，行吟经书。"⑩ 再如在《后汉书·郡国三》

---

① 房玄龄等：《晋书》卷四十九《阮籍传》，中华书局，1974年，第1362页。
② 司马迁：《史记》卷七《项羽本纪》，中华书局，1959年，第327页。
③ 房玄龄等：《晋书》卷四十九《阮籍传》，中华书局，1974年，第1361页。
④ 范晔：《后汉书》志第十九"郡国一"，中华书局，1965年，第3390页。
⑤ 范晔：《后汉书》志第十九"郡国一"，中华书局，1965年，第3395页。
⑥ 范晔：《后汉书》卷六十七《党锢列传》，中华书局，1965年，第2202页。
⑦ 司马迁：《史记》卷五《秦本纪》，中华书局，1959年，第203-204页。
⑧ 王先谦：《后汉书集解》，中华书局影印本，1984年，第1228页。
⑨ 班固：《汉书》卷二十九《沟洫志》，中华书局，1962年，第1693页。
⑩ 范晔：《后汉书》卷六十四《吴延史卢赵列传》，中华书局，1965年，第2099页。

"尉氏县"条下,李贤注云:"《陈留志》曰:'有陵树乡,北有泽,泽有天子苑囿,有秦乐厩,汉诸帝以驯养猛兽。'"① 尉氏县的陵树乡北面有大泽,因其为沼泽,多禽兽,所以其先前为天子苑囿,且汉代诸位帝王尝在此驯养猛兽,说明此地林野广阔。除陈留本地多沼泽外,陈留附近地区亦多大泽,如与尉氏邻近的荥阳、中牟皆有大泽,《后汉书·郡国一》载:"荥(荥)阳有(荥)泽……中牟有圃田泽。"②

陈留及其附近多山林大泽的自然环境,为东汉末年陈留士人的隐居提供了环境和生活资料,史载申屠蟠"乃绝迹于梁砀之间,因树为屋,自同佣人。"③ 可见梁砀地区的树林为其提供了栖息之地。党锢之祸时,范冉"遂推鹿车,载妻子,捃拾自资。或寓息客庐,或依宿树荫。如此十余年,乃结草室而居焉。"④ 在梁宋之间,范冉能够"捃拾自资",其拾取的大抵是可以果腹野果、野菜等,而其"或依宿树荫""结草室而居"十余年,足以说明此地区树木林立,水草丰美。吴祐能够"常牧豕于长垣泽中"⑤ 也是大泽的水草为其牧豕提供了条件。杨伦"讲授于大泽中,弟子至千余人。"⑥ 大抵是泽中静谧且风景优美,且大泽大抵亦为其和弟子提供了一定的生活物资。夏馥为躲避党锢之祸,"乃自剪须变形,入林虑山中……"⑦ 大抵山林成为其保护之地,衣食之源。山林不仅对于汉末士人,对于魏晋乃至整个古代士人皆意义非凡,远非为士人提供生活资料如此简单,山水在魏晋人那里更是一种审美和寄托。魏晋上距东汉末年未远,晋人发现的自然在东汉末年已为陈留士人所注意。

(三) 游心于学术和艺文的精神追求

陈留东昏人杨伦初为郡文学掾"以不能人间事,遂去职,不复应州郡命。讲授于大泽中,弟子至千余人。"⑧杨伦认为自己不能胜任世俗的事务,所以以教授为业,讲授于大泽中,其追求以学术自守的生活方式;初申屠蟠家贫,佣为漆工,"后郡召为主簿,不行。遂隐居精学,博贯《五经》,兼明图纬。"⑨ 申屠蟠拒绝州郡的征召,却隐居精学,潜心于学问,遂博贯《五经》,申屠蟠

---

① 范晔:《后汉书》志第二十一"郡国三",中华书局,1965年,第3448页。
② 范晔:《后汉书》志第十九"郡国一",中华书局,1965年,第3389页。
③ 范晔:《后汉书》卷五十三《周黄徐姜申屠列传》,中华书局,1965年,第1752页。
④ 范晔:《后汉书》卷八十一《独行列传》,中华书局,1965年,第2689页。
⑤ 范晔:《后汉书》卷六十四《吴延史卢赵列传》,中华书局,1965年,第2099页。
⑥ 范晔:《后汉书》卷七十九上《儒林列传》,中华书局,1965年,第2564页。
⑦ 范晔:《后汉书》卷六十七《党锢列传》,中华书局,1965年,第2202页。
⑧ 范晔:《后汉书》卷七十九上《儒林列传》,中华书局,1965年,第2564页。
⑨ 范晔:《后汉书》卷五十三《周黄徐姜申屠列传》,中华书局,1965年,第1751页。

这种安贫乐道、隐居精学的精神被同郡蔡邕称赞为："安贫乐潜，味道守真，不为燥湿轻重，不为穷达易节"①；范冉少为县小吏"年十八，奉檄迎督邮，冉耻之，乃遁去。到南阳，受业于樊英。又游三辅，就马融通经，历年乃还"。范冉年少耻于奉迎督邮，乃辞官隐遁，四处游学，先到南阳拜师樊英，后又游历三辅，就马融通经，马融是关西大儒，范冉就马融习经，史书用"通经"二字，又云"历年乃还"，证明其博通《五经》，学有所成，其后范冉优游不仕，大抵是经书支撑了其精神生活。

仇览年四十余，县召补吏，选为蒲亭长。其任亭长时，勤于政务，史书称其"劝人生业，为制科令，至于果菜为限，鸡豕有数，农事既毕，乃令子弟群居，还就黌学。其剽轻游恣者，皆役以田桑，严设科罚。躬助丧事，赈恤穷寡。期年称大化。"②可知其颇能胜任亭长之职。后其为陈留郡考城县的主簿，县令王涣对其颇为赏识，以一月之俸资助其去太学游学。仇览在太学中笃于经书，心无旁骛，学成归乡里之后，"州郡并请，皆以疾辞。"③其中的原因除了当时政治环境的恶劣外，应是其在太学中儒家经典改变了其志向，从其后其日常生活中的举止可以看出，已成为一个恪守儒家礼仪的士人，与先前为小吏时在气质、风神上迥然不同，史书称其：

"虽在宴居，必以礼自整。妻子有过，辄免冠自责。妻子庭谢，候览冠，乃敢升堂。家人莫见喜怒声色之异……三子皆有文史才，少子玄，最知名。"④

仇览从太学游学归来后，拒绝州郡征辟，严格践行儒家礼仪规范，足见儒家学说对其内在精神的影响。且其"三子皆有文史才"，说明仇览注重对其子女的教育，且教导有方，可知仇览游学归来后不再热衷于官府事务，主要以潜心于经书和子女教育，则其精神追求可知。

符融"少为都官吏，耻之，委去。后游太学，师事少府李膺。膺风性高简，每见融，辄绝它宾客，听其言论。融幅巾奋袖，谈辞如云，膺每捧手叹息。郭林宗始入京师，时人莫识，融一见嗟服，因以介于李膺，由是知名……融益以知名。州郡礼请，举孝廉，公府连辟，皆不应。"⑤符融少为都官吏，因耻小吏事务的繁琐而遁去，后游太学，并得以投拜在少府李膺门下。李膺对符融极其赏识，"每见融，辄绝它宾客，听其言论。融幅巾奋袖，谈辞如云，膺每捧手叹息。"可见符融对清谈的热衷。除了清谈外，符融还热衷于荐举人

---

① 范晔：《后汉书》卷五十三《周黄徐姜申屠列传》，中华书局，1965年，第1751页。
② 范晔：《后汉书》卷七十六《循吏列传》，中华书局，1965年，第2479-2480页。
③ 范晔：《后汉书》卷七十六《循吏列传》，中华书局，1965年，第2481页。
④ 范晔：《后汉书》卷七十六《循吏列传》，中华书局，1965年，第2481页。
⑤ 范晔：《后汉书》卷六十八《郭符许列传》，中华书局，1965年，第2233页。

才，郭泰始入京师时，时人莫识，符融为其延誉，最终知名。在陈留浚仪县任小吏时符融尚未找到其人生价值和爱好，到京城游历太学后，符融发现自己爱好的是士大夫高雅的生活方式和审美趣味，所以身为当时名士，当其游学回到乡里时，公府连辟，皆不应。其时符融生活清贫，原本需要官俸来维持生计，史书称其"妻亡，贫无殡敛，乡人欲为具棺服，融不肯受。曰：'古之亡者，弃之中野。唯妻子可以行志，但即土埋藏而已。'"①，其清贫至此，仍不改其志，在贫困中支撑符融精神世界的大概是儒家典籍，以及古人的高节。

边韶"以文章知名，教授数百人。"② 其在回应学生的嘲讽时云："腹便便，《五经》笥。"③ 可见边韶日常以读书、教书为事；蔡邕大约在四十岁以前，皆是在乡里过着"闲居玩古，不交当世"④ 的生活。初吴祐在朝中为官，后因忤逆大将军梁冀而被贬为河间相，被贬后"因自免归家，不复仕，躬灌园蔬，以经书教授。年九十八卒。"⑤ 辞官归家的吴祐并未耿耿于怀，反而亲自灌溉园蔬，教授弟子，盖对吴祐而言，其达则有兼济之志，穷则有经书可以娱志，有弟子可以教授，所以才优游卒岁，长寿而终。

综上，南朝刘义庆编纂《世说新语》时将魏晋风度的上限追溯到东汉末年，此点体现了作者独到的眼光，汉末士人的言行举止的确可以称得上有魏晋风度，而尤以陈留文人为代表。这其中无论是边韶应对的敏捷，吴祐的倨傲，张升的"任情不羁"，范冉的"激诡之行"，边让闲雅的风度，蔡邕对异才的欣赏，皆与魏晋士人的"任诞""简傲"极为相似。汉末在陈留地区率先兴起魏晋风度，是有其原因的。其原因大抵有二：其一，汉末动荡的时局令文人多疏离政治，回归自我；其二，魏晋风度以老庄思想为基础，而陈留是庄子思想的发源地，自老庄思想产生以来，一直在该地区有着很大的影响。总之，魏晋风度的形成不是一蹴而就的，东汉末年陈留士人的言行、风度即可视为魏晋风度的前奏。正如有的学者所指出的，蔡邕"在文苑提携奇士的行动开魏晋风气之先……"⑥ 不独蔡邕，可以说东汉末年的陈留文人皆有开魏晋风气的倾向。

---

① 范晔：《后汉书》卷六十八《郭符许列传》，中华书局，1965年，第2233页。
② 范晔：《后汉书》卷八十上《文苑列传》，中华书局，1965年，第2623页。
③ 范晔：《后汉书》卷六十八《文苑列传》，中华书局，1965年，第2623页。
④ 范晔：《后汉书》卷六十下《蔡邕列传》，中华书局，1965年，第1980页。
⑤ 范晔：《后汉书》卷六十四《吴延史卢赵列传》，中华书局，1965年，第2102页。
⑥ 高长山：《蔡邕评传》，中华书局，2009年，第43页。

第四章　两汉时期陈留经史之学与散文风尚

陈留自古即为学术文化发达区域。首先，陈留在春秋时期为宋国故地，而宋国是殷商后裔，宋国保存了部分殷商文化。范文澜先生认为，先秦时期宋国与楚国和鲁国并列为当时的文化中心，其云："周人和周典籍大量移入楚国，从此楚国代替东周王国，与宋、鲁同为文化中心。在这三个中心地区，鲁国孔丘创儒家学派，宋国大夫墨翟创墨家学派，战国时楚国李耳创道家学派。"①所以宋国是当时的文化中心无疑。其次，宋国邻近邹鲁儒家文化区，且宋国和儒家文化又颇有渊源。范文澜先生云："宋是商朝的后代，鲁是周公的旧封，春秋时列国都到宋鲁'观礼'，因为它们是保存商周文化最多的旧国。孔子创立儒家学派，和宋鲁两国主要是鲁国有密切的关系。"②孔门七十二贤中的原宪、司马耕皆为宋人，足见儒家文化在宋地的影响之大。最后，先秦时期的宋地学派林立。庄子是宋国人，老子是陈国人，而宋、陈相距不远，且其思想相近，后世统称为老庄学派。此外，墨子在宋国为官，并创立了墨家学说；又战国时期兴盛一时的名家的代表人物惠施是宋国人……总之，先秦时期在宋地盛行的老庄思想、墨家思想和名家思想对后世影响深远，陈留作为宋的故地，直到汉晋时期仍保留着上述三家思想的因子。

秦汉之际，陈留的学术虽不如齐鲁地区繁荣，但因为宋地在先秦时期是文化发达地区，又加上临近鲁地，所以秦汉之际到两汉时期陈留也涌现了不少的士人。

秦汉之际陈留高阳人郦食其初见沛公时，"郦生入，则长揖不拜，曰：'足下欲助秦攻诸侯乎？且欲率诸侯破秦也？'沛公骂曰：'竖儒！……'"③郦食其见高祖时衣儒服、戴儒冠，显然是儒生装扮，史载其"好读书"④，其

---

① 范文澜：《中国通史简编》，人民出版社，1964年，第165页。
② 范文澜：《中国通史简编》，人民出版社，1964年，第201页。
③ 司马迁：《史记》卷九十七《郦生陆贾列传》，中华书局，1959年，第2692页。
④ 司马迁：《史记》卷九十七《郦生陆贾列传》，中华书局，1959年，第2691页。

所读之书大抵也是儒家书籍；秦汉之际陈留大梁人陈馀"好儒术，数游赵苦陉。"① 秦汉之际的赵地是儒学较为发达的区域，陈馀游赵地，大抵为学习儒术；又两汉之际陈留阳武人张苍"好书律历。秦时为御史，主柱下方书。"② 汉朝初立，萧何为相国，因张苍又善于律历，"故令苍以列侯居相府，领主郡国上计者。"③ 张苍"为计相时，绪正律历"。④ 文帝时张苍位至丞相，"卒就之，故汉家言律历者，本之张苍。"⑤ 由此可见汉初历学在陈留有传播。至于张苍的学问，其最著者当推律历，此外还兼擅史学。史书云："汉兴，北平侯张苍及梁大傅贾谊、京兆尹张敞、太中大夫刘公子皆修《春秋左氏传》。"⑥ 张苍可谓是汉初的通儒，史书云："苍本好书，无所不观，无所不通，而尤善律历。"⑦ 由上可知，汉初功臣之中以学术著称者，陈留士人居多。从陈留名臣多学者中可以看出，秦汉之际陈留地区的学术氛围较浓。至于说汉初陈留地区的学术传统，则经学为其一，史学为其二，由此可见汉初陈留地区学术重心之所在。

西汉中晚期，陈留的学术虽也有发展，但总体成绩并不突出。史载平陵人张山拊"事小夏侯建，为博士，论石渠，至少府。……授陈留假仓子骄。"⑧ 此则材料中的夏侯建，又称"小夏侯"，习今文《尚书》，史载"夏侯胜，其先夏侯都尉，从济南张生受《尚书》以传族子始昌。始昌传胜……胜传从兄子建……"⑨ 假仓子骄师从张山拊，则其习《尚书》为今文《尚书》可知；又山阳张长安师事东平大儒王式习《鲁诗》，后张生为博士，论学石渠，官至淮阳中尉，由是《鲁诗》遂有张氏之学。其后"张生兄子游卿为谏大夫，以《诗》授元帝。其门人琅邪王扶为泗水中尉，陈留许晏为博士。由是张家有许氏学。"⑩ 陈留许晏既被立为博士，且后来《鲁诗》又有"许氏学"，可见许晏在学界颇有名望。

---

① 司马迁：《史记》卷八十九《张耳陈馀列传》，中华书局，1959年，第2571页。
② 司马迁：《史记》卷九十六《张丞相列传》，中华书局，1959，第2675页。
③ 司马迁：《史记》卷九十六《张丞相列传》，中华书局，1959，第2676页。
④ 司马迁：《史记》卷九十六《张丞相列传》，中华书局，1959，第2681页。
⑤ 司马迁：《史记》卷九十六《张丞相列传》，中华书局，1959，第2681页。
⑥ 班固：《汉书》卷八十八《儒林传》，中华书局，1962年，第3620页。
⑦ 司马迁：《史记》卷九十六《张丞相列传》，中华书局，1959，第2681页。
⑧ 班固：《汉书》卷八十八《儒林传》，中华书局，1962年，第3605页。
⑨ 班固：《汉书》卷八十八《儒林传》，中华书局，1962年，第3604页。
⑩ 班固：《汉书》卷八十八《儒林传》，中华书局，1962年，第3610-3611页。

第一节　东汉陈留的经学与散文创作

从名儒的数量来看，西汉时期陈留与齐鲁等学术发达区域仍相去甚远。从师承来看，西汉时期今文《尚书》《鲁诗》、历学、《左氏传》及黄老学在陈留皆有传播，其学术门类已初具规模。虽然西汉时期的陈留还称不上学术发达区域，但其学术门类已较为齐全，再加上名儒的传授，为东汉时期陈留学术走向繁荣奠定了基础。

一、东汉时期陈留经学的发展概况

东汉是陈留地区在学术上大放异彩的时期，体现在陈留地区研习学术的人数激增。如两汉之际的陈留大儒刘昆：

平帝时，受《施氏易》于沛人戴宾。能弹雅琴，知清角之操。王莽世，教授弟子恒五百余人……（建武时期）征拜议郎，稍迁侍中、弘农太守。先是，崤、黾驿道多虎灾，行旅不通。昆为政三年，仁化大行，虎皆负子度河。帝闻而异之。二十二年，征代杜林为光禄勋。诏问昆曰：'前在江陵，反风灭火，后守弘农，虎北度河，行何德政而致是事？'昆对曰：'偶然耳。'左右皆笑其质讷。帝叹曰：'此乃长者之言也。'①

刘昆师事沛人戴宾习《施氏易》，教授弟子五百余人，说明两汉之际至东汉初年，易学在陈留地区颇兴。又刘昆之子刘轶，字君文，"传昆业，门徒亦盛。永平中，为太子中庶子。建初中，稍迁宗正，卒官，遂世掌宗正焉。"② 刘昆从戴宾习《施氏易》，其后刘轶传其父刘昆之业，则刘轶所守亦当是《施氏易》；又陈留雍丘人楼望"少习《严氏春秋》，诸生著录有九千余人，世称儒宗。"③ 因楼望是陈留人，其弟子大抵以陈留及附近郡县居多，其著录弟子有九千余人，则当时陈留及其附近地区习《严氏春秋》人数之众由此可知；陈留东昏人杨伦"少为诸生，师事司徒丁鸿，习《古文尚书》……讲授于大泽中，弟子至千余人。元初中，郡礼请，三府并辟，公车征，皆辞疾不就。"④

---

① 范晔：《后汉书》卷七十九上《儒林列传》，中华书局，1965 年，第 2549-2550 页。
② 范晔：《后汉书》卷七十九上《儒林列传》，中华书局，1965 年，第 2550-2551 页。
③ 范晔：《后汉书》卷七十九下《儒林列传》，中华书局，1965 年，第 2580 页。
④ 范晔：《后汉书》卷七十九上《儒林列传》，中华书局，1965 年，第 2564 页。

杨伦师从丁鸿习《古文尚书》，弟子至于千人，可知其时陈留地区《古文尚书》的传播相当广泛；和杨伦同门还有"又陈留陈弇，字叔明，亦受《欧阳尚书》于司徒丁鸿，仕为蕲长"①；又陈留人李充少有高节"延平中，诏公卿、中二千石各举隐士大儒，务取高行，以劝后进，特征充为博士……大将军邓骘贵戚倾时，无所下借，以充高节，每卑敬之……充乃为陈海内隐居怀道之士，颇有不合……遂出，径去。"② 由此可知，作为学者，李充不但学问渊博，秉性耿直，且其所欣赏的也是隐居怀道之士。总之，从以上材料可以看出，东汉前中期陈留地区的《易》学、《春秋》学和《尚书》学颇为发达，产生了多位大儒，这些大儒生徒众多，有力地推动了陈留地区学术的发展。

东汉晚期陈留考城人史弼，"父敞，顺帝时以佞辩至尚书、郡守。弼少笃学，聚徒数百。"③ 史弼是东汉晚期的能臣，史称史弼"为政特挫抑强豪，其小民有罪，多所容贷。"④ 在第一次党锢之祸中，史弼为平原相，朝廷勒令史弼上奏党人，史弼拒不上奏，最后因史弼"济活者千余人"⑤；又陈留外黄人爰延"清苦好学，能通经教授……桓帝时征博士，太尉杨秉等举贤良方正，再迁为侍中。"⑥ 桓帝游上林苑，从容问爰延曰：

'朕何如主也？'对曰：'陛下为汉中主。'帝曰：'何以言之？'对曰：'尚书令陈蕃任事则化，中常侍黄门豫政则乱，是以知陛下可与为善，可与为非。'帝曰：'昔朱云廷折栏槛，今侍中面称朕违，敬闻阙矣。'拜五官中郎将，转长水校尉，迁魏郡太守，征拜大鸿胪。帝以延儒生，常特宴见。时，太史令上言客星经帝坐，帝密以问延。延因上封事曰……帝省其奏。因以病自上，乞骸骨还家。⑦

又陈留长垣人吴祐为政颇有清名，曾任胶东侯相，因得罪大将军梁冀，"冀遂出祐为河间相，因自免归家，不复仕，躬灌园蔬，以经书教授。"⑧ 由史弼、爰延、吴祐的生平经历可知，东汉晚期陈留地区的学者多身兼朝臣，后因其学者气质与东汉晚期官场的污浊氛围不合而退居田园。

也有部分学者仕途较为平坦的。如陈留浚仪人边韶"以文章知名，教授数百人。……桓帝时，为临颍侯相，征拜太中大夫，著作东观。再迁北地太

---

① 范晔：《后汉书》卷七十九上《儒林列传》，中华书局，1965年，第2556页。
② 范晔：《后汉书》卷八十一《独行列传第》，中华书局，1965年，第2685页。
③ 范晔：《后汉书》卷六十四《吴延史卢列传》，中华书局，1965年，第2108页。
④ 范晔：《后汉书》卷六十四《吴延史卢列传》，中华书局，1965年，第2111页。
⑤ 范晔：《后汉书》卷六十四《吴延史卢列传》，中华书局，1965年，第2110页。
⑥ 范晔：《后汉书》卷四十八《杨李翟应霍爰徐列传》，中华书局，1965年，第1618页。
⑦ 范晔：《后汉书》卷四十八《杨李翟应霍爰徐列传》，中华书局，1965年，第1618-1619页。
⑧ 范晔：《后汉书》卷六十四《吴延史卢赵列传》，中华书局，1965年，第2102页。

守，入拜尚书令。后为陈相，卒官。"① 由边韶教授弟子百人，又以文章知名，就可以看出，到东汉晚期陈留的学者兼具文人身份；汉魏之际陈留苏林"博学，多通古今字指，凡诸书传文间危疑，林皆释之。建安中，为五官将文学，甚见礼待。黄初中，为博士给事中。"②

与上述大儒皓首穷经、身居高位的境遇不同，东汉中后期部分陈留士人习经是出于社会的"尚学"之风，是为了跻身于名士阶层，然而却无意仕宦。仇览，陈留考城人，年四十余入太学，"览学毕归乡里，州郡并请，皆以疾辞。虽在宴居，必以礼自整。妻子有过，辄免冠自责……后征方正，遇疾而卒。"③ 仇览入太学大抵为提高其学术修养，然学成后却无意于仕途；陈留浚仪人符融少为都官吏，耻之，委去。后游太学，学成后"州郡礼请，举孝廉，公府连辟，皆不应。太守冯岱有名称，到官，请融相见。融一往，荐达郡士范冉、韩卓、孔仙等三人，因辞病自绝。"④ 符融是当时名士，本可以应征为官，却因病而辞，足见汉末陈留士人不乐仕宦；陈留外黄人申屠蟠少有孝名，其后郡召为主簿，不行。"遂隐居精学，博贯《五经》，兼明图纬。"⑤ 东汉末年，太学生在汝颍士大夫的带动下批评朝政时，申屠蟠"乃绝迹于梁、砀之间，因树为屋，自同佣人。"⑥ 甘于山林；陈留外黄人范冉"少为县小吏，年十八，奉檄迎督邮，冉耻之，乃遁去。到南阳，受业于樊英。又游三辅，就马融通经，历年乃还。"⑦ 范冉所通之经，据王先谦的《后汉书集解》载："惠栋曰《陈留耆旧传》云'丹学通三经'，《贞节先生碑》云'涉五经，悦书传，尤笃《易》与《尚书》。'"⑧ 学成后范冉"遁身逃命于梁沛之间，徒行敝服，卖卜于市。"并未出仕；陈留人茅容年四十余，耕于野，"时与等辈避雨树下，众皆夷踞相对，容独危坐愈恭。林宗行见之而奇其异，遂与共言……林宗起拜之曰：'卿贤乎哉！'因劝令学，卒以成德。"⑨ 郭泰遇茅容而劝其学，茅容卒成名士，却未见其出仕；陈留士人受郭泰赏识的还有陈留浚仪人田盛，史载其"与郭林宗同好，亦名知人，优游不仕，并以寿终。" 田盛是当时名士，却"优游不仕"，则其时陈留士人的仕隐取向相当明显。

---

① 范晔：《后汉书》卷八十上《文苑列传》，中华书局，1965年，第2623页。
② 陈寿：《三国志·魏书》卷二十一《王卫二刘傅传》，中华书局，1959年，第621页。
③ 范晔：《后汉书》卷七十六《循吏列传》，中华书局，1965年，第2481页。
④ 范晔：《后汉书》卷六十八《郭符许列传》，中华书局，1965年，第2233页。
⑤ 范晔：《后汉书》卷五十三《周黄徐姜申屠列传》，中华书局，1965年，第1751页。
⑥ 范晔：《后汉书》，中华书局，1965年，第1752页。
⑦ 范晔：《后汉书》，中华书局，1965年，第2688页。
⑧ 王先谦：《后汉书集解》，广陵书社影印本，2006年，第903页。
⑨ 范晔：《后汉书》卷六十八《郭符许列传》，中华书局，1965年，第2228页。

综上，东汉时期陈留的经学呈现出以下特点。

其一，陈留地区盛行私家传授风气。此点从经书的传习人数可知。楼望习《严氏春秋》，其生徒著录有九千人；杨伦习《古文尚书》，其弟子亦至千人。此点已为学界所注意，正如刘太祥所云：

> 西汉的陈留郡仅有私人教授3人，五经博士1人，东汉时期就有私人教授13人，位居河南第二位，五经博士6人，居河南省第一。这些私人教授和博士广招生徒，培养了大批文化人才，如东昏刘昆教授弟子5000人，其弟子刘轶也门徒甚广。雍丘楼望著录弟子9000多人，东昏杨伦招弟子1000余人。陈留的达官贵人并不多，却有着'贫而好学'的风气，如李京，申屠蟠，爰延等都是家贫而立志求学之士，最终能博通经典，名扬天下。这种良好的社会风气促进了陈留郡在东汉的文化繁荣。①

其二，就学术门类而言，《施氏易》《严氏春秋》《古文尚书》等在陈留地区皆广为传播，且最为兴盛。

其三，就士风而论，陈留的儒士以直谏自守著称，不曲意逢迎。光武帝颇好谶纬之学，大儒刘昆为弘农太守时，郡有祥瑞之兆，及光武帝问行何德而致之，刘昆却答以"偶然"②，显出陈留士人不曲意逢迎的特点；朝廷前后三次征辟杨伦"皆以直谏不合。既归，闭门讲授，自绝人事。"③ 显示出杨伦正直的一面；安帝时大将军邓骘权倾朝野，却每卑敬李充，"充乃为陈海内隐居怀道之士，颇有不合……遂出，径去。"④ 上述陈留诸儒的表现皆显示了儒者的正直之风。

其四，就求学的方式而论，士人求学方式日益多样化。先前士人多就名家通经。到东汉晚期，多游太学，范冉、申屠蟠、符融等皆有游学太学的经历。

其五，习经风气由专到博，由原来的专守一经到博通诸经。申屠蟠博贯五经，边韶博通五经，范冉涉猎五经皆足以说明。

总之，陈留的学术在西汉时期并不发达，到东汉时期却发展迅速，一跃和南阳、颍川、汝南等地并列为学术发达区域。东汉陈留学术的发展正如卢云所论："与此同时南阳、汝南、颍川、陈留、河南等地文化迅速发展，就所产生的士人而论，无论是《后汉书》列传士人，还是见于记载的所有士人，以上五郡分别占据全国的第一、第三、第四、第五、第七位。……这一地区从事教授者最盛，从数量上看汝南、南阳、颍川、陈留分别占据了全国的三四

---

① 刘太祥：《河南汉代的文化格局及成因》，《周口师范高等专科学校学报》，1999年，第4期。
② 范晔：《后汉书》卷七十九上《儒林列传》，中华书局，1965年，第2550页。
③ 范晔：《后汉书》卷七十九上《儒林列传》，中华书局，1965年，第2565页。
④ 范晔：《后汉书》卷八十一《独行列传》，中华书局，1965年，第2685页。

位;……再以所处博士的数量论,也是陈留、汝南、南阳、颍川在全国最高。"① 在《后汉书》所列士人中,陈留居第五位;就东汉时期的博士数量而论,陈留更是名列诸郡第一,足见其地学术之繁荣。

二、经学对陈留文人散文创作的影响

汉末经学渐呈衰落趋势时,陈留地区的经学氛围仍相当浓厚。陈留文人对于经学的热衷影响到其文学的创作,其主要表现如下。

(一) 运思上多摹拟经典

陈留文人模拟经典之作,当首推潘勖。潘勖的文章深得刘勰赞许,其云:"建安之末,文理代兴,潘勖《九锡》,典雅逸群。"② 潘文之所以"典雅逸群",源自于其"思摹经典"。如潘勖的《册魏公九锡文》的开头云:

曰惟祖惟父,股肱先正,其孰恤朕躬。乃诱天衷,诞育丞相,保乂我皇家,弘济于艰难,朕实赖之。今将授君典礼,其敬听朕命。③

其中的"曰惟祖惟父,股肱先正,其孰恤朕躬"三句,李善注云出自《尚书》,其云:"《尚书》曰:'臣作朕股肱耳目。'又曰:'亦惟先正,克左右昭事厥辟。'又曰:'惟祖惟父,其伊恤朕躬。'"④;"乃诱天衷,诞育丞相"句,李善注云:"《左氏传》,甯武与卫人盟曰:'用昭乞盟于尔大神,以诱天衷。'"⑤;"保乂我皇家,弘济于艰难,朕实赖之"句,李善注云:"《尚书》,周公曰:'天寿平格,保乂有殷。'又曰:'用敬保元子钊,弘济于难。'《左氏传》,然明曰:'郑国其实赖之。'"⑥ 由上可知,此段文字从句法到词汇皆是规仿《尚书》和《左传》而成的。如"惟祖惟父"与"孰恤朕躬",皆出自《尚书·文侯之命》;"乃诱天衷",出自《左传·僖公二十八年》。正如周勋初先生所指出:"潘勖组织成文,技巧比较高明,既保持了高古庄重的风格,又满足了当前行文的需要,这样的文字,也就博得了'典雅逸群'的赞誉。"⑦

该文的下半段文字,同样规仿《尚书》《左传》等儒家经典。其云:

---

① 卢云:《汉晋文化地理》,陕西人民出版社,1991年,第91页。
② 刘勰著,范文澜注:《文心雕龙注》,人民文学出版社,1958年,第359页。
③ 萧统编,李善注:《文选》,中华书局,1977年,第500页。
④ 萧统编,李善注:《文选》,中华书局,1977年,第500页。
⑤ 萧统编,李善注:《文选》,中华书局,1977年,第500页。
⑥ 萧统编,李善注:《文选》,中华书局,1977年,第500页。
⑦ 周勋初:《潘勖〈九锡〉与刘勰崇儒》,《社会科学战线》,1989年,第1期。

朕闻先王并建明德，胙之以土，分之以民，崇其宠章，备其礼物，所以蕃卫王室，左右厥世也。其在周成，管蔡不靖，惩难念功，乃使邵康公锡齐太公履，东至于海，西至於河，南至于穆陵，北至于无棣，五侯九伯，实得征之。……其上故传武平侯印绶。①

其中开头"朕闻先王并建明德，胙之以土，分之以民"三句，李善注云："《左氏传》曰：子鱼曰，昔武王选建明德，以蕃屏周。又，众仲曰：'天子建德，因生以赐姓，胙之以土，而命之氏。'又，子鱼曰：'武王分康叔殷人七族。'"②；至于"乃使邵康公锡齐太公履，东至于海，西至於河，南至于穆陵，北至于无棣，五侯九伯，实得征之"等句，则完全袭用《左传·僖公四年》管仲对屈完之辞。从上述文句可以看出潘勖的《册魏公九锡文》的字句，多概括经典文字而成，且保持了古雅的风貌，因而能够用作颁布九锡的训词。

潘勖此文因多规仿《尚书》《左传》等儒家经典，故而其文颇有经典之风，此点前人已有所注意。刘勰的《文心雕龙·风骨篇》论及潘勖文章的特点用"思摹经典"③一词，指出其运思上刻意摹仿经书，又《才略篇》云："潘勖凭经以骋才，故绝群于九锡。"④足见经学对潘勖文学创作的影响。又《太平御览》卷五九三引《殷洪小说》曰："魏国初建，潘勗字元茂，为策命文，自汉武已来，未有此制，勗乃依商周宪章，唐虞辞义，温雅与典诰同风。于时朝士，皆莫能措一字。"⑤此处的"依商周宪章"指出潘勖善于模拟《尚书》，所以达到了"温雅与典诰同风"的效果。谭献评此文云："所言不夸饰，渊乎茂乎，精神肌理与典诰相通，自是子云以后有数玮篇。"⑥周勋初先生对谭献的评语解读是："可见此文的'动摹经诰'，并非亦步亦趋，流于形迹，而是精神肌理的流注。这里说的'精神'，也就是后人所说的神气，这里所说的'肌理'相当于后人所说的脉络。潘勖继承了经诰写作的一些优点，形成了一种朴茂高雅的风格，这才成了摹古的上乘之作。"⑦

(二) 叙述上多融化经典语句

儒家典籍包含各种情境。如《尚书》多君臣之道的记载；《左传》多史实

---

① 萧统编，李善注：《文选》，中华书局，1977年，第502页。
② 萧统编，李善注：《文选》，中华书局，1977年，第502页。
③ 刘勰著，范文澜注：《文心雕龙注》，人民文学出版社，1958年，第513页。
④ 刘勰著，范文澜注：《文心雕龙注》，人民文学出版社，1958年，第699页。
⑤ 李昉等撰：《太平御览》，上海古籍出版社，2008年，第473页。
⑥ 骆鸿凯：《文选学》"评骘"第八引，中华书局，1989年，第276页。
⑦ 周勋初：《潘勖〈九锡〉与刘勰崇儒》，《社会科学战线》，1989年，第1期。

的记载;《论语》多孔子与弟子生活的记载;《诗经》多先秦各地民众生活的描写,等等。先秦典籍所包含的各种情境为陈留文人的创作提供了借鉴。在描写与经典相似的情境时,陈留文人能够熟练化用经典语句,将典故融化在叙述中,且以平常语出之,所以其文显得典雅又不失平易。

如《诗经》和《论语》中均有关于隐逸生活的描写。蔡邕的《琅琊王傅蔡朗碑》在叙述蔡朗的隐居生活时,就化用了《诗经》《论语》的句子,其云:

> 君雅操明允,威励不猛,履孝悌之性,怀文艺之才,包洞典籍,刊摘沈秘,知机达要,通含神契,既讨三五之术,又采《二南》之业。以《鲁诗》教授,生徒云集,莫不自远并至。栖迟不易其志,箪食曲肱,不改其乐,心栖清虚之域,行在玉石之间。[1]

这里的"栖迟不易其志"句,邓安生认为"栖迟"下脱去"衡门"二字[2],其原句应为"栖迟衡门,不易其志;箪食曲肱,不改其乐"。而"栖迟衡门"即化用了《诗经·陈风·衡门》中的"衡门之下,可以栖迟"[3] 的典故;"箪食曲肱,不改其乐"即化用了《论语·雍也》中的"一箪食,一瓢饮,人不堪其忧,回也不改其乐,贤哉回也"[4]和《论语·述而》中的"饭疏食,饮水,曲肱而枕之,乐亦在其中矣"[5] 的句子。此处蔡邕先叙述了蔡朗的德行和才华,接着将《诗经》和《论语》中有关隐居的句子自然地融入其中,生动地表现了蔡朗安贫乐道的形象。需要指出的是,作者在此并非原句引用,而是对经典文句加以提炼和概括,如作者从"衡门之下,可以栖迟"两句中各提炼一词,组合为"栖迟衡门","箪食曲肱,不改其乐"亦是如此。蔡邕此文虽化用经典语句却不晦涩,这和作者有意选用常用典故有关。因而使文章显得更加凝练、典雅和平易。

《论语·乡党》篇中有关于孔子乡间生活的描写,蔡邕在描写士人的乡间生活时亦会引用到《论语·乡党》篇。如《陈太丘碑》(一)写陈寔在乡里云:"于乡党则恂恂焉,彬彬焉,善诱善导,仁而爱人,使夫少长咸安怀之。其为道也,用行舍藏,进退可度,不徼讦以干时,不迁贰以临下。"[6] 此段中"於乡党则恂恂焉"化用了《论语·乡党》篇中"孔子于乡党,恂恂如也,似

---

[1] 邓安生:《蔡邕集编年校注》,河北教育出版社,2002年,第7页。
[2] 邓安生:《蔡邕集编年校注》,河北教育出版社,2002年,第10页。
[3] 阮元校刻:《十三经注疏》,中华书局影印本,1980年,第377页。
[4] 阮元校刻:《十三经注疏》,中华书局影印本,1980年,第2478页。
[5] 阮元校刻:《十三经注疏》,中华书局影印本,1980年,第2482页。
[6] 邓安生:《蔡邕集编年校注》,河北教育出版社,2002年,第375页。

不能言者"①的句子，并加以概括，意在突出陈寔在乡里的恭敬之貌；"使夫少长咸安怀之"则是对《论语·公冶长》中"子曰：'老者安之，朋友信之，少者怀之'"②语句的提炼，重在表现陈寔在乡里的威望；"用行舍藏"是对《论语·述而》"子谓颜渊曰：'用之则行，舍之则藏，唯我与尔有是夫'"③句子的概括，作者稍加提炼，就表现了陈寔在仕途和隐居上的从容态度；"不徼讦以干时"是对《论语·阳货》"恶徼以为知者，恶不孙以为勇者，恶讦以为直者"④一句的紧缩。"不迁贰以临下"是对《论语·雍也》"有颜回者好学，不迁怒，不贰过"⑤句的提炼和创新。在本段中，蔡邕虽引用经典之句，却用平常语道出，因而其行文显得既典雅又平易。

由于东汉文人多兼学者身份，所以创作时引经据典已经成为一种时代风气，正如刘勰在《文心雕龙·事类》篇云："及扬雄百官箴，颇酌于诗书；刘歆遂初赋，历叙于纪传，渐渐综采矣。至于崔、班、张、蔡，遂捃摭经史，华实布濩，因书立功，皆后人之范式也。"⑥论及碑铭的风格时，陆机在《文赋》中以为"碑披文以相质""铭博约而温润"⑦，强调碑铭的语言应文质相半，典雅温润，蔡邕的碑文就体现了这种质实典雅的文风。可贵的是蔡邕的文章在典雅中又透着平易，且此种平易并非毫不费力，也是经过字斟句酌的，正如刘师培先生所云："试读蔡中郎、陆士衡、范蔚宗三家之文，何尝不千锤百炼，字斟句酌，而用字平易，清新相接，岂有艰涩费解之弊？是知锤炼与奇僻，未可混而言之。"⑧确为切中肯綮之论。

（三）陈留文人的散文创作与汉魏典雅文风的形成

陈留文人擅长散文创作，且成就颇高。就碑铭文而言，蔡邕的成就最高，刘勰云："自后汉以来，碑碣云起。才锋所断，莫高蔡邕。"⑨；东汉晚期的散文创作，就章表文而言，阮瑀的成就最高，曹丕在《典论·论文》中云："琳、瑀之章表书记，今之隽也。"⑩；就九锡文而言，潘勖的成就最高，刘勰

---

① 阮元校刻：《十三经注疏》，中华书局影印本，1980年，第2493页。
② 阮元校刻：《十三经注疏》，中华书局影印本，1980年，第2475页。
③ 阮元校刻：《十三经注疏》，中华书局影印本，1980年，第2482页。
④ 阮元校刻：《十三经注疏》，中华书局影印本，1980年，第2526页。
⑤ 阮元校刻：《十三经注疏》，中华书局影印本，1980年，第2477页。
⑥ 刘勰著，范文澜注：《文心雕龙注》，人民文学出版社，1958年，第615页。
⑦ 萧统编，李善注：《文选》，中华书局，1977年，第241页。
⑧ 刘师培：《汉魏六朝专家文研究·文学四忌》，商务印书馆，2010年，第122页。
⑨ 刘勰著，范文澜注：《文心雕龙注》，人民文学出版社，1958年，第214页。
⑩ 萧统编，李善注：《文选》，中华书局，1977年，第720页。

在《文心雕龙·才略篇》云:"潘勖凭经以骋才,故绝群于九锡。"①;就笔记文而言,路粹的创作成就颇高:"路粹杨修,颇怀笔记之工。"② 由此可见,东汉后期陈留文人的散文创作成就斐然。

东汉晚期,陈留文人的散文创作不但成就高,且呈现共通性,此共通性是陈留文人在创作上多摹拟、引用经典。如蔡邕的文章就多摹拟经典之作。刘勰论蔡邕碑文特点云:"自后汉以来,碑碣云起,才锋所断,莫高蔡邕。观杨赐之碑,骨鲠训典……"③ 又云:"蔡邕铭思,独冠古今;桥公之钺,吐纳典谟;"④ 从上述论断可以看出刘勰对蔡邕的碑文评价甚高,"而且还指出它们'吐纳典谟''骨鲠训典',即往往渊源于经书。典谟、训典指的是《尚书》中的《尧典》《大禹谟》《伊训》这类文章。"⑤ 其指出了蔡邕的文章摹拟经典的特色。刘勰论潘勖之文云:"潘勖凭经以骋才,故绝群于九锡;"⑥ 刘勰不但对潘文评价极高,誉为"绝群",而且指出其文的特点是"思摹经典",即在运思上可以摹仿经书。阮瑀的《为曹公作书与孙权》一文大量引用儒家经典,据统计,全文引用典故达23处之多,其中大部分源自儒家经典,如"越为三军,吴曾不御;汉潜夏阳,魏豹不意"⑦ 就分别引用了《左传·哀公十六年》和《汉书·韩信传》的典故。钟嵘《诗品》对阮瑀诗的评价是:"平典不失古体。"⑧ "平典"即平实、典雅,此评论亦可以用来评论阮瑀的文章。"典雅又不失古体",概言阮瑀的诗、文因为摹拟古诗而有典雅之风。刘勰云:"路粹杨修,颇怀笔记之工"⑨,路粹名文《为曹公与孔融书》,除了开宗明义表明自己的观点外,中间全部用典故来说理,其文云:"昔廉、蔺小国之臣,犹能相下;寇、贾仓卒武夫,屈节崇好;光武不问伯升之怨;齐侯不疑射钩之虏。"⑩ 此处多引用《左传》等先秦儒家典籍。

在《文心雕龙·通变》篇中,刘勰评述历代文风,其云商周之文"丽而

---

① 刘勰著,范文澜注:《文心雕龙注》,人民文学出版社,1958年,第699页。
② 刘勰著,范文澜注:《文心雕龙注》,人民文学出版社,1958年,第700页。
③ 刘勰著,范文澜注:《文心雕龙注》,人民文学出版社,1958年,第214页。
④ 刘勰著,范文澜注:《文心雕龙注》,人民文学出版社,1958年,第194页。
⑤ 王运熙:《刘勰对东汉文学的评价》见《王运熙文集》第3卷,上海古籍出版社,2012年,第251页。
⑥ 范文澜:《文心雕龙注》,人民文学出版社,1958年,第699页。
⑦ 萧统编,李善注:《文选》,中华书局,1977年,第589页。
⑧ 钟嵘著,曹旭笺注:《诗品集注》,上海古籍出版社,2011年,第489页。
⑨ 刘勰著,范文澜注:《文心雕龙注》,人民文学出版社,1958年,第700页。
⑩ 严可均:《全上古三代秦汉三国六朝文·全后汉文》卷九十四,中华书局,1958年,第979页。

雅"①，华实兼备，最符合理想。商周以后的文章过于华丽，所谓"楚汉侈而艳，魏晋浅而绮，宋初讹而新"②，其结果是文风浮靡，缺少风力。这里刘勰说"楚汉侈而艳"，谓《楚辞》艳丽，汉赋侈靡，是就楚汉文风的大趋势而言，是一种粗略的概括。实际上如上文所分析，东汉辞赋尽管还保留着奢靡之风，但从班固起就有所改变，这种改变是东汉的文章受到儒家经典文风的影响所致。

刘勰的《文心雕龙》评价东汉作家首列班固、张衡和蔡邕，认为他们的作品皆深受儒家经典的影响。其《史传》篇评班固《汉书》云："其十志该富，赞序弘丽，儒雅彬彬，信有余味。至于宗经矩圣之典，端绪丰赡之功……"对《汉书》的弘丽儒雅，大加肯定，并赞扬班固作史能宗经矩圣。《体性》云："孟坚雅懿，故裁密而思靡。"③认为班固的文章"儒雅""雅懿"，是因为其深受儒学和经书的影响。次评张衡。其《杂文》云："张衡《应间》，密而兼雅。"《体性》云："平子淹通，故虑周而藻密。"《才略》云："张衡通赡。"《夸饰》："至东都之比目，西京之海若，验理则理无不验，穷饰则饰犹未穷矣。又子云羽猎，鞭宓妃以饟屈原；张衡羽猎，困玄冥于朔野。"④由刘勰的评论可见，张衡的作品具有典雅、富赡、周密的特色。这种特色，特别是典雅、富赡这两点，与其博通典籍、熟悉经书有着密切的关系。最后评蔡邕。《诔碑》篇云：

自后汉以来，碑碣云起，才锋所断，莫高蔡邕。观杨赐之碑，骨鲠训典；《陈》《郭》二文，词无择言；《周》《胡》众碑，莫非清允。其叙事也该而要，其缀采也雅而泽。清辞转而不穷，巧义出而卓立。察其为才，自然而至矣。⑤

《才略》篇将张衡和蔡邕并列，其云："张衡通赡，蔡邕精雅，文史彬彬，隔世相望：是则竹柏异心而同质，金玉殊质而皆宝也。"⑥这里刘勰不但对蔡邕的文章评价甚高，特别指出了蔡邕的文章"骨鲠训典"的特点，即蔡文往往渊源于经书。值得注意的是陈留文人潘勖的文章亦有此倾向，刘勰在《风骨》篇云："昔潘勖锡魏，思摹经典，群才韬笔，乃其骨髓峻也。"⑦《才略》

---

① 刘勰著，范文澜注：《文心雕龙注》，人民文学出版社，1958年，第520页。
② 刘勰著，范文澜注：《文心雕龙注》，人民文学出版社，1958年，第520页。
③ 刘勰著，范文澜注：《文心雕龙注》，人民文学出版社，1958年，第506页。
④ 刘勰著，范文澜注：《文心雕龙注》，人民文学出版社，1958年，第609页。
⑤ 刘勰著，范文澜注：《文心雕龙注》，人民文学出版社，1958年，第214页。
⑥ 刘勰著，范文澜注：《文心雕龙注》，人民文学出版社，1958年，第699页。
⑦ 刘勰著，范文澜注：《文心雕龙注》，人民文学出版社，1958年，第513页。

篇评论潘勖云："潘勖凭经以骋才,故绝群于九锡;"①《诏策》云:"潘勖《九锡》,典雅逸群。"刘勰对潘文评价极高,誉为"逸群",并且指出其文的特点是"思摹经典",即在于它构思行文上刻意摹仿经书。刘勰大力提倡班固、张衡、蔡邕、潘勖等人的文风,意在矫正楚汉以来的浮靡文风。为了矫正这种文风,他大力提倡宗经,他认为为文应当"熔铸经典之范,翔集子史之术"②,而陈留蔡邕文章的"吐纳典谟";潘勖文章的"思摹经典";阮瑀文章的"平典不失古体"③;路粹文章的"颇怀笔记之工",恰好起到了这种作用。陈留文人在散文创作上熔铸经典,而经典的风格是"典雅者,镕式经诰,方轨儒门者也"④,即陈留文人文章的总体风格是典雅。陈留文人典雅的文风对其时的文坛有重要意义,对于纠正汉末"降及灵帝,时好辞制,造羲皇之书,开鸿都之赋,而乐松之徒,召集浅陋……"⑤的文坛风气,起到了一定的作用。正如王运熙先生所指出的:"刘勰认为,只有向经书学习,才能扭转时俗所崇尚的过于华艳浮靡的文风,做到既雅且丽,华实兼备,风骨与文采兼备。潘勖的《九锡文》在学习经书方面取得良好成绩,为转变文风提供了有益的借鉴,所以刘勰竭力予以赞扬。"⑥

总之,陈留文人熔铸经典的创作方式,以及由此形成的典雅文风,对后世影响极大。刘勰在《文心雕龙·事类》篇云:"观夫屈、宋属篇,号依诗人,虽引古事,而莫取旧辞……及扬雄《百官箴》,颇酌于《诗》、《书》;刘歆《遂出赋》,历叙于纪传:渐渐综采矣。至于崔班张蔡,遂捃摭经史,华实布濩,因书立功,皆后人之范式也。"⑦,此处的蔡即指陈留文人蔡邕。

---

① 刘勰著,范文澜注:《文心雕龙注》,人民文学出版社,1958年,第699页。
② 刘勰著,范文澜注:《文心雕龙注》,人民文学出版社,1958年,第514页。
③ 钟嵘著,曹旭笺注:《诗品集注》,上海古籍出版社,2011年,第489页。
④ 刘勰著,范文澜注:《文心雕龙注》,人民文学出版社,1958年,第505页。
⑤ 刘勰著,范文澜注:《文心雕龙注》,人民文学出版社,1958年,第673页。
⑥ 王运熙:《刘勰对东汉文学的评价》《王运熙文集》第3卷,上海古籍出版社,2012年,第253页。
⑦ 刘勰著,范文澜注:《文心雕龙注》,人民文学出版社,1958年,第615页。

第二节　东汉陈留的史学与散文创作

一、东汉陈留地区史学的兴盛

首先，陈留的史学风气多受外来史家的沾溉。东汉以来，陈留多有史学家活动的足迹。东汉前期，马援的侄子马严，少时"专心坟典，能通《春秋左氏》"①。明帝永平年间"显宗召见，严进对闲雅，意甚异之，有诏留仁寿闼，与校书郎杜抚、班固等杂定《建武注记》。"②马严虽出身外戚阶层，但其闲雅的仪态，深厚的学养引起了明帝的青睐，特诏其与班固等共修《建武注记》即是对其史学素养的肯定。章帝"（建初）二年（77），拜陈留太守"③，史称马严为能吏，"严下车，明赏罚，发奸慝，郡界清静。"④除了政事外，古代地方官还有教化民众的职责，马严在陈留"典郡四年"⑤，概对陈留地区的文教事业颇为关注，而其深厚的史学素养概亦助长了陈留的习史风气。

其后安帝永初七年⑥（113），史学家班昭随其子曹成至陈留，萧统的《文选》卷九"纪行上"录有班昭的《东征赋》，其赋云："惟永初之有七兮，余随子乎东征……"李善注引《大家集》云："子谷为陈留长，大家随至官，作《东征赋》。"⑦《后汉书》卷八十四《列女传》章怀注："《三辅决录》曰：齐相子谷，颇随时俗。注云：曹成，寿之子也，司徒掾，察孝廉为长垣长。母为太后师，征拜中散大夫。子谷即成之字也。"⑧长垣是陈留属县，班昭之子此次即是出任长垣长。两汉时期，班氏一门以史学著称，涌现了班彪、班固和班昭三位史学家，且其家连续两代纂修汉史。东汉初年，班固继承父志，续写前史，至永元四年（92）班固卒时，《汉书》的"八表及天文志"尚未完写，

---

①　范晔：《后汉书》卷二十四《马援列传》，中华书局，1965年，第858页。
②　范晔：《后汉书》卷二十四《马援列传》，中华书局，1965年，第859页。
③　范晔：《后汉书》卷二十四《马援列传》，中华书局，1965年，第861页。
④　范晔：《后汉书》卷二十四《马援列传》，中华书局，1965年，第861页。
⑤　范晔：《后汉书》卷二十四《马援列传》，中华书局，1965年，第861页。
⑥　班昭至陈留的时间学界有争议，此处采用陆侃如说，见其《中古文学系年》，人民文学出版社，1985年，第138页。
⑦　萧统编，李善注：《文选》，中华书局，1977年，第144页。
⑧　范晔：《后汉书》卷八十四《列女传》，中华书局，1965年，第2787页。

"和帝诏昭就东观藏书阁以踵而成之。"① 班昭能够继踵乃兄编撰《汉书》，说明其史学功底不逊乃兄。且由班昭此前在东观修史时，"帝数招入宫，令皇后诸贵人师事焉，号曰'大家'"② 可以推测，班昭在陈留时期概亦有不少士人前去就学，此举推动了陈留地区士人的习史风气。

南阳朱穆"年五岁，便有孝称。""及壮耽学"③。元嘉元年（151），朱穆迁议郎，著作东观，撰《汉纪》，刘知几的《史通》卷十二《古今正史》载："至元嘉元年，复令太中大夫边韶，大军营司马崔寔，议郎朱穆、曹寿，杂作《孝穆崇二皇》及《顺烈皇后传》，又增《外戚传》入安思等后，《儒林传》入崔篆诸人……号曰《汉纪》。"④ 东观不仅是东汉的藏书中心，更是"经史研究的官方基地。"⑤ 朱穆能够与诸儒著作东观，则其经学、史学素养深厚。朱穆不但学养深厚，且为人亦清刚正直，所以深得陈留士人的赞许，其对陈留士人影响颇大。朱穆卒后，"蔡邕复及门人共述其体行，谥为文忠先生。"⑥ 此处蔡邕俨然以门人自居，并亲自为朱穆撰写了《鼎铭》和《坟前石碑》两篇碑铭文。蔡邕将修史作为自己的毕生追求，而朱穆是对其影响较大的人，朱穆的史家身份，对蔡邕走上史学之路有一定影响。

胡广字伯始，南郡华容人。初举孝廉"既到京师，试以章奏，安帝以广为天下第一。"⑦，拜尚书郎。后陈留郡郡守缺职，尚书史敞等推荐胡广，史书虽未明载胡广是否赴任，但说明了胡广与陈留有一定的渊源。值得注意的是胡广不但是东汉中后期的朝廷重臣，还是当时著名的学者，史书载其"谦虚温雅，博物洽闻，探赜穷理，《六经》典奥，旧章宪式，无所不览。"⑧ 其学术贡献之一是对汉代制度的整理，如《后汉书·舆服下》就记录了胡广对一些名物制度的见解，其中包括高山冠、进贤冠、法冠、武冠等。胡广文献整理的成果集中于《汉官解诂》，此书本为建武时期王隆所作《小学汉官篇》，胡广为该书作注后改名为《汉官解诂》，该书的正文基本亡佚，胡广的注释仍被后世研究者多有征引。

胡广对学术的另一贡献是将蔡邕引入史学的道路。东汉中晚期胡广作为朝

---

① 范晔：《后汉书》卷八十四《列女传》，中华书局，1965年，第2784-2785页。
② 范晔《后汉书》卷八十四《列女传》，中华书局，1965年，第2785页。
③ 范晔：《后汉书》卷四十三《朱乐何列传》，中华书局，1965年，第1461页。
④ 刘知几著，（清）浦起龙通释，王煦华整理：《史通通释》，上海古籍出版社，2009年，第317页。
⑤ 朱维铮：《班昭考》，《中华文史论丛》，2006年，第2期。
⑥ 范晔：《后汉书》卷四十三《朱乐何列传》，中华书局，1965年，第1473页。
⑦ 范晔：《后汉书》卷四十四《邓张徐张胡列传》，中华书局，1965年，第1505页。
⑧ 范晔：《后汉书》卷四十四《邓张徐张胡列传》，中华书局，1965年，第1508页。

廷重臣和著名学者,其声誉日隆,许多士人投拜其门下,蔡邕即是其门生之一。蔡邕在胡广门下求学时,胡广察觉蔡邕具备成为史学家的潜质,于是将自己积累多年的文献资料全部交付于蔡邕,蔡邕在其《戍边上章》中云:"臣自在布衣,常以为《汉书》十志,下尽王莽,而世祖以来,唯有纪传,无续志者。臣所师事故太傅胡广,知臣颇识其门户,略以所有旧事与臣,虽未备悉,粗见首尾。"① 其后,蔡邕校书东观,"与卢植、韩说等撰补《后汉记》"②,可以说蔡邕走上修史的道路少不了其师胡广的引导和支持。

再如吴郡无锡人高彪,初游太学,"后郡举孝廉,试经第一,除郎中,校书东观。"③ 需要指出的是除了校书外,"修史,主要是修撰当朝史迹。也是东观著作的重要工作。"④ 高彪能入东观校书,足见其史学素养颇深。其"后迁外黄令,帝敕同僚临送,祖于上东门,洛阳城东面北头门。诏东观画彪像以劝学者。"⑤ 高彪出任外黄令,灵帝诏东观为高彪画像,此举对士人有一定的劝勉作用。"彪到官,有德政,上书荐县人申徒蟠等。"⑥ 高彪到外黄县后,上书举荐外黄人申屠蟠,证明二人有交往。高彪身为其时知名经史学者,其任职陈留外黄县,某种意义来说会带动外黄士人的习经、习史风气。

其次,东汉中晚期的陈留地区涌现了多位史学家。陈留浚仪人边韶,以文章知名,"桓帝时,为临颍侯相,征拜太中大夫,著作东观。"⑦ 而其时"东观著作一个非常重要的工作就是修史,特别是本朝的历史。"⑧ 据刘知几的《史通》卷十二《古今正史》载:"至元嘉元年(151),复令太中大夫边韶,大军营司马崔寔,议郎朱穆、曹寿,杂作《孝穆崇二皇》及《顺烈皇后传》,又增《外戚传》入安思等后,《儒林传》入崔篆诸人……号曰《汉纪》。"⑨ 上述材料表明桓帝时期,在东观任职的有朱穆、崔寔、边韶、曹寿等人,但据学者研究,这一时期的东观著作文人"以边韶和崔寔为首"⑩,足见此时边韶在东观所起的重要作用。

---

① 邓安生:《蔡邕集编年校注》,河北教育出版社,2002年,第274页。
② 范晔:《后汉书》卷六十下《蔡邕列传》,中华书局,1965年,第2003页。
③ 范晔:《后汉书》卷八十下《文苑列传》,中华书局,1965年,第2650页。
④ 跃进:《东观著作的学术活动及其文学影响研究》,《文学遗产》,2004年,第1期。
⑤ 范晔:《后汉书》卷八十下《文苑列传》,中华书局,1965年,第2652页。
⑥ 范晔:《后汉书》卷八十下《文苑列传》,中华书局,1965年,第2652页。
⑦ 范晔:《后汉书》卷八十上《文苑列传》,中华书局,1965年,第2624页。
⑧ 跃进:《东观著作的学术活动及其文学影响研究》,《文学遗产》,2004年,第1期。
⑨ 刘知几著,浦起龙通释,王煦华整理:《史通通释》,上海古籍出版社,2009年,第317页。
⑩ 李建华:《东汉洛阳兰台、东观文人群体及其创作考论》,《古籍整理研究学刊》,2015年,第1期。

第四章 两汉时期陈留经史之学与散文风尚

陈留考城人仇览，少为诸生，后入太学。"览学毕归乡里，州郡并请，皆以疾辞。虽在宴居，必以礼自整。妻子有过，辄免冠自责。妻子庭谢，候览冠，乃敢升堂。家人莫见喜怒声色之异。后征方正，遇疾而卒。三子皆有文史才，少子玄，最知名。"① 从仇览学成后动静必依礼仪可知，其学者气质颇浓，又从其三子皆有"文史才"推知，其本人亦具文史才华。

陈留文士中史学素养较高的还有蔡邕及其叔父蔡质。蔡邕的叔父陈留圉县人蔡质，灵帝时曾官至尚书。蔡质不仅是位官员，还是一位学者，曾撰《汉官典职仪式》一书②，其史学素养对蔡邕有很深的影响。蔡邕早丧二亲，失祜后，蔡邕一直在叔父蔡质的庇护下生活，其在《与人书》中云："邕薄祜，早丧二亲，年逾三十，鬓发二色，叔父亲之，犹若幼童。居则侍坐，食则比豆。"③ 在叔父的影响下，少年的蔡邕就对史学产生了兴趣，《蔡邕别传》载"时在弱冠，始共读《左氏传》"④。其后蔡邕又师从名臣、史学家胡广，并且胡广将自己积累多年的文献资料全部交付于蔡邕，此举为蔡邕走上修史之路奠定了基础。建宁三年（170），蔡邕应司徒桥玄之辟出仕，后"出补河平长。召拜郎中，校书东观。"⑤ 东观是东汉中后期宫廷的藏书中心，任职其中的多为名儒硕学，谓之东观著作，而东观著作的职责之一即是撰修史书。据《通典·职官八》载："汉东京图书悉在东观，故使名儒硕学入直东观，撰述国史，谓之著作东观。"⑥ 蔡邕在东观前后九年，这期间蔡邕的主要工作是"与卢植、韩说等撰补《后汉记》"⑦，此即著名的《东观汉记》。《东观汉记》是暨《汉书》之后，对东汉历史的官方整理，其发轫于班固；安帝时在刘珍等人的手中初具规模；桓帝时曾命崔寔接续刘珍等人的修史工作；到灵帝、献帝时期，续修汉记之事再起，"熹平中，光禄大夫马日磾、议郎蔡邕、杨彪、卢植著作东观，接续纪传之可成者"⑧，蔡邕作《灵纪》"又补诸列传四十二篇"⑨。不仅续作纪传，蔡邕还独自撰写史志，"别作《朝会》、《车服》二

---

① 范晔：《后汉书》卷七十六《循吏列传》，中华书局，1965年，第2481页。
② 蔡质：《汉官典职仪式》一书已亡佚，清孙星衍辑有《汉官典职仪式选用》，见《平津馆丛书》。
③ 邓安生：《蔡邕集编年校注》，河北教育出版社，2002年，第473页。
④ 王先谦：《后汉书集解》，广陵书社影印本，2006年，第653页。
⑤ 范晔：《后汉书》卷六十下《蔡邕列传》，中华书局，1965年，第1990页。
⑥ 杜佑：《通典》卷二十六"职官"八，浙江古籍出版社，2000年，第155页。
⑦ 范晔：《后汉书》卷六十下《蔡邕列传》，中华书局，1965年，第2003页。
⑧ 刘知己著，浦起龙通释，王煦华整理：《史通通释》，上海古籍出版社，2009年，第317页。
⑨ 范晔：《后汉书》卷六十下《蔡邕列传》，中华书局，1965年，第2007页。

志。"① 其后又陆续撰成"十志"。"修史之难，无出于志"②，这是古代史家的共识。本次修史活动蔡邕是主导。

在这项史学工程中（《东观汉记》的撰写），蔡邕不是以一般的执笔者侧身其役，而是充当了这项工程的主要构筑者。他对于书中的纪、传都曾继踵前人，有所开拓。但最值得令人推重的，是他撰写的十志。③

然史书编纂未竟，蔡邕却因事髡徙朔方。在被贬边地期间，他仍以修史为念，在《戍边上章》中上奏云："臣初被考逮，妻子迸窜，亡失文书，无所按请，……被沥愚情，愿下东观，推求诸奏，参以玺书，以补缀遗阙，诏明国体。章闻之后，虽肝脑流离，白骨剖破，无所复恨。"④ 被贬边地却仍以修史为念，对此胡三省评论道："初，邕徙朔方，自徙中上书，乞续《汉书》诸志，盖其所学所志者在此。"⑤ 蔡邕终生之志趣可见。除奏章外，随此次上奏的还有"十志"。"邕前在东观，与卢植、韩说等撰补《后汉记》，会遭事流离，不及得成，因上书自陈，奏其所著十意（十志），分别首目，连置章左。"⑥ 关于蔡邕所撰"十志"的篇名，吴树平先生认为可考的有七篇，分别是《律历志》《礼乐志》《郊祀志》《天文志》《地理志》《车服志》《朝会志》⑦。蔡邕所撰述的"十志"虽因汉末动乱有所遗失，但部分仍保留在司马彪的《续汉书》和谢沈的《后汉书》中，梁刘昭的《注补续汉书八志序》中云：

至乎永平，执简东观，纪传虽显，书志未闻。……自蔡邕大弘鸣条，实多绍宣。……于是应（劭）谯（周）缵其业，董巴袭其轨。司马（彪）续（汉）书，总为八志，《律》历之篇，仍乎（刘）洪（蔡）邕所构，《车服》之本，即依董（巴）蔡（邕）所立……⑧

可见蔡邕的十志在后世亦有流传。从边地被赦后，蔡邕又因触怒权贵，流亡吴中十二年。后因董卓征召，勉强出仕拜左中郎将。及董卓被诛后，蔡邕因同情董卓而被司徒王允收捕下狱。在狱中蔡邕"乞黥首刖足，继成汉史。"⑨ 死前仍以续修汉史为念，太尉马日磾恳请王允惜其才云："伯喈旷世逸才，多

---

① 刘知己著，浦起龙通释，王煦华整理：《史通通释》，上海古籍出版社，2009年，第317页。
② 刘知己著，浦起龙通释，王煦华整理：《史通通释》，上海古籍出版社，2009年，第330页。
③ 吴树平：《秦汉文献研究》，齐鲁书社，1988年，第172页。
④ 邓安生：《蔡邕集编年校注》，河北教育出版社，2002年，第275页。
⑤ 司马光编，胡三省注：《资治通鉴》，中华书局，2011年，1976页。
⑥ 范晔：《后汉书》卷六十下《蔡邕列传》，中华书局，1965年，第2003页。
⑦ 吴树平：《秦汉文献研究》，齐鲁书社，1988年，第184页。
⑧ 严可均：《全上古三代秦汉三国六朝文》，中华书局，1958年，第3323页。
⑨ 范晔：《后汉书》卷六十下《蔡邕列传》，中华书局，1965年，第2006页。

识汉事，当续成后史，为一代大典。"① 王允不允，遂死狱中。马日䃅对蔡邕才学的评价说明其史学家的身份早已得到当时士人的肯定。其死时"缙绅诸儒莫不流涕。北海郑玄闻而叹曰：'汉世之事，谁与正之'"② 郑玄对蔡邕之死的痛惜，说明其时蔡邕续修汉史是众望所归。

最后，陈留古迹众多的人文环境为士人习史提供了外部环境。陈留地区人文环境的特点是历史文化积淀深厚。夏商时期，此地为夏的属国葛国的领地；西周时分封于此地的诸侯国有宋、卫、杞等；战国晚期以后陈留地区被魏国占据，并且魏国还迁都于此，足见其地理位置的重要。在《汉书·地理志上》陈留郡下载其有属县浚仪，颜师古注曰："浚仪，故大梁，魏惠王自安邑徙此。"③ 因魏国的都城在此，且两汉上距战国未远，所以陈留地区留存的魏国的遗迹和轶事颇多。如魏国灭亡后，陈留地区还长久流传着信陵君的故事，"高祖始微少时，数闻公子贤。及即天子位，每过大梁，常祠公子。"④ 直至秦汉之际，陈留父老仍对信陵君的故事口耳相传，以至于高祖"数闻公子贤"，足见陈留地区的历史积淀对该地的影响。再如司马迁在《史记·魏公子列传》中云："吾过大梁之墟，求问其所谓夷门。"⑤ 到西汉中期时仍有大梁的故墟遗存，则陈留多魏国的历史遗迹可知。

此外，陈留又是战略要地，秦末农民起义时，起义军和秦军曾力战于此，"沛公、项羽乃攻定陶。定陶未下，去，西略地至雍丘，大破秦军，斩李由。还攻外黄……"⑥ 其中的雍丘、外黄皆是陈留地名。秦亡以后，项羽和刘邦又在陈留附近的荥阳对峙三年，此即著名的荥阳相持，所以陈留及其附近又多楚汉战争的历史遗迹。

总之，深厚的历史积淀再加上众多的历史遗迹，其影响了陈留地区士人的学术偏好，使得陈留的史学颇为发达，仅汉魏时期陈留就产生了张苍、边韶、蔡质、蔡邕、苏林等众多知名史学家，陈留地区也逐渐形成了尚史学的传统。崇尚史学的传统加上众多的历史古迹，使得后世的陈留士人在登临古迹时，时常借古讽今、借古抒怀。如阮籍"尝登广武，观楚汉战处，叹曰：'时无英

---

① 范晔：《后汉书》卷六十下《蔡邕列传》，中华书局，1965年，第2006页。
② 范晔：《后汉书》卷六十下《蔡邕列传》，中华书局，1965年，第2006页。
③ 班固：《汉书》卷二十八上《地理志上》，中华书局，1962年，第1559页。
④ 司马迁：《史记》卷七十七《魏公子列传》，中华书局，1959年，第2385页。
⑤ 司马迁：《史记》卷七十七《魏公子列传》，中华书局，1959年，第2385页。
⑥ 司马迁：《史记》卷七《项羽本纪》，中华书局，1959年，第302页。

雄，使竖子成名！'"① 又"登武牢山，望京邑而叹，于是赋《豪杰诗》。"②足见陈留厚重的历史、古迹的众多对士人习史传统影响极大。

二、史学氛围影响下陈留文人的碑铭文创作

东汉时期陈留的史学氛围浓厚，史学的发达对该地的文学创作产生了一定的影响，这种影响集中体现在蔡邕身上，尤其是蔡邕的的碑铭文，某种程度上可以说是史学的产物。史学对蔡邕碑铭文的影响主要体现在以下方面。

（一）蔡邕用创作史传的方法来撰写碑文

碑文是一种记述碑主生平功德，彰显立碑者哀悼之情的文体，由"序"（碑志）和"文"（碑铭）两部分组成，"序"用于记事，多为散体，"文"用于颂赞，多为韵文。"序"一般先叙述碑主名讳、世系等；再叙述碑主的懿德景行、仕宦经历；最后写明碑主的卒葬之事、以及树碑之义等事项。由于其是对碑主整个生平经历的记载，颇似史书的人物传记，所以古人认为碑文的撰写者应具史才，如刘勰云："夫属碑之体，资乎史才。其序则传，其文则铭。"③刘勰认为散体之碑"序"即为史传，押韵之碑"文"则是铭，虽其观点值得商榷，但亦反映碑文和史传确有相似性。陈留文人史学素养颇高，其撰写的碑文与史传颇多类似，如蔡邕的碑铭文即是如此。

其一，蔡邕将史传的叙事手法运用到碑文中。碑文和史传虽有相似性，但并非完全等同。史传以叙事为主，且注重叙事的真实与全面，所谓"夫国史之美者，以叙事为工"④。而碑文却不以纯粹的叙事为主，更不追求叙事的全面，"盖碑序所叙生平，以形容为主，不宜据事直书，琐屑毕陈"⑤。碑文应以描写为主，须突出碑主的功德，所谓"标序盛德，必见清风之华。"⑥ 虽碑文和史传各有侧重，但作为史学家的蔡邕在创作碑文时不时流露出其长于叙事的史学创作习惯，用碑文来叙述碑主的全部生平事迹，且力求真实。碑文与史传相似，加之蔡邕的史才，"伯喈既专门史学，又长于辞赋，故论碑者，咸推其为巨擘焉。"⑦ 蔡邕的史学素养对其碑文创作上影响极大。如蔡邕的《故太尉

---

① 房玄龄等：《晋书》，中华书局，1974年，第1361页。
② 房玄龄等：《晋书》，中华书局，1974年，第1361页。
③ 刘勰著，范文澜注：《文心雕龙注》，人民文学出版社，1958年，第214页。
④ 刘知己著，浦起龙通释，王煦华整理：《史通通释》，上海古籍出版社，2009年，第156页
⑤ 刘师培：《左庵文论》转引自詹瑛《文心雕龙义证》，上海古籍出版社，1989年，第457页。
⑥ 刘勰著，范文澜注：《文心雕龙注》，人民文学出版社，1958年，第214页。
⑦ 冉德昭：《蔡邕评传》，《励学》，1933年，第1期。

乔公庙碑》一文总共叙述了乔玄一生十多事，其详细程度则远超正史，如对于其荒年开仓赈济，监视桓帝同产渤海王刘悝等的记载可以补正史之阙。而其中耻于为梁不疑所辱而弃官；收考上邽令皇甫祯；奏免盖升等三事更是与《后汉书》本传吻合。由此可知蔡邕是以撰写史传的方法来撰写碑文，力求叙事的全面和真实。史传叙事除了要全面、真实外，还要选取最能体现人物性格特征的材料作为重点的描绘，而蔡邕碑文亦体现了此点，如其《胡公碑》，文中蔡邕历叙胡广的家世、仕宦经历；最后则写胡广"于时春秋高矣。继亲在堂，朝夕定省，不违子道。旁无几杖，言不称老。"[①] 文中将对胡广的描写落在至孝上，则胡广至孝的品格则大略可知。此则材料后来被范晔抄录入《后汉书·胡广传》，史家直接将蔡邕碑文录入正史，则其碑文的真实性可知。总之，作为史学家，蔡邕撰写的部分碑文明显带有史传的叙事意味，且其叙事注重全面和真实，蔡邕碑文的叙事性正如刘师培先生所云："综观伯喈之碑文，有全叙事实者，如《胡广碑》；有就大节立言者，如《范丹碑》；有叙古人之事者，如《王子乔碑》。"[②]

其二，史学家的眼光使得蔡邕在创作碑文时善于谋篇和剪裁。蔡邕所作的碑文，往往一人数篇，比如胡广、陈寔碑等，如何既尊重事实又避免雷同，则布局谋篇显得尤为重要。考察蔡邕的此类创作，虽一人数碑，却各有侧重。如《陈太丘碑》共有两篇，两篇虽同叙事实，但一详生前（《陈太丘碑》一），一详死后（《陈太丘碑》二），同写一人而内容全然不同，这是蔡邕善于谋篇的体现。另碑序是对碑主生平事迹的记述，虽要求完备，但亦无须琐屑毕陈。蔡邕作为史学家，善于剪裁，其在撰写碑文时"往往借鉴史传的写法，截取最有代表性的特征来突出碑主的品行"。[③] 比如乔玄一生值得称述之事颇多，但蔡邕在《故太尉乔公庙碑》一文略写他事，却选取最能体现乔玄品格的奏免盖升一事作详细描写。乔玄不顾盖升与灵帝有旧，接连上表奏免盖升，为将盖升绳之以法不惜触犯天威，则其不畏强权的品格跃然纸上。

其三，蔡邕常借用史传的手法来塑造碑主的形象。人物形象多见诸史传或文学作品中，用细节来刻画人物更是史传文学的重要手法。而"碑铭所追求的是庄重典雅，原本没有描写人物真实形象的余地"。[④] 但蔡邕作为撰写"《灵帝纪》及列传四十二篇"[⑤] 的史学家深谙人物传记的创作方法，并将此用之于

---

① 邓安生：《蔡邕集编年校注》，河北教育出版社，2002年，第161页。
② 刘师培：《左庵文论》，转引自詹锳《文心雕龙义证》，上海古籍出版社，1989年，第454页。
③ 陈海燕：《蔡邕研究》，清华大学出版社，2013年，第138页。
④ 后藤秋正：《蔡邕童幼胡根碑铭与哀辞》，《佳木斯师专学报》，1996年，第3期。
⑤ 范晔：《后汉书》卷六十《蔡邕列传》，中华书局，1965年，第2007页。

碑铭创作，以至于其在碑文中刻画了许多生动的碑主形象。在刻画碑主形象上，蔡邕善于选取最能体现碑主性格特征的细节来塑造人物。如在《故太尉乔公庙碑》一文为表现乔玄"达于事情、剖断不疑"的品质，蔡邕记述了乔玄在凉州太守任上的一事，"又值馑荒，诸郡饥馁，公开仓廪以贷救其命。主者以旧典宜先请，公曰：'若先请，民已死。'讫乃上之。"① 寥寥数笔，而乔玄忧心民瘼、权变于事的形象呼之欲出。再如《陈留太守胡公碑》中描写胡硕：

是年遭疾，屡上印绶，诏书听许，以侍中养疾。其年七月，被尚书召，不任应命。诏使谒者刘悝赍印绶，即拜陈留太守。君闻使者至，加朝服拖绅，使者致诏，君以手自系，陈辞谢恩。②

晚年胡硕以侍中之职居家养病，平时燕服，听闻使者至，即使有疾不便，但仍然"加朝服拖绅"以示恭敬，此处的细节描写，突显了碑主温恭笃礼的形象。

其四，蔡邕多采用"互见法"和"春秋笔法"来撰述碑主的事迹。"互见法"和"春秋笔法"是史书常用的创作手法，作为史学家的蔡邕亦时常将此种手法运用到碑文的创作中。古代碑刻名目繁多"更因立碑之地不同，而名称亦随之而异。……故蔡邕为碑文，常一人数篇，殆以此也。"③ 在一人数碑的情况下，蔡邕的碑文却每篇侧重一个方面，将其生平经历和功劳德行分配到不同的篇章中，如此每篇看似独立，却又统为一体。如蔡邕的恩师胡广就有三碑，一碑详在叙述其生平经历，偏重叙事（《胡公碑》）；一碑重在述其德行，侧重描写（《胡太傅碑》）；一碑重其德行学问，叙议相间（《太傅安乐乡文恭侯胡公碑》）。三碑各有侧重，看似独立，却互为表里，分可以单独成篇，合则可以相互补充，颇存史传"互见"之法，体现出史学家构思的匠心。另外，蔡邕的碑文时有运用"春秋笔法"，如其在《故太尉乔公庙碑》记载了乔玄奏免盖升一事，盖升在郡受取数亿以上，乔玄上奏盖升"'贪放狼籍，不顾天网'……连表上不纳，而升迁为侍中。"④ 盖升为汉灵帝的故交，贪赃受贿数亿以上，不但没有受到惩处，反而升为侍中，这里仅用"连表上不纳，而升迁为侍中"一句，"作者在称赞乔玄的刚直的同时，借势加以揭露，矛头直指最高统治者，这在当时是难能可贵的，像这一类的'春秋笔法'在蔡邕所

---

① 邓安生：《蔡邕集编年校注》，河北教育出版社，2002年，第316页。
② 邓安生：《蔡邕集编年校注》，河北教育出版社，2002年，第117页。
③ 冉德昭：《蔡邕评传》，《励学》，1933年，第1期。
④ 邓安生：《蔡邕集编年校注》，河北教育出版社，2002年，第317页。

作的碑铭中并不少见。"①

(二) 蔡邕的碑文善于用典语言简要

蔡邕的史学素养体现在其碑文的诸多方面，具体来说，就内容而言，体现在其碑文的叙事性上。就形式而言，则体现在其对材料和语言的驾驭上。

其一，史学家的博通特质使得蔡邕在创作碑文时多用典故。东汉的文人多兼学者的身份，所以其创作时引经据典已经成为一种时代风气，正如刘勰在《文心雕龙·事类》篇云："及扬雄百官箴，颇酌于诗书；刘歆遂初赋，历叙于纪传，渐渐综采矣。至于崔、班、张、蔡，遂捃摭经史，华实布濩，因书立功，皆后人之范式也。"② 刘勰指出从扬雄、刘歆开始博采经书中的典故，到了班固、蔡邕等人更是将引用的范围扩大到史书，究其原因则是班固、蔡邕的史学家身份。史学家在修史时需博览群书，正如刘勰在《文心雕龙·史传》认为"原夫载籍之作也，必贯乎百氏"③。其在创作碑文时，亦受史家博通的影响，多用典故。如蔡邕的《琅琊王傅蔡朗碑》在叙述蔡朗的闲居生活时云："以《鲁诗》教授，生徒云集，莫不自远并至。栖迟不易其志，单食曲肱，不改其乐，心栖清虚之域，行在玉石之间。"④ 这里的"栖迟不易其志"句，邓安生先生认为"栖迟"下脱去"衡门"二字⑤，其原句应为"栖迟衡门，不易其志；单食曲肱，不改其乐"而"栖迟衡门"即化用了《诗经·陈风·衡门》中的"衡门之下，可以栖迟"的典故；"单食曲肱，不改其乐"即化用了《论语·雍也》中的"一箪食，一瓢饮，人不堪其忧，回也不改其乐，贤哉回也"和《论语·述而》中的"饭疏食，饮水，曲肱而枕之，乐亦在其中矣"的典故。这三个典故都形象地表现了蔡朗安贫乐道的形象。再如《陈太丘碑》（一）写陈寔在乡里的为人时云："於乡党则恂恂焉，彬彬焉，善诱善导，仁而爱人，使夫少长咸安怀之。"⑥ "於乡党则恂恂焉"化用了《论语·乡党》中的"孔子于乡党，恂恂如也，似不能言者。"突出陈寔在乡里的恭敬之貌；"使夫少长咸安怀之"出自《论语·公冶长》："子曰：'老者安之，朋友信之，少者怀之'"，表现了陈寔在乡里的威望。因为蔡邕所用典故多出自《尚书》《诗经》和《左传》，所以钱基博先生认为蔡邕的文章"大抵以《书》之

---

① 邓安生：《蔡邕的思想与文化成就》《天津师大学报》，1999年，第5期。
② 刘勰著，范文澜注：《文心雕龙注》，人民文学出版社，1958年，第615页。
③ 刘勰著，范文澜注：《文心雕龙注》，人民文学出版社，1958年，第286页。
④ 邓安生：《蔡邕集编年校注》，河北教育出版社，2002年，第7页。
⑤ 邓安生：《蔡邕集编年校注》，河北教育出版社，2002年，第10页。
⑥ 邓安生：《蔡邕集编年校注》，河北教育出版社，2002年，第375页。

端凝植其骨，以《诗》之安和植其节，以《左氏》之整暇调其机。"① 其见解尤为深刻。

其二，史书力求简要的撰写准则使得蔡邕的碑文叙事简要。史书的撰写要求简要，所谓"夫国史之美者，以叙事为工，而叙事之工者，以简要为主。"② 蔡邕作为史学家深谙简要之道，并将其运用到碑文的创作中。其碑文的简要主要体现在叙事精炼上。具体来说是概括笔法的运用上。如《陈太丘碑》（一）中蔡邕将陈寔的一生经历概括为：

> 四为郡功曹，五辟豫州，六辟三府，再辟大将军，宰闻喜半岁，太丘一年。……会遭党事，禁锢二十年，乐天知命，澹然自逸，交不诣上，爱不黩下，见机而作，不俟终日。③

其中"四为""五辟""六辟""半岁""一年"，极为简要地概括了陈寔的仕宦经历；接着概括其在党锢之祸中的遭遇和态度，寥寥数语就叙尽陈寔一生。再如《太傅安乐乡文恭候胡广碑》言胡广：

> 五蹈九列，七统三事，谅闇之际，三据冢宰。和神人于宗伯，治水土于下臺，训五品于司徒，耀三辰于上阶，光弼六世，历载三十。自汉兴以来，鼎臣元辅，耄耋老成，勋被万方，与禄终始，未有若公者焉。④

此数句将胡广仕宦经历包举无余，用笔何等简括。又辅以议论，尤为精允。蔡邕作为史学家其碑文多简要之作，正如刘勰所云："自后汉以来，碑碣云起。才锋所断，莫高蔡邕。……其叙事也该而要，其缀采也雅而泽。清词转而不穷，巧义出而卓立；察其为才，自然而至矣。"⑤ 此处的"其叙事也该而要"即称赞蔡邕的碑文叙事全面又简练，詹瑛解释云："碑文不如史传详尽，但也不能遗漏太多，因此必须精要。"⑥ 近代学者冉德昭评论蔡邕的碑文之间简洁云："伯喈最善叙事，遣辞与命意俱能烦省合度，锤炼工整，所谓'文约而事丰'者也。"⑦

蔡邕一生虽在诸多领域皆有建树，但纵观蔡邕的仕途履历和人生追求，其更是一名史学家。随着东汉末年碑文创作的兴起，蔡邕亦参与到碑文创作的热潮中，虽然碑文文辞的典雅要求其作者具有较高的文学素养，但碑序与史传相

---

① 钱基博：《中国文学史》，中华书局，1993年，第110页。
② 刘知己著，浦起龙通释，王煦华整理：《史通通释》，上海古籍出版社，2009年，第156页
③ 邓安生：《蔡邕集编年校注》，河北教育出版社，2002年，第375页。
④ 邓安生：《蔡邕集编年校注》，河北教育出版社，2002年，第153页。
⑤ 刘勰著，范文澜注：《文心雕龙注》，人民文学出版社，1958年，第214页。
⑥ 詹瑛：《文心雕龙义证》，上海古籍出版社，1989年，第453页。
⑦ 冉德昭：《蔡邕评传》，《励学》，1933年，第1期。

似的文体特征则需其创作者具有史学素养，蔡邕则兼文学家和史学家于一身，而史学家长于人物传记的创作习惯使得蔡邕在创作碑文时仍以叙事和刻画人物形象为长；史学家善于剪裁的素养使其所作碑文善于选材；史学家秉笔直书的史学的原则使得其笔下碑主的行迹多合于正史；史学家常用的"互见法"和"春秋笔法"亦被蔡邕用来撰述碑主的事迹。而史书对语言的要求又使得其碑文叙事简要语言简洁，总之，蔡邕的碑文之所以能取得极高的成就即得益于其史学素养。黄侃先生在《中国文学概谈》一文中极力称赏蔡邕的碑文，认为"《史记》《汉书》，尚未纯粹。质言之，班较胜马。至《汉书》以下之文，陈陈相因，四字一句，此种体裁，实出自议碑。而议碑则以蔡邕为主，其后范蔚宗以碑为史，韩退之以史为碑，盖范受蔡之碑版影响也。"① 黄侃先生认为其后范晔的《后汉书》以碑为史和韩愈的以史为碑皆源自蔡邕，亦反映出蔡邕碑文以史为碑的特点。而蔡邕碑文以史为碑的特点正是源于其史学家身份的影响，并且蔡邕以史为碑对后世影响极其深远，唐代韩愈的碑文亦呈现以史为碑的倾向，考其滥觞，则起于蔡邕。

除了蔡邕外，陈留其他文人的碑铭文创作也深受该地史学氛围的影响，如边韶。边韶陈留浚仪人，既是著名的文人，擅长辞赋，其事迹列入《后汉书·文苑传》中，同时又是著名的历史学家，是史书《东观汉记》的编纂者之一。由于边韶是史学家，故对老子的生平事迹较为熟悉。延熹八年（165）年八月，汉桓帝夜梦老子而生祭祀老子之愿，其时，边韶任陈相，奉命作《老子铭》。边韶的《老子铭》前的序文有五百八十个字，而铭文却只有二百一十六字。且从史料的角度来看，其序文确类传记，且记事性的序文较之赞颂性的铭文要重要得多。其序文可以分为几层，首先，作者介绍了老子其人，并对老子故里做了更细致的确定。《史记·老子韩非列传》仅言："老子者，楚苦县厉乡曲仁里人也。"② 边韶其文曰：

老子姓李，字伯阳，楚相县人也。春秋之后，周分为二，称东西君。晋六卿专征，与齐、楚立并僭号为王。以大并小，相县虚荒。今属苦，故城犹在，在赖乡之东，涡水处其阳。③

"在赖乡之东，涡水处其阳。"标明了老子故里曲仁里的确切位置。其次，简要地叙述了老子的生平事迹，指明孔子问礼于老子的具体时间。

老子为周守藏室史，当幽王时，三川实震，以夏、殷之季，阴阳之事，鉴

---

① 黄侃：《文心雕龙札记》，中华书局，2006年，第294页。
② 司马迁：《史记》卷六十三《老子韩非列传》，中华书局，1959年，第2139页。
③ 严可均：《全上古三代秦汉三国六朝文》，中华书局，1958年，第813页。

喻时王。孔子以周灵王二十年生,到景王十年,年十有七,学礼于老聃。计其年纪,聃时已二百馀岁。聃然,老旄之貌也。孔子卒后百二十九年,或谓周大史儋为老子,莫知其所终。①

文中指出孔子问礼于老子的具体时间是周景王十年（前535）,且对于老子所著道德二篇的主旨也以数语点出。总之,本篇序文正如有的学者所指出的:"边韶的《老子铭》是继司马迁之后,又一位史学家以史笔撰写的'老子评传',是研究历史上老子和道教早期发展史的重要遗文。对我们考证真实的老子,老子出生地……都具有不容低估的重要性。"② 足见史学素养对边韶文学创作的影响。

---

① 严可均:《全上古三代秦汉三国六朝文》,中华书局,1958年,第813页。
② 韩秉方:《老子铭》,《江西社会科学》,2002年,第1期。

第五章 陈留文人群体的辞赋创作

辞赋是有汉一代文学样式的代表。陈留文人在东汉晚期文坛上颇具实力，其在辞赋创作上也成就斐然。马积高先生在《赋史》中将边让、蔡邕和赵壹三人列为东汉晚期辞赋的代表作家，其中边让、蔡邕两位皆属于陈留人，由此可见东汉晚期陈留地区辞赋创作的繁荣。

第一节 陈留文人辞赋创作题材上的新变

东汉晚期陈留文人的辞赋创作不但成就颇高，而且其创作还体现出新变的趋势，其辞赋创作的新变首先体现在题材的变化上。

一、批判现实色彩增强

东汉的朝政，在和帝时已露出衰乱的端倪，到安帝、顺帝时衰颓之象日显，到桓帝、灵帝时，其覆亡之势终成。当时宦官把持朝政，士大夫危言抗行，互通声气，抨击朝政，遂成"党锢之祸"。

文学与政治关系密切，东汉晚期士人对朝政的抨击，也体现在辞赋创作中。正如马积高先生所指出的："东汉晚期的赋同前两个阶段相比，特别是同东汉前期相比，有着显著的变化：抨击朝政、揭露矛盾的作品增多，而且有的作品感情甚为愤激。边让的《章华台赋》、赵壹《刺世疾邪赋》和蔡邕的《述行赋》，即是其中的代表。"[①] 边让的《章华台赋》假托伍举劝谏楚灵王罢女乐，堕瑶台。作者的讽刺之意在序中就有体现："于是遂作章华之台，筑乾谿之室，穷木土之技，单珍府之实，举国营之，数年乃成。设长夜之淫宴，作北

---

① 马积高：《赋史》，上海古籍出版社，1987年，第126页。

里之新声。"① 接着作者描写了楚灵王在章华台建成后的享乐生活，其云：

设长夜之欢饮兮，展中情之燕婉。竭四海之妙珍兮，尽生人之秘玩。尔乃携窈窕，从好仇，径肉林，登糟丘，兰肴山竦，椒酒渊流。激玄醴于清池兮，靡微风而行舟。登瑶台以回望兮，冀弥日而消忧。②

这里将楚灵王比作商纣王，其讽刺的意图颇为明显。有学者认为"这基本是寓言"③。据《后汉书·桓帝纪》载："桓帝好音乐，善琴笙，饰芳林而考濯龙之宫，设华盖以祠浮屠、老子"④。又《后汉书·灵帝纪》载："是岁（光和三年，180）作毕圭、灵昆苑。"李贤注："毕圭苑有二，东毕圭苑周一千五百步，中有鱼梁台，西毕圭苑周三千三百步，并在洛阳宣平门外也。"⑤又光和四年（181），"是岁帝作列肆于后宫，使诸采女贩卖，更相盗窃争斗。帝著商估服，饮宴为乐。又于西园弄狗，著进贤冠，带绶。又驾四驴，帝躬自操辔，驱驰周旋，京师转相放效。"⑥则桓帝、灵帝皆有大起宫室和淫乐之事，所以有学者认为，"边让此赋，当是针对现实而发"。⑦

同期陈留文人批评时政的作品还有蔡邕的《述行赋》。本篇作品作于桓帝延熹二年，其时桓帝与单超等五位宦官合谋诛杀外戚梁冀，因为宦官在此次事件中居功甚伟，所以单超等五人同日封侯，人称"五侯"，从此东汉开启了"五侯"擅权的时代。"五侯"之一的徐璜听闻蔡邕善于鼓琴，即令陈留太守派遣其来京城。蔡邕不得已，就从故乡陈留出发，前往京师，《述行赋》即描写途中的见闻和感想。蔡邕此赋大体可以分为两段，前段偏重于吊古，后段侧重于讽今。陈留到偃师，所经多前朝故地，历史遗迹甚多，蔡邕每到一地就联想起与当地相关的典故。在大梁，作者联想起信陵君窃符救赵的故事，不过蔡邕在此对信陵君并非持赞颂态度，而是批评他矫诏发兵，不遵君命，其辞云："夕宿余于大梁兮，诮无忌之称神。哀晋鄙之无辜兮，忿朱亥之篡军。"⑧到中牟，作者想起春秋时期背叛赵简子的中牟宰佛肸，认为他丧失臣节，其辞云："历中牟之旧城兮，憎佛肸之不臣。"⑨接着蔡邕到达了管城，管城此前曾是管叔的封地，周王朝把管叔封在那里是为了监视殷商遗民，管叔却协同武庚反叛

---

① 费振刚，胡双宝，宗明华：《全汉赋》，北京大学出版社，1997年，第559页。
② 费振刚，胡双宝，宗明华：《全汉赋》，北京大学出版社，1997年，第559页。
③ 马积高：《赋史》，上海古籍出版社，1987年，第129页。
④ 范晔：《后汉书》卷七《桓帝纪》，中华书局，1965年，第320页。
⑤ 范晔：《后汉书》卷八《灵帝纪》，中华书局，1965年，第345页。
⑥ 范晔：《后汉书》卷八《灵帝纪》，中华书局，1965年，第346页。
⑦ 马积高：《赋史》，上海古籍出版社，1987年，第130页。
⑧ 费振刚，胡双宝，宗明华：《全汉赋》，北京大学出版社，1997年，第566页。
⑨ 费振刚，胡双宝，宗明华：《全汉赋》，北京大学出版社，1997年，第566页。

周朝，最终被平息，其辞云："经圃田而瞰北境兮，晤卫康之封疆。迄管邑而增感叹兮，愠叔氏之启商。"① 如此蔡邕每到一地就叙述与当地有关的历史事件，并表达自己对此历史事件的态度，正如有的学者所总结的：

> 蔡邕《述行赋》列举的系列事件有一个主线，都是围绕君臣关系展开，其中多数是臣下背离、反叛君主。这正是桓帝朝面临的尖锐矛盾，即外戚、宦官的把持朝政。蔡邕基于这种现实，怀着深重的忧患意识，选取相关的历史事件，用以换取社会的关注。天下治乱是蔡邕创作《述行赋》时优先考虑的问题。②

《述行赋》的最后一段，描写最为精彩：

> 命仆夫其就驾兮，吾将往乎京邑。皇家赫而天居兮，万方徂而星集。贵宠煽以弥炽兮，佥守利而不戢。前车覆而未远兮，后乘驱而竞入。穷变巧于台榭兮，民露处而寝湿。消嘉穀于禽兽兮，下糠粃而无粒。弘宽裕于便辟兮，纠忠谏其侵急。怀伊吕而黜逐兮，道无因而获入。唐虞眇其既远兮，常俗生于积习。周道鞠为茂草兮，哀正路之日堙。③

此段"穷变巧于台榭兮""消嘉穀于禽兽兮"是对朝廷腐败、荒淫的揭露，"民露处而寝湿""下糠粃而无粒"是对百姓生活困苦的同情，特别是赋中将人民生活的困苦和统治者的荒淫对举，增强了辞赋的感染力。

总之，就东汉晚期辞赋三大家而言，虽然陈留边让的《章华台赋》和蔡邕的《述行赋》不如赵壹的《刺世疾邪赋》那样激切，但其反映现实的精神是一致的，而这种反映现实、批判现实的精神，在建安文人那里得到发扬，其后遂成为文学的主流精神。

二、女性描写增多

先秦时期，描写爱情婚姻的作品集中在《诗经》的十五国风和《楚辞·九歌》中。汉赋中较早涉及男女之情的是司马相如的《美人赋》，但作者在赋中充当的是被动的、"不好色"而且遵循礼教的角色，全篇通过对女性之美及女性对情爱的主动追求来反衬自己"不好色"的品德。然而这种倾向到东汉晚期陈留文人边让、蔡邕、阮瑀等人的辞赋中有了较大的变化。

虽然边让《章华台赋》的开头和序文有较为明显的讽刺意图，但赋的主

---

① 费振刚，胡双宝，宗明华：《全汉赋》，北京大学出版社，1997年，第566页。
② 李炳海：《跋涉遐路 感今思古——汉代纪实性述行赋品评》，《古典文学知识》，1999年，第3期。
③ 费振刚，胡双宝，宗明华：《全汉赋》，北京大学出版社，1997年，第567页。

体还是沿袭传统,即以铺陈舞、乐为主,所以其赋涉及了舞女描写,其辞云:

于是招宓妃,命湘娥,齐倡列,郑女罗。扬《激楚》之清宫兮,展新声而长歌。繁手超于北里,妙舞丽于《阳阿》。金石类聚,丝竹群分。被轻袿,曳华文,罗衣飘飘,组绮缤纷。纵轻躯以迅赴,若孤鹄之失群。振华袂以逶迤,若游龙之登云。于是欢嬿既洽,长夜向半,琴瑟易调,繁手改弹,清声发而响激,微音逝而流散。振弱支而纤绕兮,若绿蘩之垂干,忽飘飘以轻逝兮,似鸾飞于天汉。舞无常态,鼓无定节,寻声响应,修短靡跌。长袖奋而生风,清气激而绕结。尔乃妍媚递进,巧弄相加,俯仰异容,忽兮神化。体迅轻鸿,荣曜春华,进如浮云,退如激波。虽复柳惠,能不咨嗟![1]

本段描写歌舞,可谓穷形尽态,而对乐、舞的描写自然离不开舞者的身姿与歌喉,所以赋中涉及不少的女性描写。需要指出的是赋中的女性描写并非作者的独创,实际上作者是结合了自宋玉《高唐赋》《神女赋》与傅毅《舞赋》以来的女性描写及音乐舞蹈之美的艺术表现而成的,但笔法却更为轻灵流畅,女性形象亦更加生动。赋中描写舞女的服饰云:"被轻袿,曳华文,罗衣飘飘,组绮缤纷。"写其服饰颇为轻灵脱俗,仿佛若仙女落入凡间;其描写舞女的舞姿云:"振弱支而纤绕兮,若绿蘩之垂干,忽飘飘以轻逝兮,似鸾飞于天汉……长袖奋而生风,清气激而绕结……体迅轻鸿,荣曜春华,进如浮云,退如激波。"重在描摹其腰肢之纤弱,体态之轻盈,如鸾鸟、飞鸿之翱翔,写其舞姿进退有度,进如浮云,退如激波,短短几句姿态横生。由于《章华台赋》高超的描写艺术,加之全文被收录在《后汉书》中,因而对魏晋的抒情小赋产生了很大影响:

最为典型的例子,如曹植的《洛神赋》表现洛神形象的"翩如惊鸿,婉若游龙","于是洛灵感焉,徙倚彷徨,神光离合,乍阴乍阳。竦轻躯以鹤立,若将飞而未翔。"就是出于对《章华台赋》的借鉴,在魏晋其他作家描写女性和音乐的诗赋中,我们都不难看出边让《章华台赋》的影子来。[2]

与边让同时的蔡邕,今存辞赋十五篇,完整的只有《述行赋》《青衣赋》《短人赋》和《释悔》四篇。蔡邕的辞赋虽然全篇不多,但描写婚姻和女性的辞赋却不少,此类赋如《协和婚赋》《检逸赋》和《青衣赋》。《青衣赋》以侍女的容貌和心灵为描写对象,其辞云:

金生砂砾,珠出蚌泥。叹兹窈窕,产于卑微。盼倩淑丽,皓齿蛾眉。玄发光润,领如蝤蛴。纵横接发,叶如低葵。修长冉冉,硕人其颀。绮袖丹裳,蹑

---

[1] 费振刚,胡双宝,宗明华:《全汉赋》,北京大学出版社,1997年,第559-560页。
[2] 刘志伟:《边让〈章华台〉考论》,《中国文学研究》,2012年,第2期。

蹈丝扉。盘跚蹴蹀,坐起昂低。和畅善笑,动扬朱唇。都冶武媚,卓砾多姿。精慧小心,趋事若飞。中馈裁割,莫能双追。关雎之洁,不陷邪非。察其所履,世之鲜希。宜作夫人,为众女师。伊何尔命,在此贱微!代无樊姬,楚庄晋妃。感昔郑季,平阳是私。故因锡国,历尔邦畿。虽得嬿婉,舒写情怀。寒雪翩翩,充庭盈阶。兼裳累镇,展转倒颓。昒昕将曙,鸡鸣相催。饬驾趣严,将舍尔乖。蒙冒蒙冒,思不可排。停停沟侧,嗷嗷青衣。我思远逝,尔思来追。明月昭昭,当我户扉。条风狎猎,吹予床帷。河上逍遥,徙倚庭阶。南瞻井柳,仰察斗机。非彼牛女,隔于河维。思尔念尔,怒焉且饥。①

本赋可以分为几层。开头"金生砂砾,珠出蚌泥。叹兹窈窕,产于卑微。盼倩淑丽,皓齿蛾眉"。写侍女的出身,作者对其出身的卑微及其生为婢女的遭际充满了同情;接着从各个角度描写此位婢女的美丽,"盼倩淑丽,皓齿蛾眉。玄发光润,领如蝤蛴。纵横接发,叶如低葵"。作者笔下的侍女不但美丽还十分灵动,作者写其笑貌是"和畅善笑,动扬朱唇"宛在眼前;继而写其德才兼备,"精慧小心,趋事若飞。中馈裁割,莫能双追。关雎之洁,不陷邪非。察其所履,世之鲜希"可谓是"世之鲜希";最后写作者与此侍女的情愫,"虽得嬿婉,舒写情怀"但好景不长,"寒雪翩翩"分别在即"我思远逝,尔思来追",最后写二人的思念之情是"思尔念尔,怒焉且饥"。

蔡邕此赋不顾礼法和等级观念,叙写男女恋情,这在当时为礼法之士所不容,于是张超写了《诮青衣赋》,直接批评此赋。除本篇外,蔡邕描写女性的辞赋还有《检逸赋》,作者对赋中女子的爱慕,到了如狂如痴、魂牵梦绕的地步,其辞云:

夫何妹妖之媛女,颜炜烨而含荣。普天壤其无俪,旷千载而特生。余心悦于淑丽,爱独结而未并,情罔写而无主,意徒倚而左倾。昼骋情以舒爱,夜托梦以交灵。思在口而为簧鸣,哀声独而不敢聆。②

描写情爱如此大胆、直率,在以往的作品中甚为罕见。其篇虽不全,难以全面评价,但残文还是能管中窥豹的。正如有的学者所论,"但从残文来看,他对爱情是写得比较大胆的,不惟'昼骋情以舒爱,夜托梦以交灵',还'思在口而为簧',这是何等的刻骨!后来陶渊明的《闲情赋》即是仿效蔡邕此赋的。"③ 此外,蔡邕的《协和婚赋》描写的是男女的婚礼仪式,涉及迎亲至婚夜的全过程,笔致亦相当率直大胆。赋中或赞美新娘的艳丽动人:

---

① 费振刚,胡双宝,宗明华:《全汉赋》,北京大学出版社,1997年,第573页。
② 费振刚,胡双宝,宗明华:《全汉赋》,北京大学出版社,1997年,第596页。
③ 马积高:《赋史》,上海古籍出版社,1987年,第133页。

丽女盛饰，晔如春华。……其在近也，若神龙采鳞翼将举。其既远也，若披云缘汉见织女。立若碧山亭亭竖，动若翡翠奋其羽。众色燎照，视之无主。面若明月，耀似朝日，色若莲葩，即如凝蜜"。①

或描写婚夜夫妇合欢"长枕横施，大被竟床；莞蒻和软，茵褥调良。……粉黛弛落，发乱钗脱"。②钱钟书先生评这几句云："前此篇什见存者，刻画男女，所未涉笔也。……'钗脱'景象，尤成后世绮艳诗词常套，兼以形容睡美人。"③本赋虽不甚有名，但它在文学史上颇有价值，正如有的学者所指出的"本赋虽残缺不全，但由以上描写亦足以窥见作者在辞赋创作题材上的开掘上较少顾忌之一斑。"④

另外陈留文人阮瑀还有《止欲赋》，虽是残篇，但亦十分新颖。其描写赋中女子的容貌、品德云："夫何淑女之佳丽，颜炯炯以流光。历千代其无匹，超古今而特章。执妙年之方盛，性聪惠以和良。禀纯洁之明节，后申礼以自防。重行义以轻身，志高尚乎贞姜。"⑤ 接着作者写对其的爱慕和思念：

予情悦其美丽，无须臾而有忘。思桃夭之所宜，原无衣之同裳。怀纡结而不畅兮，魂一夕而九翔。出房户以踟蹰，睹天汉之无津。伤鲍瓜之无偶，悲织女之独勤。还伏枕以求寐，庶通梦而交神。神惚怳而难遇，思交错以缤纷。遂终夜而靡见，东方旭以既晨。知所思之不得，乃抑情以自信。⑥

本节描写梦中相思的一段历来为人称道，钱钟书先生在《管锥编》中评价此赋云："此则于不能寐之前，平添欲通梦一层转折。后世师其意境者不少。"⑦ 郭维森、许结亦云："写梦与神交乃此类赋的共同写法，此节特别者，在于欲梦而不得，眼睁睁地看着白昼的来临，更能表现其相思之苦。"⑧

综上，东汉中后期陈留文人辞赋中的女性描写空前增多，其描写之大胆、直接，为此前辞赋所罕见。至于这一时期赋中女性描写增多的原因，有学者认为，此点与儒家思想影响的削弱有关，如马积高先生云："我在前面曾说这时儒家思想对赋的影响削弱了，蔡邕的赋就是例证。"⑨ 但脱离了儒家思想控制的文学又走向另一个极端，即色情意味的增加，马积高先生云："不过，他

---

① 费振刚，胡双宝，宗明华：《全汉赋》，北京大学出版社，1997年，第589页。
② 费振刚，胡双宝，宗明华：《全汉赋》，北京大学出版社，1997年，第589页。
③ 钱钟书：《管锥编》，三联书店，2007年，第1613页。
④ 卞孝萱、王琳：《两汉文学》，安徽教育出版社，2001年，第108页。
⑤ 费振刚，胡双宝，宗明华：《全汉赋》，北京大学出版社，1997年，第617页。
⑥ 费振刚，胡双宝，宗明华：《全汉赋》，北京大学出版社，1997年，第617页。
⑦ 钱钟书：《管锥编》，三联书店，2007年，第1652页。
⑧ 郭维森、许结：《中国辞赋发展史》，江苏教育出版社，1996年，第198页。
⑨ 马积高：《赋史》，上海古籍出版社，1987年，第133页。

（蔡邕）的《协和婚赋》又写得太放肆了，竟稍带有庸俗的色情趣味了。这在边让的《章华台赋》中也略有表现，可见不是孤立的现象。"① 陈留文人辞赋创作中女性描写的增加，可以说反映了此一时期辞赋创作的新趋向。

三、咏物描写增多

东汉中晚期，咏物赋创作增多。在众多的咏物赋作家中，陈留文人的咏物赋创作数量最多，成就最高，特色鲜明。陈留文人今存（全篇或残篇）的咏物赋有：边韶的《塞赋》；张升的《白鸠赋》；蔡邕《琴赋》《笔赋》《弹棋赋》《圆扇赋》《蝉赋》《长笛赋》《伤胡栗赋》《短人赋》《霖雨赋》；阮瑀《筝赋》《鹦鹉赋》等。

塞艺是博弈的一种，盛行于汉代。边韶在其《塞赋》中自述其以塞艺来娱乐，是因其寡居无欢。其言塞的形制、规则云："然本其规模，制作有式。四道交正，时之则也。棋有十二，律吕极也。人操厥半，六爻列也。"② 从赋中的描写可见汉代文人日常的娱乐生活。

蔡邕的咏物赋颇多，其可以称得上是东汉末年咏物赋的大家。蔡邕是当时著名的音乐家，擅长弹奏古琴，所以对琴的制作亦颇为熟悉。其有歌咏琴材桐树之句，其云："观彼椅桐，层山之陂。丹华炜炜，绿叶参差。甘露润其末，凉风扇其枝。鸾凤翔其颠，玄鹤巢其岐"（《弹琴赋》）③；蔡邕又是书法家，其写制笔的选材云："惟其翰之所生，于季冬之狡兔。性精亟以慓悍，体遄迅以骋步。削文竹以为管，加漆丝之缠束"④（《笔赋》）；文人对自然界昆虫、鸟兽生命的逝去也十分敏感，如蔡邕描写秋蝉生命的逝去云："白露凄其夜降，秋风肃以晨兴，声澌咽以沮败，体枯燥而冰凝"（《蝉赋》）⑤；"延熹二年（159）秋，霖雨逾月"⑥，其描写晚秋阴雨连绵而引人叹息云："夫何季秋之淫雨兮，既弥日而成霖。瞻玄云之晻晻兮，听长雷之淋淋。中宵夜而叹息。起饰带而抚琴"（《霖雨赋》）⑦；蔡氏祠堂前的栗树遭人攀折，其感伤云："形猗猗以艳茂兮，似碧玉之清明。何根茎之丰美兮，将蕃炽以悠长。适祸贼

---

① 马积高：《赋史》，上海古籍出版社，1987年，第133页。
② 费振刚，胡双宝，宗明华：《全汉赋》，北京大学出版社，1997年，第546页。
③ 费振刚，胡双宝，宗明华：《全汉赋》，北京大学出版社，1997年，第581页。
④ 费振刚，胡双宝，宗明华：《全汉赋》，北京大学出版社，1997年，第579页。
⑤ 费振刚，胡双宝，宗明华：《全汉赋》，北京大学出版社，1997年，第586页。
⑥ 费振刚，胡双宝，宗明华：《全汉赋》，北京大学出版社，1997年，第566页。
⑦ 费振刚，胡双宝，宗明华：《全汉赋》，北京大学出版社，1997年，第595页。

之灾人兮，嗟夭折以摧伤"①（《伤胡栗赋》）；蔡邕的咏物赋从琴、棋、笔文人用品，到蝉、栗树等自然之物，最后到气候、河川，其题材颇为广泛，已经不像东汉前期的辞赋，局限于京殿苑猎的圈子，蔡邕的咏物赋已经迈向了自我日常生活的见闻感受。

阮瑀的《筝赋》是咏筝这种乐器的。赋中描写筝的形制、筝之体性、筝之雅音，都较有特点，尤其是描写"筝声"一节，其云："大兴小附，重发轻随，折而复扶，循覆逆开，浮沉抑扬，升降绮靡，殊声妙巧，不识其为。平调足均，不疾不徐，迟速合度，君子之衢也。慷慨磊落，卓砾盘迂，壮士之节也。"②寓意深刻，优美动人。

阮瑀的《鹦鹉赋》也很值得一提，在这篇赋中，作者使用了一种新的赋体写法——象征。先秦的象征型辞赋大抵只有屈原的《橘颂》一篇，两汉象征型辞赋几乎没有。两汉的咏物赋大多铺排物类，到东汉末年，文人尝试用象征手法来创作辞赋，阮瑀的《鹦鹉赋》即是代表。其赋云："惟翩翩之艳鸟，诞嘉类于京都。秽夷风而弗处，慕圣惠而来徂。被坤文之黄色，服离光之朱形，配秋英以离绿，苞天地以耀荣。"③ 在这里，鹦鹉已经成为一种象征，鹦鹉身上所富有的美好特性，象征着人的心灵气质，在这里"阮瑀的兴趣，已不在对象本身，而是要通过描写咏赞对象，来达到一种表现，要表现的可能是作者自己，也可能是另外的某个人。"④ 后来杨修的《孔雀赋》、应玚的《慜骥赋》都是采用了象征手法，而阮瑀的《鹦鹉赋》则反映了汉末辞赋创作中象征手法的逐渐兴起。

总之，从边韶、蔡邕、阮瑀所咏的琴、棋、塞、笔、蝉、鹦鹉等赋可以看出，陈留文人的咏物赋多描写日常生活用品或日常生活的见闻，其创作体现了文人辞赋题材的转移，正如有的学者所指出的："题材颇为广泛，由京殿苑猎的圈子脱出，而迈向自我的日常生活的见闻感受……"⑤

---

① 费振刚，胡双宝，宗明华：《全汉赋》，北京大学出版社，1997年，第584页。
② 费振刚，胡双宝，宗明华：《全汉赋》，北京大学出版社，1997年，第615页。
③ 费振刚，胡双宝，宗明华：《全汉赋》，北京大学出版社，1997年，第619页。
④ 董志广：《阮瑀与建安文学》，《天津师大学报》，1987年，第3期。
⑤ 卞孝萱、王琳：《两汉文学》，安徽教育出版社，2001年，第108页。

第二节 陈留文人辞赋创作形式上的新倾向

除了现实成分增强，女性描写增多和咏物内容增多等内容上的新变外，相较于此前的辞赋，陈留文人的辞赋创作在形式上也表现出新的倾向，其具体特征如下。

一、抒情言志的成分增多

以咏物赋为例，东汉中期以前的咏物赋多单纯状物，东汉中期以后的咏物赋：

其侧重点也不再像四言咏物赋那样集中在对赋写对象的外在形制的铺写，或借状物而引发某种议论，而是把咏物和抒情有机地结合起来，对事物性状当中能引起人的主观感受，或者说能与人的感受能契合的方面着力进行描绘，使之成为人的主观感受的某种外现。这样"咏物寄意"变成了"借物抒情"。[1]

陈留文人的辞赋正是咏物赋创作转变的代表。首先，西汉的咏物赋多采用四言句式，而东汉晚期陈留文人的咏物赋则多采用骚体或六言句式。如陈留文人的代表作家蔡邕的《笔赋》《伤胡栗赋》《短人赋》皆为骚体，其《蝉赋》与阮瑀的《鹦鹉赋》皆是六言的形式。学界公认，骚体句式长于抒情，六言句式比四言长，抒情意味更浓。其次，陈留文人的咏物赋多抒情成分。如蔡邕的《蝉赋》虽是残篇，只存"白露凄其夜降，秋风肃以晨兴，声澌咽以沮败，体枯燥而冰凝。虽期运之固然，独潜类乎太阴。要明年之中夏，复长鸣而扬音"[2] 几句，此赋前两句写秋日的清晨，选取露水、秋风两种意象，再经"白"和"凄"的点染，使得赋在一开始就带上了浓浓的感伤氛围。接下来写寒蝉，把蝉在秋天即将死去的具体现象，上升到自然规律的高度加以审视，暗示生命的起始和结束带有必然性，是期运之所然。全赋以写景始，借蝉况人，曲折地表达了生逢末世文人对生命价值的认识。曹道衡先生评价此赋云："寥寥数句，但颇有抒情意味，语气虽较凄凉，但无悲观的情调。"[3] 蔡邕善于抒

---

[1] 韩高年：《西汉咏物小赋源流概论》，中国韵文学刊，2004年，第2期。
[2] 费振刚，胡双宝，宗明华：《全汉赋》，北京大学出版社，1997年，第586页。
[3] 曹道衡：《汉魏六朝辞赋》，上海古籍出版社，2011年，第95页。

琴，其《弹琴赋》虽为残篇，但从"一弹三欷，凄有余哀"①之句可看出，该赋的抒情意味也很浓。蔡邕的《青衣赋》写作者和一位婢女之间的情愫，赋中描写二人分别之后的相思之情云：

> 寒雪翩翩，充庭盈阶。兼裳累镇，辗转倒颓……我思远逝，尔思来追。明月昭昭，当我户扉。条风狎躚，吹予床帷。河上逍遥，徙倚庭阶，南瞻井柳，仰察斗机。扉彼牛女，隔于河维。思尔念尔，怎焉且饥。②

此段倾吐对婢女的相思心迹，感情细腻、真挚、热烈，抒情意味颇浓，宛如一首四言抒情诗。

二、赋作中的文人趣味明显

文人趣味就是文人的闲情逸致，而"闲情逸致进入主流话语的前提条件是言说主体在政治、经济、文化上都获得相对的独立性，三者缺一不可"。③就政治而言，从西汉中期到东汉中期，君主集权得到加强，统治者对士大夫的控制亦较强。到了东汉中后期，政治昏暗，宦官专权，士大夫阶层在和宦官的斗争中，逐渐形成了"群体自觉"意识，某种意义来说两次党锢之祸就是这种"群体自觉"意识演化的结果。就经济而言，光武帝刘秀建立东汉时就得到了豪族的支持，这些豪族拥有较强的经济实力，其多拥有自己的庄园。就文化而言，东汉中后期经学的繁琐，加上士大夫热衷于政治斗争，更造成了经学的衰落。经学衰落之后，其对文学的控制亦有所松动。总之，以上诸多因素造成了文人士大夫的群体自觉。

东汉末年的政治黑暗对士大夫造成了两种影响，一方面是士大夫投入政治斗争的洪流中，与黑暗势力做斗争，这体现了士大夫阶层忧国忧民、热衷功名的一面；另一方面，士大夫对政治的失望，其群体自觉意识随之增强，助长了其流连诗酒、游于艺术的一面，这些则是士大夫与文人二者合二为一身份的体现。具体到东汉来说，桓灵时期的两次"党锢之祸"对士大夫的参政热情打击巨大，此后士大夫的精神旨趣分流为二："一是潜心经学的，继续钻研学问，郑玄可为代表；二是游心于诗词歌赋、琴棋书画，蔡邕堪为代表。稍后，士大夫开始突破经学藩篱，涉猎老庄，于是玄风渐炽，也正是在这期间，闲情

---

① 费振刚，胡双宝，宗明华：《全汉赋》，北京大学出版社，1997年，第581页。
② 费振刚，胡双宝，宗明华：《全汉赋》，北京大学出版社，1997年，第573页。
③ 李春青：《闲情逸趣：古代文人趣味的基本特征及其文化政治意蕴》，江海学刊，2013年，第5期。

逸致开始进入士大夫的言说范畴。"①

对陈留文人而言，最富有文人趣味的当属边韶、边让和蔡邕。边韶今存赋作较为完整的有《塞赋》，其序云："予离群索居，无讲诵之事。欲学无友，欲农无耒，欲弈无局，欲博无楮。问：'何以代博弈者乎？'曰：'塞其次也。'试习其术，以惊睡救寐，免昼寝之讥而已。"② 序中边韶透露了其作为文人的日常生活，无论是讲诵之事，还是与朋友切磋学问，或者与人博弈，甚至于昼寝等，皆是文人闲情逸致的体现，边韶的生活可以说就是文人趣味的体现。蔡邕的辞赋描写日常闲情逸致的更多，如其《笔赋》《弹棋赋》《弹琴赋》等。古代文人有四种技艺琴、棋、书、画，这里蔡邕就描写了三种，足见其身上的文人趣味颇浓。其《弹琴赋》云："观彼椅桐，层山之陂。丹华炜炜，绿叶参差。甘露润其末，凉风扇其枝。鸾凤翔其颠，玄鹤巢其岐。考之诗人，琴瑟是宜。爰制雅器，协乎钟律。通理治性，恬淡清溢。"③ 这里作者描写琴材桐树的生长环境颇为优雅，用此树制作的琴"通理治性，恬淡清溢"，也表现出作者对制琴之"桐"有着非凡的鉴别力。接着作者写道：

尔乃间关九弦，出入律吕，屈伸低昂，十指如雨。清声发兮五音举，韵宫商兮动徵羽，曲引兴兮繁弦抚。然後哀声既发，秘弄乃开。左手抑扬，右手徘徊。指掌反覆，抑案藏摧。④

从作者对弹琴过程的细致描绘，可以看出蔡邕精于琴道，而深谙琴道正是文人高雅审美趣味的体现。如果说咏琴、棋还比较常见的话，那么专门咏笔的辞赋则非常少见。蔡邕赋中对笔的歌咏源自于其书法家的审美眼光，其云："惟其翰之所生，于季冬之狡兔。性精亟以慓悍，体遄迅以骋步。削文竹以为管，加漆丝之缠束。"⑤ 赋中作者对制笔材料的选择极其精严，体现了文人对笔墨的重视。

陈留文人的文人趣味不但体现在其琴、棋、书、画日常生活情趣中，也体现在由自然外物的触动而引起的内心伤感上。正如李春青所指出的："当诗词歌赋、琴棋书画成为个人情趣的合法性表象形式时，当莫名的闲愁、思古的幽情、淡淡的惆怅、浓浓的思念以及'悲落叶于劲秋，喜柔条于芳春'的感时伤怀成为诗文书画所表达的主要内容时，文人身份就被确证了，而文人趣味也

---

① 李春青：《闲情逸趣：古代文人趣味的基本特征及其文化政治意蕴》，江海学刊，2013年，第5期。
② 费振刚，胡双宝，宗明华：《全汉赋》，北京大学出版社，1997年，第546页。
③ 费振刚，胡双宝，宗明华：《全汉赋》，北京大学出版社，1997年，第581页。
④ 费振刚，胡双宝，宗明华：《全汉赋》，北京大学出版社，1997年，第581页。
⑤ 费振刚，胡双宝，宗明华：《全汉赋》，北京大学出版社，1997年，第579页。

就成为文学艺术的主导因素。"①

陈留文人对自然界昆虫、鸟兽生命的逝去也多怀感伤。蔡邕描写秋蝉生命的逝去云:"白露凄其夜降,秋风肃以晨兴,声澌咽以沮败,体枯燥而冰凝。"(《蝉赋》) 这里作者从秋蝉生命的短暂,联想到时光的流逝,进而抒发了因衰老带来的伤感之情。作为末世的文人,先秦自宋玉以来的"悲秋"传统,在蔡邕这里得到了回应。晚秋的阴雨连绵,亦足以引起了蔡邕的伤感、叹息,其云:"夫何季秋之淫雨兮,既弥日而成霖。瞻玄云之晻晻兮,听长雷之淋淋。中宵夜而叹息。起饰带而抚琴。"②(《霖雨赋》) 文人是敏感的,蔡氏祠堂前的栗树遭人攀折诸如此类的事情,都能引起其感伤。此栗树无故遭到摧残,这让蔡邕想起了其生逢乱世,命若蝼蚁,顿生身世之感,其辞云:"形猗猗以艳茂兮,似碧玉之清明。何根茎之丰美兮,将蕃炽以悠长。适祸贼之灾人兮,嗟夭折以摧伤"③(《伤胡栗赋》) 生活中看到瞽师,蔡邕亦会以己度人,为其遭遇而悲叹,其辞云:"何矇昧之瞽兮,心穷忽以郁伊,目冥冥而无睹兮,嗟求烦以愁悲。抚长笛以摅愤兮,气轰鍠而横飞。咏新诗之悲歌兮,舒滞积而宣郁。何此声之悲痛兮,怆然泪以憯恻,类离鹍之孤鸣,似札妇之哭泣。"④(《瞽师赋》) 此段描写深沉悲痛,作者对瞽师遭遇的同情充溢在字里行间。总之,蔡邕辞赋所表现的文人趣味,正如龚克昌先生云:"汉赋发展到蔡邕手里,已完全从描写帝王的皇宫帝苑中走出来,进入了一般封建文人的生活领域。它的表现范围大大扩展了。"⑤

三、追求平易写实的文风

东汉中后期的辞赋创作有趋向写实的趋势,这一趋势在陈留文人的创作中有明显体现。

首先,陈留文人的辞赋描写了作者真实的生活状态和内心感受。如边韶在其《塞赋》序:"予离群索居,无讲诵之事。"⑥ 赋序的开头叙述了作者离群索居的寂寥生活状态,颇为真实。蔡邕的《述行赋》描写了宦官徐璜等人召他入京,不得已而应命的无奈和悲愤,其序云:

延熹二年秋,霖雨逾月。是时梁冀新诛,而徐璜、左悺等五侯擅贵于其

---

① 李春青:《作为研究视角的趣味》,《中国图书评论》,2014 年,第 10 期。
② 费振刚,胡双宝,宗明华:《全汉赋》,北京大学出版社,1997 年,第 595 页。
③ 费振刚,胡双宝,宗明华:《全汉赋》,北京大学出版社,1997 年,第 584 页。
④ 费振刚,胡双宝,宗明华:《全汉赋》,北京大学出版社,1997 年,第 593 页。
⑤ 龚克昌:《中国辞赋研究》,山东大学出版社,2003 年,第 589 页。
⑥ 费振刚,胡双宝,宗明华:《全汉赋》,北京大学出版社,1997 年,第 546 页。

处。又起显阳苑于城西，人徒冻饿，不得其命者甚众。白马令李云以直言死，鸿胪陈君以救云抵罪。璜以余能鼓琴，白朝廷，敕陈留太守发遣余。到偃师，病比前，得归。心愤此事，遂托所过，述而成赋。①

序中作者交代了此时的时局是宦官把持朝政，紧接作者着写到朝廷的荒淫之举不断，直言之士获罪，在此情形下，朝廷征召蔡邕前往京师鼓琴，作者内心充满了愤懑。此段叙述真实地记录了桓帝延熹年间时局的变动以及作者对时局的态度，因其高度的真实性，有学者称其为"纪实性的述行赋"②。再如蔡邕的《伤胡栗赋》云："人有折蔡氏祠前栗者，故作斯赋。"③真实地表明了作赋的缘由；此外，蔡邕的其他赋作大部分也能抒发自己的真实情感，体现其尚真的辞赋观。其《青衣赋》对青衣女子的描写：

盼倩淑丽，皓齿蛾眉。玄发光润，领如蝤蛴。纵横接发，叶如低葵。修长冉冉，硕人其颀。绮袖丹裳，蹑蹈丝扉。盘跚蹴蹀，坐起低昂。和畅善笑，动扬朱唇。都冶武媚，卓砾多姿。精慧小心，趋事若飞。④

作者笔下这位青衣女子容貌美丽端庄，身材窈窕修长，动作优雅迷人，态度和蔼可亲。正如有的学者所论："作者通过这些逼真描写，毫不掩饰地赤裸裸地将自己对她的爱慕之情真实地袒露了出来，大白于光天化日之下。"⑤由上可知，东汉末年陈留文人的创作呈现出追求真实的倾向。

其次，陈留文人的创作有追求平易、流畅的趋势。汉代的大赋，罗列事物，堆砌辞藻，虽不乏文采，但终有雕琢、晦涩之嫌。东汉中晚期以后，以陈留文人为代表的赋家，有意摆脱此前的艰深晦涩之风，追求平易流畅的辞风。边韶的《塞赋》云：

始作塞者，其明哲乎。故其用物也约，其为乐也大。犹土鼓块枹，空桑之瑟，质朴之化，上古所耽也。然本其规模，制作有式。四道交正，时之则也。棋有十二，律吕极也。人操厥半，六爻列也。赤白色者，分阴阳也。乍亡乍存，像日月也。⑥

此段作者先写游戏塞艺的快乐，次写棋盘、棋子的形状，最后写塞艺的游戏规则。整段简明流畅，毫无艰深之意，体现了东汉末年辞赋发展的新风尚。

---

① 费振刚，胡双宝，宗明华：《全汉赋》，北京大学出版社，1997年，第566页。
② 李炳海：《跋涉遐路 感今思古——汉代纪实性述行赋品评》，《古典文学知识》，1999年，第3期。
③ 费振刚，胡双宝，宗明华：《全汉赋》，北京大学出版社，1997年，第584页。
④ 费振刚，胡双宝，宗明华：《全汉赋》，北京大学出版社，1997年，第573页。
⑤ 吴明贤：《蔡邕赋论》，《四川师范大学学报》，1990年，第4期。
⑥ 费振刚，胡双宝，宗明华：《全汉赋》，北京大学出版社，1997年，第546页。

又如蔡邕的《汉津赋》中的波涛描写,其颇有气势:"既乃风焱萧瑟,勃焉并兴,阳侯沛以奔骛,洪涛涌以沸腾。愿乘流以上下,穷沧浪乎三澨,觑朝宗之形兆,瞰洞庭之交会。"① 以上八句写汉水风急浪高的壮观,以及作者得偿夙愿的兴奋,用语明白晓畅。值得注意的是后世描写江赋、海赋颇多,而"这种描写(《汉津赋》)已开晋代木华、郭璞之先声。但较之郭璞《江赋》更少艰涩之弊"。② 再如蔡邕的《蝉赋》,只存"白露凄其夜降,秋风肃以晨兴,声澌咽以沮败,体枯燥而冰凝。虽期运之固然,独潜类乎太阴。要明年之中夏,复长鸣而扬音"③ 几句,然而其写景、状物疏朗、清丽,抒情意味浓厚,用词浅显易懂,寥寥数句,达到了语浅言深的效果。

陈留浚仪人边让的《章华台赋》描写乐舞云:

于是招宓妃,命湘娥,齐倡列,郑女罗。扬《激楚》之清宫兮,展新声而长歌。繁手超于《北里》,妙舞丽于《阳阿》。金石类聚,丝竹群分。被轻袿,曳华文,罗衣飘摇,组绮缤纷。纵轻躯以迅赴,若孤鹄之失群;振华袂以逶迤,若游龙之登云。④

正如有的学者所论:"(此段)以铺陈乐、舞为主,只是写得清新流畅,不像大赋堆砌艰涩。"⑤ 且"文辞简洁而能传神。"⑥ 有学者甚至指出:"在两汉的同类作品中,此赋的语言风格最为浅易流畅,'设长夜之欢饮兮,展中情之嫌婉。竭四海之妙珍兮,尽生人之秘玩'明白几如口语。"⑦ 可见,多数学者都注意到了此时期陈留文人辞赋平易、流畅的特点。

总之,东汉晚期陈留文人的辞赋创作抒情成分增多,篇幅也趋向短小化,这反映了东汉晚期辞赋趋向抒情化的趋势。而陈留文人辞赋中文人趣味的流露,则反映了士人由经生向文人转化的趋势。另外,陈留文人的辞赋总体上呈现出平易、流畅、写实的风格,对建安文人影响很大,建安文人正是在陈留文人尝试的基础上,将平易、流畅的文风发扬光大,最终形成了建安文学平易的风格。

---

① 费振刚,胡双宝,宗明华:《全汉赋》,北京大学出版社,1997年,第571页。
② 曹道衡:《汉魏六朝辞赋》,上海古籍出版社,2011年,第95页。
③ 费振刚,胡双宝,宗明华:《全汉赋》,北京大学出版社,1997年,第586页。
④ 费振刚,胡双宝,宗明华:《全汉赋》,北京大学出版社,1997年,第559页。
⑤ 郭维森、许结:《中国辞赋发展史》,江苏教育出版社,1996年,第195页。
⑥ 马积高:《赋史》,上海古籍出版社,1987年,第130页。
⑦ 王琳:《六朝辞赋史》,黑龙江教育出版社,1998年,第31页。

第三节　陈留文人的辞赋观

一、鸿都门学与辞赋的兴盛

东汉晚期"章句渐疏，而多以浮华相尚，儒者之风盖衰矣。党人既诛，其高名善士多坐流废，后遂至忿争"①。经学的式微，导致了其对文艺控制的松动，加上桓帝、灵帝尚奇好异，京城贵戚皆争相效仿，所以辞赋、书法、音乐等能给人带来愉悦的艺术形式逐渐兴起。史称桓帝"好音乐，善琴笙。饰芳林而考濯龙之宫，设华盖以祠浮图、老子，斯将所谓'听于神'乎！"②桓帝好音乐，为了取悦桓帝，"中常侍徐璜、左悺等五侯擅恣，闻邕善鼓琴，遂白天子，敕陈留太守督促发遣。"③遂召蔡邕到京师抚琴。而且浮屠为异域方伎，可见桓帝尚奇的趣味。此时京城上层贵戚也崇尚新风。

桓帝元嘉中，京都妇女作愁眉、啼妆、堕马髻、折要步、龋齿笑。所谓愁眉者，细而曲折。啼妆者，薄拭目下，若啼处。堕马髻者，作一边。折要步者，足不在体下。龋齿笑者，若齿痛，乐不欣欣。始自大将军梁冀家所为，京都歙然，诸夏皆放效。④

可见桓帝时期上层已兴尚奇娱乐之风。此风在灵帝时期愈加变本加厉。灵帝本人在尚奇好异的路上走得更远，史称：

灵帝好胡服、胡帐、胡床、胡坐、胡饭、胡空侯、胡笛、胡舞，京都贵戚皆竞为之……灵帝于宫中西园驾四白驴，躬自操辔，驱驰周旋，以为大乐。于是公卿贵戚转相放效，至乘辎軿以为骑从，互相侵夺，贾与马齐。⑤

东汉中后期，在社会尚奇娱乐风气的引导下，辞赋、书法、绘画等文艺形式的发展势如破竹，其表现在鸿都门学的兴起上。

鸿都门学的设置是东汉晚期的大事，但鸿都门学从一开始就遭到士大夫阶层的强烈反对，《后汉书·蔡邕传》载：

---

① 范晔：《后汉书》卷七十九上《儒林列传》，中华书局，1965年，第2547页。
② 范晔：《后汉书》卷七《灵帝纪》，中华书局，1965年，第320页。
③ 范晔：《后汉书》卷六十下《蔡邕列传》，中华书局，1965年，第1980页。
④ 范晔：《后汉书》志第十三《五行一》，中华书局，1965年，第3270-3271页。
⑤ 范晔：《后汉书》志第十三《五行一》，中华书局，1965年，第3272页。

初，帝好学，自造《皇羲篇》五十章，因引诸生能为文赋者。本颇以经学相招，后诸为尺牍及工书鸟篆者，皆加引召，遂至数十人。侍中祭酒乐松、贾护，多引无行趣势之徒，并待制鸿都门下，憙陈方俗闾里小事，帝甚悦之，待以不次之位。又市贾小民，为宣陵孝子者，复数十人，悉除为郎中、太子舍人。①

如果说起初汉灵帝对辞赋、书法之士的任用还是偶然的、少数的，其后汉灵帝凭借帝王的权力，很快将这一用人制度常规化，即设置鸿都门学，敕令公卿征召才艺突出的鸿都门学生。史书云："光和元年（178），遂置鸿都门学，画孔子及七十二弟子像。其诸生皆敕州郡三公举用辟召，或出为刺史、太守，入为尚书、侍中，乃有封侯赐爵者，士君子皆耻与为列焉。"② 关于鸿都门学的发展情况，李贤注云："时其中诸生，皆敕州、郡、三公举召能为尺牍辞赋及工书鸟篆者相课试，至千人焉。"③ 灵帝下令大量选用鸿都门生遭到了士大夫阶层的强烈反对，光和元年（178），有虹蜺昼降于嘉德殿前，灵帝召杨赐及蔡邕等入金商门，问以祥异祸福所在，杨赐对曰：

《易》曰：'天垂象，见吉凶，圣人则之。'今妾媵嬖人阉尹之徒，共专国朝，欺罔日月，又鸿都门下，招会群小，造作赋说，以虫篆小技见宠于时，如驩兜、共工更相荐说，旬月之间，并各拔擢，乐松处常伯，任芝居纳言。郤俭、梁鹄俱以便辟之性，佞辩之心，各受丰爵不次之宠，而令搢绅之徒委伏畎畝，口诵尧、舜之言，身蹈绝俗之行，弃捐沟壑，不见逮及。冠履倒易，陵谷代处，从小人之邪意，顺无知之私欲，不念《板》《荡》之作，虺蜴之诫。殆哉之危，莫过于今。④

时阳球拜尚书令，奏罢鸿都文学，其曰：

伏承有诏敕中尚方为鸿都文学乐松、江览等三十二人图象立赞，以劝学者。臣闻《传》曰：'君举必书。书而不法，后嗣何观！'案松、览等皆出于微蔑，斗筲小人，依凭世戚，附托权豪，俛眉承睫，徼进明时。或献赋一篇，或鸟篆盈简，而位升郎中，形图丹青。亦有笔不点牍，辞不辩心，假手请字，妖伪百品，莫不被蒙殊恩，蝉蜕滓浊。是以有识掩口，天下嗟叹。臣闻图象之设，以昭劝戒，欲令人君动鉴得失。未闻竖子小人，诈作文颂，而可妄窃天官，垂象图素者也。今太学、东观足以宣明圣化。愿罢鸿都之选，以消天下

---

① 范晔：《后汉书》卷六十下《蔡邕列传》，中华书局，1965年，第1991-1992页。
② 范晔：《后汉书》卷六十下《蔡邕列传》，中华书局，1965年，第1998页。
③ 范晔：《后汉书》卷八《灵帝纪》，中华书局，1965年，第341页。
④ 范晔：《后汉书》卷五十四《杨震列传》，中华书局，1965年，第1780页。

之谤。①

由上述材料可看出，杨赐和阳球皆对鸿都门学采取完全否定的态度。杨赐认为鸿都"群小"以"虫篆小技""并各拔擢"，"而令搢绅之徒委伏畎畝"，即阻碍了以经术为业的士大夫的仕进之路，遂强烈要求灵帝"斥远佞巧之臣，速征鹤鸣之士"②。阳球甚至以出身低微为由指责鸿都门生不是靠真才实学而是"依凭世戚，附托权豪"进入仕途，于是阳球以忧伤"圣化"为名，希望"罢鸿都之选，以消天下之谤"。总之，以杨赐、阳球为代表的士大夫之所以强烈反对灵帝擢用鸿都门生的理由有三：首先，鸿都门生擅长的"小技"只能悦人耳目，不能匡国理政，却被图赞立像，挑战了儒生阶层的文化地位；其次，鸿都门生凭借俗艺快速超迁，高居俸位，挤占了儒生阶层的政治生存空间；最后出身低微的鸿都门生凌驾在高门的士族之上，挑战了儒生阶层的社会地位。

二、陈留文人"聊以游意"的辞赋观念

值得注意的是同样身为士大夫，同样反对鸿都门学，陈留文人蔡邕的态度却与杨赐、阳球二人略有不同。当时灾异频发，史书载：

时频有雷霆疾风，伤树拔木，地震、陨雹、蝗虫之害。又鲜卑犯境，役赋及民。六年七月，制书引咎，诰群臣各陈政要所当施行。"③蔡邕上书言七事，其五事云："臣闻古者取士，必使诸侯岁贡。孝武之世，郡举孝廉，又有贤良、文学之选，于是名臣辈出，文武并兴。汉之得人，数路而已。夫书画辞赋，才之小者，匡国理政，未有其能。陛下即位之初，先涉经术，听政余日，观省篇章，聊以游意，当代博弈，非以教化取士之本。而诸生竞利，作者鼎沸。其高者颇引经训风喻之言；下则连偶俗语，有类俳优；或窃成文，虚冒名氏。臣每受诏于盛化门，差次录第，其未及者，亦复随辈皆见拜擢。既加之恩，难复收改，但守奉禄，于义已弘，不可复使理人及仕州郡。昔孝宣会诸儒于石渠，章帝集学士于白虎，通经释义，其事优大，文、武之道，所宜从之。若乃小能小善，虽有可观，孔子以为'致远则泥'，君子故当志其大者。④

蔡邕的上书有几层含义：首先，治国或选拔官吏均应以经术为本，文学在"匡国理政""理人及仕州郡"等方面不能发挥作用；其次，鸿都门学以文学

---

① 范晔：《后汉书》卷七十七《酷吏列传》，中华书局，1965年，第2499页。
② 范晔：《后汉书》卷五十四《杨震列传》，中华书局，1965年，第1780页。
③ 范晔：《后汉书》卷六十下《蔡邕列传》，中华书局，1965年，第1992页。
④ 范晔：《后汉书》卷六十下《蔡邕列传》，中华书局，1965年，第1996-1997页。

取士破坏了正常的选举工作，灵帝对鸿都门生又过于宠幸，违背了明王先圣的制度和精神，应当停止；再次，文学虽为"小道小能"尚能"聊以游意"，如"当代博弈"一样亦有其自身的价值，不过，君子却不能志于此；最后，文学要有高雅的审美，可以"引经训风喻之言"，但如果"连偶俗语"则是要反对的。蔡邕认为应该区别对待经学和文学，治国匡政首选经学，但文学亦可以供人欣赏和娱乐，它们的功能不同，作用也不同，蔡邕在某种程度上肯定了书画、辞赋等艺术的价值。

蔡邕的辞赋观可以说是后世士大夫文学观念的前身。在封建士大夫心中，儒家经典的地位非常高，因为它关乎治国理民，而文学更多的是士大夫参政之余的一种娱乐消遣。虽然蔡邕的观点看似降低了文学的地位，"但比起班固、王充等人强调赋颂'润色鸿业''褒颂记载'的功能，蔡邕的文学观具有一个鲜明的特色，即把文学从政治和经学中剥离出来。"[1] 蔡邕认为辞赋、书画，虽不能匡国理政，但可以娱乐遣兴，在"听政余日"可以"观省篇章，聊以游意"，其言外之意，士大夫在公事之余，应有自己的娱乐消遣生活，而辞赋正是这种消遣的产物。这里蔡邕强调辞赋的娱乐属性，而对于长期以来盛行的辞赋的"讽谏"作用不予理会，反映了他的辞赋观念，这种观念对建安文学有很大的影响。需要指出的是因为蔡邕的士大夫身份，虽然他肯定了辞赋的价值，但对于"连偶俗语"的庸俗之作，他是反对的，可以说蔡邕肯定的是具有高雅趣味的辞赋，此点也反映了其作为封建士大夫的审美品位。

蔡邕的态度其实亦不足为奇，他对文艺的态度实际上代表了相当一部分陈留文人的态度。陈留文人的代表边韶今存《塞赋》，从该赋可以得知，边韶将塞艺视为士大夫读书、讲诵之余的娱乐消遣，作者以塞艺为赋作的题材，本身体现了其"聊以游意"的辞赋观。

边让的《章华台赋》虽最终归于讽谏，但是赋的主体还是铺叙乐舞，且作者似乎对其中的乐舞还颇为欣赏，虽然赋中的舞乐是作为表现君王的淫乐生活而要加以批判的，但不可否认作者无意中亦流露出君王在"驰淳化于黎元，永历世而太平"[2] 之余，适当地欣赏舞乐是可以接受的，所以此赋体现了边让"游于艺"的辞赋观念。

蔡邕部分赋作亦可以看作是其娱乐遣兴生活的体现。如蔡邕最看重的是其史学家、经学家的身份，但除此之外，蔡邕对于特殊人群的生活亦怀着好奇的态度，比如他对侏儒和婢女这两类人，就颇怀好奇的心理，这表现了蔡邕对于

---

[1] 蓝旭：《东汉士风与文学》，人民文学出版社，2004年，第243页。
[2] 费振刚，胡双宝，宗明华：《全汉赋》，北京大学出版社，1997年，第560页。

此前士大夫阶层所不屑的特殊群体有所关注，因而将其写入赋中，聊以游戏。如蔡邕的《短人赋》，其描写侏儒云：

> 雄荆鸡兮鹜鹭鹅，鹘鸠鹪兮鹑鹦雌。冠戴胜兮啄木儿，观短人兮形若斯。热地蝗兮芦即且，茧中蛹兮蚕蠕须。视短人兮形若斯。木门闑兮梁上柱……脱椎枘兮擣衣杵，视短人兮形如许。①

赋中蔡邕将侏儒比喻为蠕动的蚕蛹，令人捧腹，清代的浦铣评价此赋云："蔡中郎《短人赋》，亦俳谐体也。"② 可见蔡邕此赋无讽刺侏儒之意，而是将侏儒群体作为奇异之人来欣赏，从中得到奇趣。而我们推测蔡邕创作此赋毫无严肃的意图，其目的即为娱乐，即"聊以游意"。和《短人赋》相似的还有其《青衣赋》，《青衣赋》因其后半部分感情真挚，多数学者将其视为蔡邕自身经历的自述，如此则有穿凿附会之嫌。笔者认为此赋可以视为蔡邕对身边某位婢女的欣赏，感叹此婢女有绝世的才貌却出身底层，大抵是出于对这种奇特现象的慨叹，所以才将其写入赋中。此赋和《短人赋》一样，大概是蔡邕诵经之余、公退之暇的调剂。此类的赋作还有很多，如《笔赋》《弹琴赋》《弹棋赋》大抵可以视为其"聊以游意"之作。

总之，陈留文人认为儒家经典关乎治国理民，其地位不能动摇。然而辞赋的作用也不能完全抹杀，辞赋可以作为士人参政之余的一种娱乐消遣，一种余事，即蔡邕所说的"聊以游意"。陈留文人正是在这种"聊以游意"观念的指引下，才将创作视角转向女性和外物，并因此创作了较多歌咏女性和外物的辞赋，显示了汉末辞赋在题材的新变。在形式上，陈留文人推崇平易的赋风，但平易并不意味着低俗，作为士大夫其欣赏具有高雅趣味的辞赋，对于低级趣味的辞赋陈留文人是坚决摒弃的。出于政治教化的目的，陈留文人虽然并未对辞赋的地位有所提高，但已将辞赋和经学区别看待，这在某种程度上来说就看出文学具有其自身独立的价值，其观念正是汉末文学走向独立的体现。

---

① 费振刚，胡双宝，宗明华：《全汉赋》，北京大学出版社，1997年，第576页。
② 转引自费振刚，仇仲谦，刘南平校注：《全汉赋校注》，广东教育出版社，2005年，第928页。

第六章 蔡邕及其文学创作

在汉末的陈留文人中,蔡邕可谓是翘楚,所以研究陈留文人的文学创作,不能对蔡邕避而不谈。有关蔡邕的研究,当今学界已有不少成果,但对于蔡邕的性格、文学观念及其诗歌的研究尚相对薄弱。所以本章试图从蔡邕的性格入手,探讨蔡邕的性格对其文学创作的影响,探究蔡邕的文学观念,且旁及其诗歌创作。

第一节 蔡邕的性格及其对文学的影响

蔡邕虽出生于世家大族,却一生坎坷。早年即丧双亲。入仕后又因得罪宦官而亡命江海达十二年之久。幼年失怙加上多年的宦海浮沉,养成了蔡邕重情的性格,某种意义上来说,情感是蔡邕坎坷生命中的慰藉和寄托。

一、蔡邕重情的性格

(一) 蔡邕对亲情尤为注重

蔡邕的重情体现在其对亲人的关怀上。史载:"邕性笃孝,母常滞病三年,邕自非寒暑节变,未尝解襟带,不寝寐者七旬。"[1] 其母病重后,蔡邕侍疾衣不解带。此点既体现了蔡邕孝顺的本性,又说明蔡邕母子感情深厚。除了母亲外,蔡邕对妻、女也满怀真挚。蔡邕因上书得罪权贵,被徙朔方,其到边地后作《戍边上章》中云:"臣初被逮,妻子迸窜……"[2] 其言语中流露出被贬而累及妻子的歉疚,侧面反映了蔡邕对妻子的怜爱。此外,蔡邕对子女也充

---

[1] 范晔:《后汉书》卷六十下《蔡邕列传》,中华书局,1965年,第1980页。
[2] 邓安生:《蔡邕集编年校注》,河北教育出版社,2002年,第275年。

满疼爱。史载蔡邕的女儿蔡琰"博学有才辩,又妙于音律"①,蔡琰的"博学"和"妙于音律"应得益于其父蔡邕的教导。蔡邕去世后,曹操用金璧将蔡琰从匈奴赎回中原,并问及其家藏书所剩几何时,蔡琰答曰:"昔亡父赐书四千许卷,流离涂炭,罔有存者。"② 蔡邕生前赐给女儿蔡琰四千多卷书,可见其不但不轻视女子,且非常重视女子的教育。因为蔡琰受到了良好的教育,才成就了其才女的称号。除了文化教育外,蔡邕还很重视对子女的才艺教育。李贤的《后汉书》注引刘昭的《幼童传》载:"邕夜鼓琴,弦绝。琰曰:'第二弦。'邕曰:'偶得之耳。'故断一弦问之,琰曰:'第四弦。'并不差谬。"③ 蔡邕夜中抚琴,琴弦断绝,蔡琰料定是第二弦断,蔡邕以为蔡琰是偶然猜对,故意又断一弦,蔡琰又判断出是第四弦断。此则材料体现了蔡邕对女儿的艺术教育,所以后来才有了蔡琰的"妙于音律"。

此外,蔡邕也很重视宗族内部、亲戚之间的感情。蔡邕幼年丧父后,颇得其叔父蔡质的照顾,其在《与人书》中云:"邕薄祜,早丧二亲,年逾三十,鬓发二色,叔父亲之,犹若幼童。居则侍坐,食则比豆。"④ 蔡邕年逾三十,叔父对其仍"犹若幼童。居则侍坐,食则比豆。"足见其叔侄感情深厚。不独叔父,蔡邕与从弟亦相处甚洽。史书载蔡邕自丧父后"与叔父从弟同居,三世不分财,乡党高其义"⑤。"与叔父从弟同居"说明蔡邕颇为重视宗族感情。蔡邕重视亲情的一面还体现在其重视亲戚之情,在《与袁公书》一文中,其云:"朝夕游谈,从学宴饮,酌麦醴,燔干鱼,欣欣焉乐在其中矣。"⑥ 这里的"袁公"邓安生先生指出:"按:袁公疑指袁滂,即蔡邕外舅。"⑦ 在信中蔡邕描述与外舅袁滂朝夕相处的欢乐,足见甥舅二人感情甚笃。

(二) 蔡邕注重师友门生之情

蔡邕不但注重亲情,对师友之情亦颇为重视。胡广是蔡邕的师傅,其很欣赏蔡邕的史才,将自己积累多年的史料全部交付蔡邕,蔡邕在其《戍边上章》中云:"臣自在布衣,常以为《汉书》十志,下尽王莽,而世祖以来,唯有纪传,无续志者。臣所师事故太傅胡广,知臣颇识其门户,略以所有旧事与臣,

---

① 范晔:《后汉书》卷八十四《列女传》,中华书局,1965年,第2800页。
② 范晔:《后汉书》卷八十四《列女传》,中华书局,1965年,第2801页。
③ 范晔:《后汉书》卷八十四《列女传》,中华书局,1965年,第2800页。
④ 邓安生:《蔡邕集编年校注》,河北教育出版社,2002年,第473页。
⑤ 范晔:《后汉书》卷六十下《蔡邕列传》,中华书局,1965年,第1980页。
⑥ 邓安生:《蔡邕集编年校注》,河北教育出版社,2002年,第469页。
⑦ 邓安生:《蔡邕集编年校注》,河北教育出版社,2002年,第469页。

虽未备悉，粗见首尾。"① 胡广将积累多年的史料交于蔡邕，足见其对蔡邕的赏识。对于这种赏识蔡邕也抱着一种感恩的心情，其师胡广去世后，蔡邕十分悲痛，其云："进睹坟茔，几筵空设，退顾堂庑，音仪永阙，感悼伤怀，心肝若割。"② 恩师胡广去世后，蔡邕到坟茔，看到的是空设的"几筵"，回到恩师的旧居，难寻其音容，想到此，自己的内心"心肝若割"。胡广和蔡邕师徒情深如此。除师长外，蔡邕还多交有才华的后辈。蔡邕虽长孔融二十岁，二人却是忘年之交，且感情甚笃。蔡邕去世后，孔融对其念念不忘，史书载："（孔融）与蔡邕素善，邕卒后，有虎贲士貌类于邕，融每酒酣，引与同坐，曰：'虽无老成人，且有典刑。'"③ 蔡邕卒后，孔融每酒酣，则引相貌与蔡邕类似的虎贲之士与之同坐，其情形犹如蔡邕仍在，可见孔融与蔡邕交情之深，此则材料也从侧面亦反映了蔡邕亦是重情之人。

汉人对征辟自己为官的官员抱有特殊的情感，此种情感被称为门生故吏之情，蔡邕就很重视门生故吏之情。董卓虽暴虐，但却对蔡邕青睐有加，史载："卓重邕才学，厚相遇待，每集宴，辄令邕鼓琴赞事，邕亦每存匡益。"④ 足见董卓对蔡邕的看重。董卓被诛后，蔡邕在王允座中，当众表现出对董卓之死的伤叹，史载："及卓被诛，邕在司徒王允坐，殊不意言之而叹，有动于色。允勃然叱之曰：'董卓国之大贼，几倾汉室。君为王臣，所宜同忿，而怀其私遇，以忘大节！今天诛有罪，而反相伤痛，岂不共为逆哉？'即收付廷尉治罪。"⑤ 此时蔡邕已经六十一岁，以其暮年的年纪，加上将近二十年坎坷的政治遭际，他自然能懂得被视为"国之大贼"的董卓被诛的现实意味，但蔡邕仍情不能已地当众为其伤叹，说明"这位才高学博的士大夫，作为逐渐成长起来的中国古代文人的典型，感情真挚而细腻，一往情深"。⑥ 王允指责蔡邕对董卓"怀其私遇"，这个指责某种程度来说是恰当的，正如有学者所指出的："蔡邕虽对董卓有微辞，在与这位实际执政的关系中感觉不自在，但对于后者在自己漂泊无依时所给予的巨大的境遇的改善，不能不充满了知遇感恩之情。而个人感情竟然公开突破了政治道德、政治利害的防线，即使是暂时的，也足以显示蔡邕政治理智的贫乏和天真。"⑦ 这里蔡邕的言辞举动就是文人式

---

① 邓安生：《蔡邕集编年校注》，河北教育出版社，2002年，第274页。
② 邓安生：《蔡邕集编年校注》，河北教育出版社，2002年，第274页。
③ 范晔：《后汉书》卷七十《郑孔荀列传》，中华书局，1965年，第2277页。
④ 范晔：《后汉书》卷六十下《蔡邕列传》，中华书局，1965年，第2006页。
⑤ 范晔：《后汉书》卷六十下《蔡邕列传》，中华书局，1965年，第2006页。
⑥ 于迎春：《秦汉士史》，北京大学出版社，2000年，第555页。
⑦ 于迎春：《秦汉士史》，北京大学出版社，2000年，第555-556页。

的，为了知遇之恩，不顾政治利害，蔡邕的做法无需过度指责，这里蔡邕的表现显示了他只不过是一个重情的文人。蔡邕因董卓之死所表现的义气、重情的一面，遭到后世的非议，然终有人能理解蔡邕，几百年后《后汉书》的作者范晔为其辩护云：

  论曰：意气之感，士所不能忘也。流极之运，有生所共深悲也。当伯喈抱钳扭，徙幽裔，仰日月而不见照烛，临风尘而不得经过，其意岂及语平日倖全人哉！及解刑衣，窜欧越，潜舟江壑，不知其远，捷步深林，尚苦不密，但愿北首旧丘，归骸先垄，又可得乎？董卓一旦入朝，辟书先下，分明枉结，信宿三迁。匡导既申，狂僭屡革，资《同人》之先号，得北叟之后福。屡其庆者，夫岂无怀？君子断刑，尚或为之不举，况国宪仓卒，虑不先图，矜情变容，而罚同邪党？执政乃追怨子长谤书流后，放此为戮，未或闻之典刑。①

范晔可谓深知蔡邕者。

(三) 蔡邕对德才出众的士人或女子怀有真挚的感情

  蔡邕对德行或才华出众的士人满怀欣赏之情。申屠蟠德才兼备，蔡邕向州郡举荐其云："(申屠蟠) 安贫乐潜，味道守真，不为燥湿轻重，不为穷达易节。方之于邕，以齿则长，以德则贤。"② 蔡邕云申屠蟠贤于己，当不是阿谀之辞，而是发自内心的欣赏；蔡邕的同乡边让才华横溢，蔡邕向何进推荐边让云："窃见令史陈留边让，天授逸才，聪明贤智。髫龀夙孤，不尽家训。及就学庐，便受大典。初涉诸经，见本知义。"③ 蔡邕用"天授逸才"来形容边让，可见其对边让赞誉有加；姜肱是其时著名的处士，蔡邕称赞其德性云："体惠理和，有上德之素；安静守约，有及婴儿恬荡之固。"④ 陈留圈称一生未仕，但颇有才华，曾撰《陈留风俗传》一书，其时蔡邕已为名士，圈称临终时云："知我者其蔡邕。"⑤ 圈称和蔡邕并不熟稔，临终之前却云"知我者其蔡邕"，应是基于其对蔡邕爱才名声的耳闻，蔡邕也不负期许，亲自为其撰写碑铭。陈留有孝子程末，年十四岁，祖父去世，程末伏尸痛哭，"号泣悲哀，口干气少，喘息裁属。"⑥ 其孝心如此，蔡邕听闻后欲将其举荐给陈留太守，并前去慰问程末，"臣问乐为吏否，垂泣求去，白归丧所。臣为设食，但用麦饭寒

---

① 范晔：《后汉书》卷六十下《蔡邕列传》，中华书局，1965年，第2007页。
② 范晔：《后汉书》卷五十三《周黄徐姜申屠传》，中华书局，1965年，第1751页。
③ 范晔：《后汉书》卷八十下《文苑列传》，中华书局，1965年，第2646页。
④ 邓安生：《蔡邕集编年校注》，河北教育出版社，2002年，第178页。
⑤ 邓安生：《蔡邕集编年校注》，河北教育出版社，2002年，第114页。
⑥ 邓安生：《蔡邕集编年校注》，河北教育出版社，2002年，第109页。

水,不食肥腻……虽成人之年,知礼识义之士,恐不能及。"① 程末是年仅十四岁的幼童,与蔡邕素不相识,但蔡邕却激赏其孝行,不但亲表慰问,还将其推荐给陈留太守,蔡邕此举仅是出于对程末的欣赏;郭泰是当时的名士,与蔡邕相交甚笃,其去世后,蔡邕为其撰写的《郭有道林宗碑》云:"先生诞膺天衷,聪睿明哲,孝友温恭,仁笃柔惠。……贞固足以干事,隐括足以矫时。"②从"贞固足以干事,隐括足以矫时"句中可知,蔡邕对郭泰的欣赏可谓极致;王粲虽少有异才却容状短小,初王粲不为人知时,蔡邕却为其延誉,史载:"献帝西迁,粲徙长安,左中郎将蔡邕见而奇之。时邕才学显著,贵重朝廷,常车骑填巷,宾客盈坐。闻粲在门,倒屣迎之。粲至,年既幼弱,容状短小,一坐尽惊。邕曰:'此王公孙也,有异才,吾不如也。吾家书籍文章,尽当与之。'"③ 其时蔡邕为文坛领袖,王粲作为后辈,且容状短小,当一座皆对王粲流露出不屑之意时,蔡邕却云"吾不如也",还准备将其所藏书籍尽与之,蔡邕有此等胸怀并不完全出于对王粲出身的看重,更多的是对王粲才华的欣赏。

除了德才兼备的士人外,蔡邕对才华出众的女性亦怀有真挚的感情。汝南袁隗妻是著名学者马融之女也,字伦,史载"伦少有才辩"④,知名当世。其卒后,蔡邕为其撰《司徒袁公夫人马氏碑铭》,赞扬马伦"温慈惠爱,慎而寡言,幼从师氏四礼之教,早达窈窕德象之仪"⑤。此处蔡邕对马氏的敬意,并非完全出自马氏的身份,也由于马氏"幼从师氏四礼之教,早达窈窕德象之仪",知书达理,修养深厚。一般的碑文仅叙述碑主的生平即可,但因为马氏德才兼备,其去世后子女流露出发自内心的伤痛,令蔡邕颇为动容,文末蔡邕又代马氏子女,描写马氏去世后其子女的悲痛之情,其云:

宣慈惠和,恩泽并周。义方之训,如川之流。俾我小子,蒙昧以彪。不享遐年,以永春秋。往而不返,潜沦大幽,鸣呼哀哉!几筵虚设,帏帐空陈。品物犹在,不见其人。魂气飘飘,焉所安神?兄弟何依?姊妹何亲,号兆切怛,曾不我闻。于嗟上天。何辜而然,伤逝不续,往者不旋。⑥

这里蔡邕揣测孝子的心情,代为抒发其悲痛。文中首先叙写马氏教子有方,其后再写马氏去世后儿女的悲痛之情和无所依恃的怅惘,最后写其子女呼

---

① 邓安生:《蔡邕集编年校注》,河北教育出版社,2002年,第109页。
② 邓安生:《蔡邕集编年校注》,河北教育出版社,2002年,第142页。
③ 陈寿:《三国志·魏书》卷二十一《王卫二刘傅传》,中华书局,1959年,第597页。
④ 范晔:《后汉书》卷八十四《列女传》,中华书局,1965年,第2796页。
⑤ 邓安生:《蔡邕集编年校注》,河北教育出版社,2002年,第334年。
⑥ 邓安生:《蔡邕集编年校注》,河北教育出版社,2002年,第334-335页。

天抢地、无法言状的悲痛之情。此前蔡邕亦经历过丧母之痛，亲身经历再加上其重情的性格，所以其代为抒发孝子的悲痛之情显得真实、感人。值得注意的是，此前的碑铭文中少有情感的流露，但蔡邕碑铭文的抒情意味却颇浓，正如有的学者所指出的："《议郎胡公夫人哀赞》《济北相崔君夫人诔》，两篇都是为人代笔，但写孝子的悲痛之情，一如己出，具有浓郁的抒情色彩和极强的感染力。像这样具有强烈的文学性的诔、赞，不论在汉代还是汉代以后，都是不多见的。"①

此外，蔡邕对才貌出众的女子多怀倾慕之情。灵帝建宁四年（171），郭泰卒，蔡邕与卢植等人赴介休吊唁，途中"经过杨国，与主人女婢嬿婉情好，而迫于程限，不得不匆匆离去，因而追述相思之情，不可排遣。"② 于是作《青衣赋》。赋中其描写婢女云：

盼倩淑丽，皓齿蛾眉。玄发光润，领如蝤蛴。纵横接发，叶如低葵。修长冉冉，硕人其颀。绮袖丹裳，蹑蹈丝扉。盘珊蹴蹀，坐起昂低。和畅善笑，动扬朱唇。都冶武媚，卓砾多姿。精慧小心，趋事若飞。中馈裁割，莫能双追。③

赋中蔡邕从相貌、姿态、行事等多个方面称赞这位女子，最后表达了对这位婢女的爱慕。蔡邕对才貌出众女子的欣赏还表现在其《检逸赋》中。其辞云："夫何姝妖之媛女，颜炜烨而含荣。普天壤其无丽，旷千载而特生。余心悦于淑丽，爱独结而未并。"④ 赋中描写了一位旷世丽女，作者写其容貌是"颜炜烨而含荣"，写其千古难遇是"普天壤其无丽，旷千载而特生"。接着又抒发了对这位女子的爱慕之情，"余心悦于淑丽，爱独结而未并"。蔡邕的辞赋中对女性的欣赏和赞美还体现在《协初赋》中，赋中描写新妇云："其在近也，若神龙采鳞翼将举；其既远也，若披云缘汉见织女。立若碧山亭亭竖，动若翡翠奋其羽。众色燎照，际之无主。面若明月，辉似朝日。色若莲葩，肤如凝蜜。"⑤ 这里从近看、远观两个角度，动、静两个方面来描写新妇的美丽，言辞中亦流露出对女性的欣赏。需要注意的是，蔡邕对才貌出众女性的欣赏、爱慕，大抵是出于对美好事物的欣赏，并无亵渎之意，并且对男女情感的大胆抒写也是源自汉末的风尚，正如有的学者所云："这些赋（《检逸赋》《协初赋》等）在说明蔡邕是性情中人的同时，也反映出东汉末年礼崩乐坏、道德

---

① 邓安生：《蔡邕集编年校注》，河北教育出版社，2002年，第10页。
② 邓安生：《蔡邕集编年校注》，河北教育出版社，2002年，第599页。
③ 费振刚，胡双宝，宗明华：《全汉赋》，北京大学出版社，1993年，第573页。
④ 费振刚，胡双宝，宗明华：《全汉赋》，北京大学出版社，1993年，第596页。
⑤ 费振刚，胡双宝，宗明华：《全汉赋》，北京大学出版社，1993年，第591页。

约制松弛和人性通脱的新曙光。"① 因为蔡邕重情的个性,加上汉末经学松动而兴起的尚情思潮,所以蔡邕文学作品多表现出抒情性特质,正如袁济喜先生所云:"(蔡邕)在经历了各种人生磨难后,其文学观念发生了变化,形成了发愤著书与抒写真情的文学观。"②

二、蔡邕求真的个性

除了重情之外,蔡邕的性格还有求真的一面。此点表现在:首先,蔡邕反对狡诈的世风和学风。蔡邕在其《释悔》中论及战国世风云:

昔自太极,君臣始基,有羲皇之洪宁,唐、虞之至时。三代之隆,亦有缉熙,五伯扶微,勤而抚之。于斯已降,天网纵,人纮弛,王涂坏,太极陁,君臣土崩,上下瓦解。于是智者骋诈,辩者驰说。武夫奋略,战士讲锐。电骇风驰,雾散云披,变诈乖诡,以合时宜。或画一策而绾万金,或谈崇朝而锡瑞珪。连衡者六印磊落,合从者骈组流离。隆贵翕习,积富无崖,据巧蹈机,以忘其危。夫华离蒂而萎,条去干而枯,女冶容而淫,士背道而辜。人毁其满,神疾其邪,利端始萌,害亦渐牙。③

蔡邕认为从上古到夏、商、周三代以至春秋五霸,皆可谓世风淳朴、纯良时期。到战国之时,纲纪毁坏"智者骋诈,辩者驰说。武夫奋略,战士讲锐",世风日下,诡计盛行,狡诈登用,据巧蹈机,于是"神疾其邪""害亦渐牙"。蔡邕对战国之世的形容,表现了其对虚伪狡诈风气的强烈不满。蔡邕对虚伪世风的不满不仅表现在其对战国世风的批评上,还表现在其对东汉晚期世风的批判上。灵帝熹平六年(177),有多个市井之徒,自称为汉桓帝守孝长达十年之久,是为"宣陵孝子"。灵帝得知后,将这些市井之徒皆任命为郎中或太子舍人,史载:"(四月)市贾民为宣陵孝子者数十人,皆除太子舍人。"④七月,蔡邕上书时请求罢免这些人,其在《上封事陈政要七事》中云:

伏见前一切以宣陵孝子为太子舍人。臣闻孝文皇帝制丧服三十六日,虽继体之君,父子至亲,公卿列臣,受恩之重,皆屈情从制,不敢逾越。今虚伪小人,本非骨肉,既无幸私之恩,又无禄仕之实,恻隐思慕,情何缘生?而群聚山陵,假名称孝,行不隐心,义无所依,至有奸轨之人,通容其中。⑤

---

① 曹旭、蒋碧薇:《宫体诗与汉魏六朝赋的悖论》,《复旦学报》,2019年,第1期。
② 袁济喜:《论蔡邕与汉魏文学观念的禅代》,《武汉大学学报》,2015年,第1期。
③ 范晔:《后汉书》卷六十下《蔡邕列传》,中华书局,1965年,第1982页。
④ 范晔:《后汉书》卷八《灵帝纪》,中华书局,1965年,第339页。
⑤ 范晔:《后汉书》卷六十下《蔡邕列传》,中华书局,1965年,第1997-1998页。

由此可见蔡邕对于以"宣陵孝子"为代表的社会上"虚伪小人"的行径，深恶痛绝，蔡邕提出"宣陵孝子"与桓帝"本非骨肉""情何缘生"，他们"假名称孝，行不隐心，义无所依"。从此则奏疏中可以看出蔡邕认为孝道应发自本心，对于"本非骨肉""假名称孝"的假孝道应予以痛斥。

其次，蔡邕对虚伪的学风亦无法容忍。东汉时期，章句之学日渐繁琐，为了仕进，儒生多叠床架屋甚至"一经说至百余万言"①。此种风气到东汉后期更甚，何休在其《春秋公羊传解诂序》中云："……至有倍经任意反传违戾者，其势虽问，不得不广。是以讲诵师言至于百万犹有不解。时加酿嘲辞，援引他经，失其句读，以无为有。甚有可闵笑者，不可胜记也。"② 这里何休的本意是说明东汉以来不遵师法的现象，实则反映了今文经学由繁琐、重师法不重义理而导致的混乱。范晔的《后汉书·宦者列传》记载了由于经学的弊端而引起了选举上的混乱，其云："……诸博士试甲乙科，争弟高下，更相告言，至有行赂定兰台漆书经字，以合其私文者。"③ 为防止流弊，蔡邕、杨赐等人乃上书正定《六经》，史载：

邕以经籍去圣久远，文字多谬，俗儒穿凿，疑误后学，熹平四年，乃与五官中郎将堂豁典，光禄大夫杨赐，谏议大夫马日磾、议郎张驯、韩说，太史令单飏等，奏求正定《六经》文字。灵帝许之，邕乃自书丹于碑，使工镌刻立于太学门外。于是后儒晚学，咸取正焉。及碑始立，其观视及摹写者，车乘日千余两，填塞街陌。④

蔡邕等人的上书表现了其对于经学内部"俗儒穿凿"，对于儒生们不择手段巧取功名现象的极度不满，所以才上疏要求正定《六经》文字。

最后，蔡邕求真的个性还体现在其人物品评上。由于蔡邕出色的文学才能，所以常应邀为他人代写碑铭文。因碑铭文是对死者生前事迹的记录，其中难免有颂谀的成分。蔡邕因为人撰写碑文较多的缘故，有时会为此汗颜，此点正可以说明蔡邕内心追求对墓主真实的评价。郭泰经明行修，在东汉晚期的士林中享有很高的声誉，蔡邕与其交往颇多。郭泰去世后，蔡邕亲临郭泰的家乡介休参加其葬礼，并为郭泰撰写《郭有道林宗碑》。因郭泰学问渊博，德行高洁，所以蔡邕在碑文中对郭泰的赞美称得上名副其实，为此蔡邕还专门向友人称道，史载郭泰卒后"四方之士千余人，皆来会葬。同志者乃共刻石立碑，

---

① 班固：《汉书》卷八十八《儒林传》，中华书局，1962年，第3620页。
② 阮元校刻：《十三经注疏》，中华书局影印本，1980年，第2190—2191页。
③ 范晔：《后汉书》卷七十八《宦者列传》，中华书局，1965年，第2533页。
④ 范晔：《后汉书》卷六十下《蔡邕列传》，中华书局，1965年，第1990页。

蔡邕为其文，既而谓涿郡卢植曰：'吾为碑铭多矣，皆有惭德，唯郭有道无愧色耳'"①。此处蔡邕只不过表达了内心追求真实的创作观念，后来却为人诟病有"谀碑"之嫌。再如蔡邕对虚伪的"宣陵孝子"厌恶至极，而对于发自真心的孝子程末则称赞不已。其在《为陈留太守上孝子表》一文中称程末："年十四岁时，祖父叔病殁，（程）末抱伏叔尸，号泣悲哀，口干气少，喘息裁属。舅偃，哀其赢劣，嚼枣肉以哺之。末见食歔欷，不能吞咽，麦饭寒水间用之。舅偃诱劝，哽咽益甚，是后精美异味遂不过口。"② 程末年十四岁，祖父病逝后悲哀号泣，几近昏厥，后口不能吞咽，其孝敬之情感人至深，最后蔡邕特别指出程末之孝是"其至行发于自然，非耳目闻见所仿效也。虽成人之年，知礼识义之士，恐不能及。"③ 从文中可以看出，蔡邕特别注重这种"发于自然"的孝心，并且指出这种发自自然的真情，非成人知礼识义之后所能及，蔡邕之所以如此推重程末发于自然的孝心，与其求真的思想有很大联系。

追溯蔡邕求真思想的来源，除了受当时社会风气的影响之外，有两个人对蔡邕的影响值得注意，一个是王充，一个是朱穆。王充是带有异端思想的思想家，其最重要的著作是《论衡》，"充所作《论衡》，中土未有传者，蔡邕入吴始得之，恒秘玩以为谈助。"④《论衡》一书中最大的特点是"疾虚妄"⑤，即反对虚假不实。蔡邕十分重视《论衡》一书，亲自将其引入中原，以此推测，王充这种追求真实的观念对蔡邕有一定的影响。朱穆也是对蔡邕影响极大的人，史称："及（朱）穆卒，蔡邕复与门人共述其体行，谥为文忠先生。"⑥并亲为朱穆撰写碑文。此外蔡邕还非常欣赏朱穆的文才，史载"（朱）穆著论甚美，蔡邕尝至其家自写之。"⑦ 朱穆最重要的文章是《崇厚论》，其文有云：

夫道者，以天下为一，在彼犹在己也。故行违于道则愧生于心，非畏义也；事违于理则负结于意，非惮礼也。故率性而行谓之道，得其天性谓之德。德性失然后贵仁义，是以仁义起而道德迁，礼法兴而淳朴散。故道德以仁义为薄，淳朴以礼法为贼也。夫中世之所敦，已为上世之所薄，况又薄于此乎！⑧

在这里朱穆认为个人德行的践履，并非起于外在规范的约束，而是发自内

---

① 范晔：《后汉书》卷六十八《郭符许列传》，中华书局，1965年，第2227页。
② 邓安生：《蔡邕集编年校注》，河北教育出版社，2002年，第109页。
③ 邓安生：《蔡邕集编年校注》，河北教育出版社，2002年，第109页。
④ 范晔：《后汉书》卷四十九《王充王符仲长统列传》，中华书局，1965年，第1629页。
⑤ 王充著，黄晖校释：《论衡校释》，中华书局，1990年，第870页。
⑥ 范晔：《后汉书》卷四十三《朱乐何列传》，中华书局，1965年，第1473页。
⑦ 范晔：《后汉书》卷四十三《朱乐何列传》，中华书局，1965年，第1473页。
⑧ 范晔：《后汉书》卷四十三《朱乐何列传》，中华书局，1965年，第1464页。

心的要求。自然之"道"是内存于本心的，于是"率性而为""得其天性"便是道德。朱穆的以"心"为道德之本的观点，正如有的学者所论："其理论来源是先秦儒学，而其现实依据则是礼法废弛、社会风气颓废的现状，是当代任诞之风中体现的重情求真的生活态度在理论上的曲折表述，具有提高人的主体性的意义。"① 朱穆这种"率性而为""得其天性"的观念对蔡邕的求真思想有一定影响。

第二节 蔡邕的文学观念

蔡邕重情求真的性格对其文学创作产生了很大的影响，表现为其在创作上也追求重情求真。具体来说就是蔡邕的创作追求真实，追求缘事而发，而不是无病呻吟，在叙事、描写之外，更加追求文学的抒情性，此种创作倾向在蔡邕的辞赋中体现得最为明显。

一、蔡邕在创作上追求缘事而发

东汉前期多描写都邑、宫苑的大赋，其作品也多为文人骋才之作，现实情境对作家创作的触动不甚明显。到东汉中晚期，辞赋的创作受现实影响的成分增强，缘事而发的赋作逐渐增多，如崔寔的《大赦赋》序云："惟汉之十一年四月，大赦，涤恶弃秽，与海内更始，亹亹乎恩隆平之进也，寔就而赋焉。"② 费振刚先生推断此赋的创作时间是"此指汉和帝十一年四月大赦"③，可见崔寔此赋是有感于和帝时期朝廷的大赦而作；赵岐的《蓝赋》序云："余就医偃师，道经陈留，此境人皆以种蓝染绀为业。蓝田弥望，黍稷不植，慨其遗本念末，遂作赋曰……"④ 由此可知赵岐此赋是有感于陈留人以种蓝为业，荒废农桑而作。诸如此类，到东汉晚期文人的辞赋创作，有感于现实情境的作品陡增。

东汉晚期社会现实的激荡，加上蔡邕求真的性格使得蔡邕的辞赋多缘事而发之作。其《述行赋》作于桓帝延熹二年（159），其时宦官得势，"五侯"

---

① 蓝旭：《东汉士风与文学》，人民文学出版社，2004年，第231页。
② 费振刚，仇仲谦，刘南平校注：《全汉赋校注》，广东教育出版社，2005年，第842页。
③ 费振刚，仇仲谦，刘南平校注：《全汉赋校注》，广东教育出版社，2005年，第843页。
④ 费振刚，胡双宝，宗明华：《全汉赋》，北京大学出版社，1997年，第552页。

之一的徐璜听闻蔡邕善于鼓琴,让朝廷下令征召蔡邕入京,于是蔡邕被迫前行。在从陈留前往洛阳的途中,蔡邕撰写了《述行赋》,其序说明了蔡邕此时的心境,其云:

"延熹二年秋,霖雨逾月。是时梁冀新诛,而徐璜、左悺等五侯擅贵于其处又起显阳苑于城西,人徒冻饿不得其命者甚众。白马令李云以直言死,鸿胪陈君以救云抵罪。璜以余能鼓琴,白朝廷敕陈留太守发遣余到偃师,病不前,得归。心愤此事,遂托所过述而成赋。"①

序中蔡邕明确表明撰写此赋是"心愤此事"。"此事"是指徐璜等五位宦官专权,不但大肆修建府第,而且还残害朝中的正直之臣,蔡邕由于"心愤此事,遂托所过述而成赋",可见蔡邕的《述行赋》是缘事而发的作品;再如其《霖雨赋》写到:"夫何季秋之霪雨兮,既弥日而成霖。瞻玄云之晻晻兮,听长雷之淋淋。中宵夜而叹息,起饰带而抚琴。"② 史书载:(延熹)二年(159)夏,京师雨水。"③ 据邓安生先生分析《霖雨赋》作于蔡邕从陈留赴洛阳的途中,其在《蔡邕年谱》中指出:"按《霖雨赋》写季秋之淫雨成霖,与《述行赋》同,所写情绪亦相合,当是赴洛途中作。"④ 陈留临近洛阳,根据邓先生的分析可知,蔡邕此赋是有感于京师洛阳附近久雨而作,大抵久雨使百姓受灾,所以引起了作者内心的忧虑。

不但朝廷的局势,百姓的流离等大事会引起蔡邕内心的震动,从而创作辞赋,作为文人,身边的琐碎之事亦足以引起其情感的波动。如在《伤胡栗赋》的序中,蔡邕自云其创作原因是"人有折蔡氏祠前栗者,故作斯赋。"⑤ 祠堂前的栗树为人所折就可以引起蔡邕内心的伤感,可见其创作属于受现实触动"缘事而发"的类型。至于秋天秋蝉的哀鸣亦能引起蔡邕的哀叹,其《蝉赋》云:"白露凄其夜降,秋风肃以晨兴。声嘶嗌以沮败,体枯燥以冰凝。"赋中描写了作者对秋天的感受,作者对即将逝去的秋蝉流露出深深的惋惜,由赋文推测此赋的创作源自于现实中作者的真实感受,即在秋日中听到秋蝉的哀鸣,有感于其生命的不永而创作此赋。

东汉前期,汉赋的创作动机与现实情境及作者内心的感触联系还不甚紧密,到东汉晚期以后,随着现实政治的激荡和文人自我意识的觉醒,越来越多的文人根据现实情境和自己内心的触动来创作,这种创作方式后人总结为

---

① 费振刚,胡双宝,宗明华:《全汉赋》,北京大学出版社,1997年,第566页。
② 费振刚,胡双宝,宗明华:《全汉赋》,北京大学出版社,1997年,第595页。
③ 范晔:《后汉书》卷七《桓帝纪》,中华书局,1965年,第304页。
④ 邓安生:《蔡邕集编年校注》,河北教育出版社,2002年,第593页。
⑤ 费振刚,胡双宝,宗明华:《全汉赋》,北京大学出版社,1997年,第584页。

"缘事而发"。此后文人较少为了"润色鸿业"①而创作，更多地是为了抒发闲情逸致而作，蔡邕即是这种新倾向的代表。其以自身的创作将这一倾向发扬光大，对后来的建安文人影响甚大。建安时期现实的动荡，生命的逝去都给文人的内心带来了极大的触动，从建安文人怜悯阮瑀的遗孀而集体创作《寡妇赋》，以及慨叹蔡邕之女蔡琰在汉末动乱中被掳胡中经历而创作《蔡伯喈女赋》，可以看出其"缘事而发"的创作动机。而建安文人之前的陈留文人就已经尝试这种创作方式，正如袁济喜先生所指出的："蔡邕的赋论有着自觉的观念，这就是感于哀乐，缘事而发，寄托深远。"②蔡邕"缘事而发"的创作方式，拉近了文学和现实、情感的距离。在这种创作方式的启发下，建安文人创造了我国文学史上的第一个高潮，可以说建安文学的繁荣，离不开蔡邕等人在前面所作的探索，蔡邕的创作为建安文学繁荣的到来，做出了有益的尝试。

二、蔡邕发愤抒情的文学观念

儒家的文学观注重文学与现实的关系，《礼记·乐记》云："治世之音，安以乐，其政和；乱世之音，怨以怒，其政乖；亡国之音，哀以思，其民困。"③按照儒家的观点来说，东汉末年可谓是乱世，范晔的《后汉书·党锢列传》云："是时朝廷日乱，纲纪颓弛，（李）膺独持风裁，以声名自高。士有被其容接者，名为登龙门……膺免归乡里，居阳城山中，天下士大夫皆高尚其道，而污秽朝廷。"④面对"朝廷日乱，纲纪颓废"的局势，士大夫对朝廷展开了激烈的批判，即"污秽朝廷"，在批判之风的浸染下，文人的创作呈现出发愤抒情的特点，这其中以蔡邕为代表。

初蔡邕因上疏议论政事而得罪权贵，司徒刘郃、中常侍程璜诬奏蔡邕，于是诏下尚书，召蔡邕诘状，邕上书自陈曰：

陛下不念忠臣直言，宜加掩蔽，诽谤卒至，便用疑怪。尽心之吏，岂得容哉？……臣年四十有六，孤特一身，得托名忠臣，死有余荣，恐陛下于此不复闻至言矣。臣之愚冗，职当咎患，但前者所对，（蔡）质不及闻，而衰老白首，横见引逮，随臣摧没，并入坑埳，诚冤诚痛。臣一入牢狱，当为楚毒所迫，趣以饮章，辞情何缘复闻？死期垂至，冒昧自陈。愿身当辜戮，匄质不并

---

① 萧统编，李善注：《文选》，中华书局，1997年，第21页。
② 袁济喜：《论蔡邕与汉魏文学观念之嬗代》，《武汉大学学报》，2015年，第1期。
③ 阮元校刻：《十三经注疏》，中华书局影印本，1980年，第1527页。
④ 范晔：《后汉书》卷六十七《党锢列传》，中华书局，1965年，第2195页。

坐，则身死之日，更生之年也。惟陛下加餐，为万姓自爱。①

此书悲愤交集，其中有对诬陷自己的奸佞小人的痛恨，有对灵帝不护忠臣，致使自己身陷囹圄的痛心，还有对自己老之将至，下狱之后难以重见天日的忧虑，总之，此书充满了怨愤之情，此书上奏朝廷后，朝廷"于是下邕、质于洛阳狱，劾以仇怨奉公，议害大臣，大不敬，弃市。"② 其中"仇怨"二字虽是弹劾蔡邕的罪名，实际上也抓住了蔡邕上书的精髓。

最能体现蔡邕发愤抒情创作观的是《述行赋》。《述行赋》作于"五侯"专权的背景下，正直之臣或被处死或被下狱，在此种情况下，蔡邕撰写了《述行赋》。其序说明了蔡邕作者此时的心境，其云：

延熹二年秋，霖雨逾月。是时梁冀新诛，而徐璜、左悺等五侯擅贵于其处又起显阳苑于城西，人徒冻饿不得其命者甚众。白马令李云以直言死，鸿胪陈君以救云抵罪。璜以余能鼓琴，白朝廷敕陈留太守发遣余到偃师，病不前，得归。心愤此事，遂托所过述而成赋。③

序中蔡邕明确表明撰写此赋是"心愤此事"，一个"愤"字表明了蔡邕对朝廷的态度以及此时的心情。蔡邕"心愤此事"，于是"遂托所过述而成赋"，就用赋作抒发自己的悲愤之情，可见发愤抒情是蔡邕创作此赋的初衷。辞赋的开头作者叙述创作此赋的缘起时云："余有行于京洛兮，遘淫雨之经时。涂屯邅其蹇连兮，潦汙滞而为灾。乘马蹯而不进兮，心郁悒而愤思。聊弘虑以存古兮，宣幽情而属词。"④ 表面上看导致作者心情忧愤的是淫雨经时，道路的泥泞，乘骑的徘徊，但联系赋序可知，作者内心忧愤的深层原因是其对朝政的不满：一方面，作者痛恨宦官祸乱朝政，另一方面，现在却由于宦官的推荐而被迫前往京师为桓帝鼓琴，这在讲究"士节"的东汉晚期，是一个士大夫所不能承受的，所以作者内心极其苦闷，所谓的"心郁悒而愤思"。忧愤使作者的心情难以平静，作者试图通过怀古来抒发自己的苦闷，作者明言"宣幽情而属词"，就是其认识到文学具有抒情宣泄的作用，尤其是抒发悲愤之情。从陈留到洛阳，所经多是先朝故地，历史遗迹甚多，蔡邕每到一处，就联想起相关的掌故，把自己的悲慨寓在对历史的评述中。在陈述了一系列的历史典故之后，作者以古鉴今，对现实进行了深入的思考，其云：

命仆夫其就驾兮，吾将往乎京邑。皇家赫而天居兮，万方徂而并集。贵宠

---

① 范晔：《后汉书》卷六十《蔡邕列传》，中华书局，1965年，第2001-2002页。
② 范晔：《后汉书》卷六十《蔡邕列传》，中华书局，1965年，第2002页。
③ 费振刚，胡双宝，宗明华：《全汉赋》，北京大学出版社，1997年，第566页。
④ 费振刚，胡双宝，宗明华：《全汉赋》，北京大学出版社，1997年，第566页。

煽以弥炽兮，佥守利而不戢。前车覆而未远兮，后乘驱而竞入。穷变巧于台榭兮，民露处而寝湿。清嘉谷于禽兽兮，下糠秕而无粒。弘宽裕于便辟兮，纠忠谏其侵急。怀伊吕而黜逐兮，道无因而获人。唐虞渺其既远兮，常俗生于积习。周道鞠为茂草兮，哀正路之日颓。①

这里作者揭露了人民的"寝湿""无粒"是由于豪族的"守利"，忠臣贤士的"黜逐"是由于皇帝对"便辟"的纵容所导致的，至此作者内心的忧愤倾泻而出，正是基于对现实的清醒认识，所以作者才无心仕途，怅然思归，其云："甘衡门以宁神兮，咏都人而思归"②。总之在《述行赋》中，蔡邕通过对所过之地历史典故的描述，引出桓帝一朝所面临的尖锐矛盾，即权臣把持朝政，蔡邕对于这种现实，心怀忧愤，倾吐为赋。鲁迅先生在《且介亭杂文二集·"题未定草"六》中谈到对蔡邕其人其赋的认识，其云：

例如蔡邕，选家大抵只取他的碑文，使读者仅觉得他是典重文章的作手，必须看见《蔡中郎集》里的《述行赋》，那些'穷工巧于台榭兮，民露处而寝湿；委嘉谷于禽兽兮，下糠秕而无粒'的句子，才明白他并非单单的老学究，也是一个有血性的人，明白那时的情形，明白他确有取死之道。③

鲁迅所说的蔡邕的"有血性"大概是指其敢于对揭露朝政的黑暗，并对这种情况明显抱着一种忧愤的态度，敢于抒发自己的愤怒，让蔡邕成了鲁迅另眼相看的"有血性"的作家，而不单单是一位老学究。

三、以悲为美的整体取向

桓帝喜好音乐，宦官徐璜为取悦桓帝，主动向桓帝奏报蔡邕善抚琴，于是朝廷下令蔡邕即刻从陈留出发到京师洛阳为桓帝鼓琴。当时"霖雨逾月……而徐璜、左悺等五侯擅贵于其处又起显阳苑于城西，人徒冻饿不得其命者甚众。"④ 面对朝政的昏暗和百姓的苦难，蔡邕内心十分悲怆，所以其描写途中的景物亦带有悲凉之感，其云："寻修轨以增举兮，邈悠悠之未央。山风汩以飙涌兮，气愾慨而厉凉。云郁术而四塞兮，雨濛濛而渐唐。仆夫疲而瘏兮，我马虺隤以玄黄。格莽丘而税驾兮，阴曀曀而不阳。"⑤ 这里秋风的寒凉，密布的云气，秋雨的迷蒙，路途的遥远，仆夫的疲惫，皆令作者心生悲凉之意、悲

---

① 费振刚，胡双宝，宗明华：《全汉赋》，北京大学出版社，1997年，第567页。
② 费振刚，胡双宝，宗明华：《全汉赋》，北京大学出版社，1997年，第567页。
③ 鲁迅：《鲁迅全集》，第6册，人民文学出版社，1973年，第414页。
④ 费振刚，胡双宝，宗明华：《全汉赋》，北京大学出版社，1997年，第566页。
⑤ 费振刚，胡双宝，宗明华：《全汉赋》，北京大学出版社，1997年，第567页。

哀之感。接着作者又写道："玄云黯以凝结兮，集零雨之溱溱。路阻败而无轨兮，塗泞溺而难遵。……淹留以候霁兮，感忧心之殷殷。并日夜而遥思兮，宵不寐以极晨。"① 作者再次写道西行途中遇到的阴雨天气，泥泞的道路，导致车马行进的艰难，以及内心的忧心忡忡。这里作者内心的忧愤和阴郁的天气结合在一起，短短几句，就渲染出一层伤感的氛围，也为此赋奠定了一种哀伤的基调。

蔡邕的《霖雨赋》与《述行赋》作于同时，其抒发的情感与《述行赋》亦颇为相似，其赋云："夫何季秋之霖雨兮，既弥日而成霖。瞻玄云之晻晻兮，听长霤之淋淋。中宵夜而叹息，起饰带而抚琴。"② 这里深秋时节连续不断的秋雨，令作者心情郁闷，作者抬头看天空是黑云密布，暗而无光，听外面的声音，只听到屋檐的积水向下流淌的声音，作者内心的苦闷无法疏解，只能借助弹琴来抒发自己忧郁的心情。在这里作者用寥寥数语，就为我们渲染了一种忧伤的氛围。这种悲伤情调在蔡邕的其他赋作中也多有体现。如其《伤胡栗赋》"树遐方之嘉木兮，于灵域之前庭。通二门以征行兮，来揩除而列生。弥霜雪之不凋兮，当春夏而滋荣。因本心以诞节兮，凝育蘖之绿英。形猗猗以艳貌兮，似碧玉之清明。何根茎之丰美兮，将蕃炽以悠长。适祸贼之灾人兮，嗟夭折以摧伤。"③ 这里作者描写了蔡氏祠堂前的胡栗，其春夏滋荣，秋冬不凋，根茎丰美，枝繁叶茂，拥有如此美好的品格的胡栗，却不幸为贼人折断。全赋借祠堂胡栗的夭折，抒发了其对美好生命消逝的忧伤，反映了末世文人对生命脆弱的忧惧。与《伤胡栗赋》同样，抒发生命逝去的伤感的还有《蝉赋》，其描写生命即将逝去的秋蝉云："白露凄其夜降，秋风肃以晨兴。声嘶嗌以沮败，体枯燥以冰凝。虽期运之固然，独潜类乎大阴。"④ 本赋写孟秋之时，因凉风到来，露水降临，蝉鸣愈显凄厉，进而作者想到蝉的生命短暂，等运数到来之后，就要潜于地下。本赋描写蝉，以秋风和霜露为烘托，渲染了凄凉的氛围。联系作者的生平，其一生也是饱经患难，本赋大约作于其暮年，作者感伤于蝉的运数，到了秋天之后，其生命即将逝去。而对于人而言，寿命也是有限，到了期限之后生命就要消逝，所以在此作者名为感伤蝉生命的短暂，实则是感伤人生命的不永。

除了对生命逝去的感伤外，蔡邕的辞赋还有对人生遭遇的感伤。其《瞽师赋》即属此类。其辞云："夫何曚昧之瞽兮，心穹忽以郁伊，目冥冥而无睹

---

① 费振刚，胡双宝，宗明华：《全汉赋》，北京大学出版社，1997年，第567页。
② 费振刚，胡双宝，宗明华：《全汉赋》，北京大学出版社，1997年，第595页。
③ 费振刚，胡双宝，宗明华：《全汉赋》，北京大学出版社，1997年，第584页。
④ 费振刚，胡双宝，宗明华：《全汉赋》，北京大学出版社，1997年，第586页。

兮，嗟求烦以愁悲。抚长笛以摅愤兮，气轰锽而横飞。咏新诗之悲歌兮，舒滞积而宣郁。何此声之悲痛兮，怆然泪以憯恻，类离鹍之孤鸣，似杞妇之哭泣。"① 这里作者描写了瞽师因双目失明而内心忧愁烦闷。瞽师因失明不能视物，凡事皆需求助他人而悲哀发愁。作为一位瞽师，其唯有借助长笛来抒发心中的忧愤，只有通过咏唱新诗中的悲歌，来宣泄堆积的苦闷，而笛声、歌声就像离群鹍鸡哀鸣，杞梁之妻的伏尸痛哭一样，其悲哀伤痛，令人潸然泪下，这里作者似乎表达了瞽师人群的遭遇，作者对这种遭遇表示伤感、同情，却也无可奈何。

蔡邕在文学创作方式上讲究缘事而发，在创作目的上主张发愤抒情，在审美上倾向以悲为美。蔡邕此种文学观念既和汉末的社会形势、社会思潮有关，又与蔡邕本人重情求真的性格有关，更是文人文学兴起的体现。到建安时期，文人的创作更注重外物的触动，更注重抒发一己之情感，在这点上，蔡邕可以说是建安文人的先驱。

第三节　蔡邕的诗歌创作

汉代重视思想家、学者，对于文人则略显轻视。汉代的文人创作多以辞赋为主，鲜有诗歌问世。这种文人诗歌创作沉寂的局面一直到东汉中晚期才得以打破，出现了《古诗十九首》等优秀作品。在恢复文人诗歌创作的道路上，蔡邕做了一些尝试，其诗歌创作对建安时期的文人诗创作做出了有益的探索。

吴郡高彪有雅才，州郡举孝廉，试经第一，曾与蔡邕同在东观校书，蔡邕对其才华颇为欣赏。《后汉书·文苑传》载："时京兆第五永为督军御史，使督幽州，百官大会，祖饯于长乐观。议郎蔡邕等皆赋诗，彪独作箴曰……"② 此则材料是《后汉书》为数不多的文人赋诗的记载，其说明蔡邕此时已经有了诗歌创作。在百官送别第五永的场合，蔡邕等人皆赋诗，唯独高彪作箴，说明在汉人心中"箴"和"诗"有相同的作用。其实，在汉代，四言的颂、赞、箴、铭等应用文体和诗之间有着十分紧密的联系，正如有学者所指出的：

四言诗歌在汉代发生了异化的演变。所谓"异化"，是指四言诗歌变为四言的其他文体，实质是四言的韵文韵语，大多属于应用文体。具体来说，汉代

---

① 费振刚，胡双宝，宗明华：《全汉赋》，北京大学出版社，1997年，第593页。
② 范晔：《后汉书》卷八十下《文苑列传》，中华书局，1965年，第2650页。

四言诗歌的异化，主要是在实际应用中促成了三类不同现象：一是形成了颂、赞、箴、铭等专类应用的四言韵文；二是导致了大量民间谚语采取四言韵语形式；三是影响到辞赋创作中大量运用四言骈语韵句。①

倪先生认为颂、赞、箴、铭等四言韵文是四言诗歌的异化，蔡邕的许多颂歌均属于此类。《后汉书·胡广传》载："熹平六年，灵帝思感旧德，乃图画广及太尉黄琼于省内，诏议郎蔡邕为其颂云。"② 其颂云：

岩岩山岳，配天作辅。降神有周，生申及甫。允兹汉室，诞育二后。曰胡曰黄，方轨齐武。惟道之渊，惟德之薮。股肱元首，代作心膂。天之烝人，有则有类。我胡我黄，钟厥纯懿。巍巍特进，仍践其位。赫赫三事，七佩其绶。奕奕四牡，沃若六辔。衮职龙章，其文有蔚。参曜乾台，穷宠极贵。功加八荒，群生以遂。超哉邈乎，莫与为二。③

前四句"岩岩山岳，配天作辅。降神有周，生申及甫"化用《诗经·大雅·崧高》的句子起兴；"崧高维岳，骏极于天。维岳降神，生申及甫"四句概写申伯与甫侯是周朝的肱股之臣；"允兹汉室，诞育二后。曰胡曰黄，方轨齐武"四句转到汉代，表明胡广和黄琼是东汉王朝的股肱之臣；接着"惟道之渊，惟德之薮"以后是对胡广、黄琼的赞美。诗歌从描写其德行写起到车马、服饰再到其功劳，最后诗歌归结为汉祚永昌的祝愿中。整首诗摹仿《诗经·大雅》的句式和句子，保持了颂诗雍容典雅的风格。

蔡邕为朝廷重臣所撰写的颂歌还有《京兆樊惠渠颂》。樊陵字德云，胡阳人。灵帝时，历官京兆尹、永乐少府、太尉。灵帝光和五年（182），樊陵任京兆尹时开凿新渠，灌溉良田，改造卤田，发展农业，造福百姓，蔡邕为其撰《京兆樊惠渠颂》，篇末以颂歌结束，其歌曰：

我有长流，莫或遏之；我有沟浍，莫或达之。田畴斥卤，莫修莫厘；饥馑困瘵，莫恤莫思。乃有惠君，作人父母……黄潦膏凝，多稼茂止。惠乃无疆，如何勿喜。我壤既营，我疆斯成。泯泯我人，既富且盈。为酒为酿，烝畀祖灵。贻福惠君，寿考且宁。④

本诗中作者由衷地赞美樊陵开凿新渠、造福百姓，所以这首歌感情饱满，读起来明快流畅。同时它又明显汲取了《诗经》雅颂的句法修辞，力求保持典雅风格，具有颂歌的传统色彩，近于四言诗歌，正如有的学者所指出的："如果从四言诗歌艺术发展来看，那么这首歌如同赋末的歌及墓志的铭一样，

---

① 倪其心：《汉代诗歌新论》，百花洲文艺出版社，1992年，第61-62页。
② 范晔：《后汉书》卷四十四《邓张徐张胡列传》，中华书局，1965年，第1511页。
③ 范晔：《后汉书》卷四十四《邓张徐张胡列传》，中华书局，1965年，第1511-1512页。
④ 邓安生：《蔡邕集编年校注》，河北教育出版社，2002年，第307-308页。

割截出来可以视为四言诗。"①

蔡邕赞颂官员的诗歌除《胡广黄琼颂》《京兆樊惠渠颂》外,还有赞颂陈留太守《陈留太守行县颂》。全诗今存两首,其一《行小黄县》曰:

大颢为政,建时春阳。我君劝止,戾兹小黄。济济群吏,摄齐升堂。乃训乃厉,示之宪方。原罪以心,察狱以情。钦于刑滥,惟务求轻。有辜小罪,放死从生。玄化洽矣,黔首用宁。惟以作颂,式昭德声。②

诗歌叙时令云"大颢为政,建时春阳",说明诗中描写的季节是春季。"我君劝止,戾兹小黄"句,写陈留太守春天巡行属县至小黄县地界;"济济群吏,摄齐升堂。乃训乃厉,示之宪方。"写太守勉励下属,并晓之以为政的方法;"原罪以心,察狱以情。钦于刑滥,惟务求轻。有辜小罪,放死从生。"是写太守要求属官对于犯法的百姓,务必从轻处置,不要滥用刑法;"玄化洽矣,黔首用宁。惟以作颂,式昭德声。"最后几句是百姓对太守施政以德的赞颂。诗歌学习《诗经》雅颂的的句法,句末在赞颂声中结束,风格典雅清丽。其二是《行考城县》,其诗曰:

暧暧玄路,北至考城。劝兹穑民,东作是营。农桑之业,为国之经。我君勤心,德音逸成。率尔苗民,慎不敬听。女执伊筐,男执其耕。申戒群僚,务在宽平。罪人赦宥,囹圄用清。③

"暧暧玄路,北至考城。劝兹穑民,东作是营。农桑之业,为国之经。"先叙太守行到考城县劝民稼穑,诗中还摹仿太守的口吻强调"农桑之业,为国之经",突出此次太守行县的主要职责是劝民农桑;接着赞美太守的勤于政事;最后写太守"申戒群僚",强调治民从宽,赦宥罪人。

除了朝廷官员外,蔡邕还有赞颂隐士的诗比如《焦君赞》。至于焦君其人,邓安生先生认为"此文'焦君'或即'侯君'之讹。"④即侯瑾。侯瑾字子瑜,性笃学,以礼自守,州郡累召,公车征有道,并称疾不到,覃思著述,撰《皇德传》三十篇,又杂文数十篇。乡人敬其才而不敢名之,皆称"侯君"。其赞曰:

狩欹焦君,常此玄墨。衡门之下,栖迟偃息。泌之洋洋,乐以忘食。鹤鸣九皋,音亮帝侧。乃征乃用,将受衮职。昊天不吊,贤人遘愿。不遗一老,屏此四国。如何穹苍,不照斯域。惜哉朝廷,丧此旧德。恨兹学士,将何

---

① 倪其心:《汉代诗歌新论》,百花洲文艺出版社,1992年,第64页。
② 邓安生:《蔡邕集编年校注》,河北教育出版社,2002年,第476页。
③ 邓安生:《蔡邕集编年校注》,河北教育出版社,2002年,第476页。
④ 邓安生:《蔡邕集编年校注》,河北教育出版社,2002年,第480页。

法则？①

全诗可分为三层。首先，蔡邕化用《诗经·陈风·衡门》中"衡门之下，可以栖迟。泌之洋洋，可以乐饥"的句子来形容焦君隐居的闲适生活；接着，又用《诗经·小雅·鹤鸣》中"鹤鸣于九皋，声闻于野"来比喻焦君声名远播，朝廷将要留用；最后用"昊天不吊，贤人遘慝"转折，写出焦君的去世对朝廷和士林都是很大的损失。全诗结构清晰，语句流畅，由于作者本诗多化用《诗经》的成句，所以保持了赞歌典雅的风格，与四言诗歌无异。

蔡邕的诗歌中除了颂、赞等异化的四言诗之外，还有一部分是传统意义上的诗歌。此类诗歌主要分为两类，其一是赠答诗，其二是咏物诗。其赠答诗有《答卜元式诗》《答卜元嗣诗》。《答卜元式诗》曰："伊余有行，爰戾兹邦。先进博学，同类率从。济济群彦，如云如龙。君子博文，贻我德音。辞之集矣，穆如清风。"② 诗中作者叙述得以与卜元式交往的原因是"伊余有行，爰戾兹邦"；接着写自己与卜元式的乡人是同声相应的"同类"，皆是爱好学术之人，并且赞美卜元式的之乡是"济济群彦"；最后作者写卜元式赠诗给自己，其诗言辞平和，其人如清风，气度柔和清朗。诗中"辞之集矣，穆如清风"引用《诗经·大雅》中的句子。全诗雍容典雅，节奏舒缓，叙事清晰，充满着友人相见的欢愉，是一首友情的赞歌。《答卜元嗣诗》曰："斌斌硕人，贻我以文。辱此休辞，非余所希。敢不酬答，赋诵以归。"③ 本诗首先赞美卜元嗣是彬彬君子，并且对于卜元嗣赠诗中的赞美表示愧不敢当，最后作者写自己作诗以答。蔡邕这两首诗学界向来评价不高，正如一些学者所言："《答卜元式诗》《答卜元嗣诗》为应酬之作，未能称工。"④ 笔者不同意邓安生先生的意见。首先，这两首诗表现了蔡邕诗歌真实、自然的风格。虽然是应酬的赠答诗，其仍在诗中叙写了自己创作的缘起，而不是无病呻吟之作；其次，本诗体现了蔡邕诗歌叙事性的特点，诗中叙述了其与卜元式、卜元嗣交往的经历和感受，叙事简洁；再次，本诗体现了蔡邕诗歌引用经典的特点，尤其是其诗中对《诗经》诗句的化用，恰当又不生硬，体现了其深厚的经学素养；最后，这两首诗有一定的文学史意义。蔡邕和卜元式、卜元嗣的交往，体现了东汉末年文人交游对文学创作的促进作用，文人在聚会场合互相赠诗，促进了诗歌的创作。且赠答类诗歌是建安诗歌的重要题材，蔡邕的赠答诗为建安七子的赠答

---

① 邓安生：《蔡邕集编年校注》，河北教育出版社，2002年，第480页。
② 邓安生：《蔡邕集编年校注》，河北教育出版社，2002年，第466页。
③ 邓安生：《蔡邕集编年校注》，河北教育出版社，2002年，第467页。
④ 邓安生：《蔡邕集编年校注》，河北教育出版社，2002年，第8页。

类诗歌创作提供了经验。王粲的《赠蔡子笃诗》曰:"翼翼飞鸾,载飞载东。我友云徂,言戾旧邦。"① 其中的"我友云徂,言戾旧邦"借鉴了蔡邕的《答卜元式诗》"伊余有行,爰戾兹邦"两句。

除了赠答诗之外,蔡邕的诗歌中最有名的是《翠鸟诗》。其诗曰:

庭陬有若榴,绿叶含丹荣。翠鸟时来集,振翼修容形。回顾生碧色,动摇扬缥青。幸脱虞人机,得亲君子庭。驯心托君素,雌雄保百龄。②

诗中"庭陬有若榴,绿叶含丹荣。"两句描写了庭前石榴树的叶和花,"叶"前着一"绿"字,"荣"前着一"丹"字,颜色对比鲜明,这两句描绘了石榴树生机盎然、欣欣向荣的画面。"翠鸟时来集,振翼修容形。回顾生碧色,动摇扬缥青"四句,写翠鸟的体型、姿态、性情。翠鸟停在石榴树上,振动翅膀,修饰自己的羽毛。诗中写翠鸟不但外形清丽,还顾盼生姿、自在安闲、性情温顺。最后"幸脱虞人机,得亲君子庭。驯心托君素,雌雄保百龄"几句先叙写翠鸟来到庭前是为了避祸,后写翠鸟希望寄身君子庭的愿望。最后四句诗当有所寄托,联系蔡邕几遭弃市、亡命江海的经历,我们可以感受到"翠鸟所希求的平和安逸的处境其实就是身遭乱离的文士全身远祸的愿望……从这层意义上来看,《翠鸟诗》实乃一篇具有象征意义的诗作,透过翠鸟集于石榴树上,欣喜于保全性命的背后,完全可以看到作者自己逃脱宦官的抓捕、暗杀之后,生活逐步安定之时的心态和情绪"。③ 就整首诗而言,"《翠鸟诗》托物抒怀,抒发流离羁旅之感,情深意挚,比兴婉洽,词采清丽,堪称汉代五言诗的上乘之作"。④

总之,蔡邕的诗歌,四言、五言、六言皆备,其创作体现了文人诗歌复苏的迹象。就题材而言,其赠答、咏物类诗歌为建安文人的同类创作提供了经验。就风格而言,蔡邕的诗歌与其碑文相似,平易、自然,音韵流畅,因其多化用《诗经》成句,所以总体呈现出典雅之美。另外,蔡邕的诗歌注意比兴手法的运用,注重写景与抒情的相结合,这些都为后来的诗歌创作提供了经验。

---

① 萧统编,李善注:《文选》,中华书局,1977年,第334页。
② 邓安生:《蔡邕集编年校注》,河北教育出版社,2002年,第305页。
③ 陈海燕:《蔡邕研究》,清华大学出版社,2013年,第225页。
④ 邓安生:《蔡邕集编年校注》,河北教育出版社,2002年,第8页。

第七章 陈留文人对魏晋文学的影响

魏晋时期有几个文学创作高峰,如以建安七子为代表的建安文坛;以阮籍、嵇康为代表的正始文坛;以陆机、潘岳为代表的太康文坛。纵观此三个文学创作繁荣期,均和陈留地区或陈留文人有一定的关系。

第一节 陈留与魏晋文才之盛

东汉晚期陈留地区文学繁盛的局面一直持续到魏晋时期,魏晋时期陈留地区亦为文坛贡献了不少知名文人。

一、陈留地区为魏晋文坛贡献了诸多文人

建安七子和蔡琰是公认的建安文学的代表人物。蔡琰,陈留圉县人,是汉末著名文学家蔡邕之女,其代表作是《悲愤诗》二首。虽然这两首诗还存有争议,但现在学界一般认为此二诗确系蔡琰所作。其中五言《悲愤诗》共108句,540字,后人将此诗和《孔雀东南飞》相提并论,认为其是汉魏时期最重要的长篇五言诗。蔡琰去世后,其作品集结成集得以在后世流传,《隋书·经籍志》著录有《蔡文姬集》一卷传世。

苏林是曹魏时期的知名文人,《三国志·魏志·王粲传》载:"散骑常侍陈留苏林、光禄大夫京兆韦诞、乐安太守谯国夏侯惠、陈郡太守任城孙该、郎中令河东杜挚等亦著文赋,颇传于世。"[①] 由此可知苏林是陈留人,且长于文赋。裴松之的注引《魏略》云:

林字孝友,博学,多通古今字指,凡诸书传文间危疑,林皆释之。建安中,为五官将文学,甚见礼待。黄初中,为博士给事中。文帝作《典论》所

---

① 陈寿:《三国志·魏书》卷二十一《王卫二刘傅传》,中华书局,1959年,第620页。

称苏林者是也。以老归第，国家每遣人就问之，数加赐遗。年八十余卒。①

可见苏林既是文人又是大儒，在曹魏时期甚见尊重。

正始时期的代表作家阮籍，陈留尉氏人，是阮瑀之子。史载阮籍：

> 籍容貌瑰杰，志气宏放，傲然独得，任性不羁，而喜怒不形于色。或闭户视书，累月不出；或登临山水，经日忘归。博览群籍，尤好《庄》《老》。嗜酒能啸，善弹琴。当其得意，忽忘形骸。时人多谓之痴，惟族兄文业每叹服之，以为胜己，由是咸共称异。②

又云："籍能属文，初不留思。作《咏怀诗》八十余篇，为世所重。"③阮籍的《咏怀诗》被认为是正始之音的代表，而阮籍还是竹林七贤之一。魏晋时期陈留阮氏还有一位知名文人阮咸，亦名列竹林七贤之一，史称："咸妙解音律，善弹琵琶。虽处世不交人事，惟共亲知弦歌酣宴而已。"④阮籍和阮咸放浪形骸、游心艺文，其二人是魏晋风度的代表。

潘勖，汉魏时期著名文人。建安十八年（213），汉献帝使御史大夫郗虑持节策命曹操为魏公，潘勖时任尚书左丞，作《册魏公九锡文》，关于此文，史书载："后汉尚书左丞潘勖之辞也。勖字元茂，陈留中牟人。"⑤此文在文学史上颇为有名，刘勰将其定为九锡文的典范，其在《文心雕龙·才略篇》云："潘勖凭经以骋才，故绝群于九锡。"⑥可见其对潘文评价之高。又《太平御览》卷五九三引《殷洪小说》：

> 魏国初建，潘冒字符茂，为策命文，自汉武已来，未有此制，冒乃依商周宪章，唐虞辞义，温雅与典诰同风。于时朝士，皆莫能措一字。勖亡后，王仲宣擅名于当时，时人见此策美，或疑是仲宣所为，论者纷纷。及晋王为太傅，腊日大会宾客，勖子蒲时亦在焉。宣王谓之曰："尊君所作封魏君策，高妙信不可及，吾闻仲宣亦以为不如。"朝廷之士乃知勖作也。⑦

足见潘勖此文在魏晋时期影响极大。其后，潘勖的侄子潘岳亦有名，史书称"岳才名冠世"⑧，其与陆机并列为太康文学的代表。潘勖的孙子潘尼，史载："祖（潘）勖，汉东海相。父满，平原内史。并以学行称。尼少有清才，

---

① 陈寿：《三国志·魏书》卷二十一《王卫二刘傅传》，中华书局，1959 年，第 621 页。
② 房玄龄等：《晋书》卷四十九《阮籍传》，中华书局，1974 年，第 1359 页。
③ 房玄龄等：《晋书》卷四十九《阮籍传》，中华书局，1974 年，第 1361 页。
④ 房玄龄等：《晋书》卷四十九《阮籍传》，中华书局，1974 年，第 1363 页。
⑤ 陈寿：《三国志·魏书》卷一《武帝纪》，中华书局，1959 年，第 40 页。
⑥ 刘勰著，范文澜注：《文心雕龙注》，人民文学出版社，1958 年，第 699 页。
⑦ 李昉等撰：《太平御览》，上海古籍出版社，2008 年，第 473 页。
⑧ 房玄龄等：《晋书》卷五十五《潘岳传》，中华书局，1974 年，第 1502 页。

与岳俱以文章见知。性静退不竞，唯以勤学著述为事。"① 在西晋文坛上潘岳与潘尼并称"两潘"，可见潘氏一族在魏晋文坛上成就卓著。需要指出的是潘勖和潘岳的籍贯问题，史书载潘勖是陈留人，而《晋书》云潘岳是"荥阳中牟人也"②，前后不一，关于这个问题，曹道衡先生认为"中牟在汉属陈留，在晋则属荥阳。"③ 所以此处仍将潘岳和潘尼放在陈留地区来论述。

二、陈留文人与魏晋文人渊源颇深

建安是东汉献帝的最后一个年号，因为其下接魏晋，所以汉末文人与魏晋文人有着紧密的联系，以陈留文人为例。首先，陈留文人蔡邕与建安文学的领袖曹操是"管鲍之交"。蔡邕和曹操的交往可能源于乔玄。蔡邕出仕即是受了乔玄的征辟，史载："建宁三年（170），（蔡邕）辟司徒桥玄府，玄甚敬待之。"④ 乔玄可以说是蔡邕的故主。乔玄去世后，蔡邕为其撰写了《故太尉乔公庙碑》，足见二人情谊深厚。乔玄为人乐于奖掖后进，赏识曹操于微时。《三国志·魏书·武帝纪》引《魏书》载："太尉桥玄，世名知人，睹太祖而异之，曰：'吾见天下名士多矣，未有若君者也！君善自持。吾老矣！愿以妻子为托。'由是声名益重。"⑤ 且当时曹操"任侠放荡，不治行业，故世人未之奇也；惟梁国桥玄、南阳何颙异焉。"⑥ 乔玄赏识曹操于微时，并为之延誉，其后曹操"声名益重"当有乔玄的功劳。建安七年（202），曹操在下邳大败刘备，又在官渡之战中击垮袁绍，班师凯旋的途中路过故乡谯县，特地去乔玄的墓地祭祀，并作《祀故太尉桥玄文》，文中曹操回顾了乔玄对他的提携，抒发了真挚的悼念之情。从乔玄和蔡邕、曹操二人的交往经历推测，蔡邕和曹操二人大约结识于乔玄府中。

蔡邕和曹操不但有交往，而且二人交情甚笃。曹丕在《蔡伯喈女赋》一文的序中提道："家公与蔡伯喈有管鲍之好，乃命使者周近持玉璧与匈奴，赎其女还，以妻屯田郡都尉董祀。"⑦ 曹丕用"管鲍之交"来形容蔡、曹的交往，可见蔡、曹二人彼此欣赏，互为知音。也是由于二人交情甚笃，曹操才不惜花费重金将蔡邕之女蔡琰从匈奴赎回，史载：

---

① 房玄龄等：《晋书》卷五十五《潘岳传》，中华书局，1974年，第1507页。
② 房玄龄等：《晋书》卷五十五《潘岳传》，中华书局，1974年，第1500页。
③ 曹道衡、沈玉成：《中古文学史料丛考》，中华书局，2003年，第70页。
④ 范晔：《后汉书》卷六十下《蔡邕列传》，中华书局，1965年，第1990页。
⑤ 陈寿：《三国志·魏书》卷一《武帝纪》，中华书局，1959年，第2页。
⑥ 陈寿：《三国志·魏书》卷一《武帝纪》，中华书局，1959年，第2页。
⑦ 严可均：《全上古三代秦汉三国六朝文》，中华书局，1958年，第1074页。

第七章 陈留文人对魏晋文学的影响

兴平中，天下丧乱，文姬为胡骑所获，没于南匈奴左贤王，在胡中十二年，生二子。曹操素与邕善，痛其无嗣，乃遣使者以金璧赎之，而重嫁于祀。祀为屯田都尉，犯法当死，文姬诣曹操请之。时公卿名士及远方使驿坐者满堂，操谓宾客曰："蔡伯喈女在外，今为诸君见之。"及文姬进，蓬首徒行，叩头请罪，音辞清辩，旨甚酸哀，众皆为改容。操曰："诚实相矜，然文状已去，奈何？"文姬曰："明公厩马万匹，虎士成林，何惜疾足一骑，而不济垂死之命乎！"操感其言，乃追原祀罪。时且寒，赐以头巾履袜。操因问曰："闻夫人家先多坟籍，犹能忆识之不？"文姬曰："昔亡父赐书四千许卷，流离涂炭，罔有存者。今所诵忆，裁四百余篇耳。"操曰："今当使十吏就夫人写之。"文姬曰："妾闻男女之别，礼不亲授。乞给纸笔，真草唯命。"于是缮书送之，文无遗误。①

蔡邕与曹操素善，蔡邕卒后，曹操不但用重金赎回其女蔡琰，并且为其重嫁董祀，足见曹操与蔡邕感情之深。当董祀犯法即将被处死时，蔡琰前去求见曹操，可见曹操与蔡氏父女颇有交情。当蔡琰在厅外求见时，曹操云："蔡伯喈女在外，今为诸君见之。"可见曹操对蔡琰颇为欣赏。至蔡琰陈情之后，曹操"赐以头巾履袜"，其对蔡琰的怜惜由此可见。时曹操军政繁忙，和蔡琰不常会面，于是借机问蔡邕的藏书现剩几许，足见曹操对蔡邕的学术和收藏颇为欣赏，而蔡琰亦不负期望，背诵、誊抄四百篇。蔡氏与曹氏交往之深由此可见。

其次，蔡邕、边让等陈留文人与建安文人交往颇多。建安七子中的阮瑀是陈留人，其还拜在蔡邕门下，史载："瑀少受学于蔡邕。"② 蔡邕擅长散文，阮瑀亦长于散文，史载："太祖并以琳、瑀为司空军谋祭酒，管记室，军国书檄，多琳、瑀所作也。"③ 除了阮瑀外，蔡邕与建安七子中的王粲也交往颇多，史载：

王粲字仲宣，山阳高平人也。曾祖父龚，祖父畅，皆为汉三公……献帝西迁，粲徙长安，左中郎将蔡邕见而奇之。时邕才学显著，贵重朝廷，常车骑填巷，宾客盈坐。闻粲在门，倒屣迎之。粲至，年既幼弱，容状短小，一坐尽惊。邕曰："此王公孙也，有异才，吾不如也。吾家书籍文章，尽当与之。"年十七，司徒辟，诏除黄门侍郎，以西京扰乱，皆不就。乃之荆州依刘表。表以粲貌寝而体弱通侻，不甚重也。④

---

① 范晔：《后汉书》卷六十下《蔡邕列传》，中华书局，1965年，第2800-2801页。
② 陈寿：《三国志》卷二十一《魏书·王卫二刘傅传》，中华书局，1959年，第600页。
③ 陈寿：《三国志》卷二十一《魏书·王卫二刘傅传》，中华书局，1959年，第600页。
④ 陈寿：《三国志》卷二十一《魏书·王卫二刘傅传》，中华书局，1959年，第597-598页。

王粲虽出身名门却貌寝体弱,初不为士林所重,蔡邕初见却"倒屣迎之",并为之延誉曰:"此王公孙也,有异才,吾不如也",还承诺将来要赠书王粲,其推重王粲如此。蔡邕看重王粲固然与王粲的出身有关,但更重要的是对王粲才华的欣赏。其时蔡邕已是文坛领袖"贵重朝廷",如不是王粲有异才,蔡邕不用推重如许,其后王粲在文学史上的成就证明了蔡邕的眼光。除王粲外,蔡邕和边让与建安七子中的孔融皆交往颇多。《后汉书·孔融传》载:"(孔融)与蔡邕素善,邕卒后,有虎贲士貌类于邕,融每酒酣,引与同坐,曰:'虽无老成人,且有典刑。'"① 史书载孔融"与蔡邕素善"说明平日二人交情颇深,蔡邕卒后,有虎贲武士长相酷似蔡邕,孔融每饮至酒酣,则引与同坐,足见孔融与蔡邕感情之深,以至于蔡邕卒后孔融对其仍怀念不已。孔融与陈留边让交往也颇多,孔融先是因为藏匿党人张俭而知名,史载:"融由是显名,与平原陶丘洪、陈留边让齐声称。"② 此时大概孔融与边让还未相识但已齐名。其后,蔡邕将边让推荐给大将军何进,在何进府中,孔融与边让初识,即为其风采倾倒,史载其会面曰:

大将军何进闻让才名,欲辟命之,恐不至,诡以军事征召,既到,署令史,进以礼见之。让善占射,能辞对,时宾客满堂,莫不羡其风。府掾孔融、王朗并修刺候焉。③

边让初入何进府中,由于其善于占射,能辞对,所以满堂宾客莫不钦羡其风,孔融还递上名帖,前去拜会,可见孔融对边让的重视程度。二人不但颇有交情其结局也有相似之处。孔融因多次嘲弄曹操,被曹操的手下诬告,最后弃市。边让的结局是"恃才气,不屈曹操,多轻侮之言。建安中,其乡人有构让于操,操告郡就杀之。"④ 孔融和边让齐名,才气相当,脾气相投,结局亦一样,这两位名士相似的人生结局引人唏嘘。

最后,蔡邕与其他建安文人也有一定的交往。除阮瑀外,路粹也是蔡邕的门生,同样在曹操府中任职。《后汉书·孔融传》李贤注曰:"《典略》曰:'粹字文蔚,陈留人,少学于蔡邕。建安初,以高第擢拜尚书郎,后为军谋祭酒,与陈琳、阮瑀等典记室。融诛之后,人睹粹所作,无不嘉其才而忌其笔也。'"⑤ 由此可知路粹和阮瑀同样受学于蔡邕,同样在曹操幕府中任职,且同样为记室。所不同的是路粹德行有亏,诬告孔融的奏疏即是出于路粹之手,

---

① 范晔:《后汉书》卷七十《郑孔荀列传》,中华书局,1965年,第2277页。
② 范晔:《后汉书》卷七十《郑孔荀列传》,中华书局,1965年,第2262页。
③ 范晔:《后汉书》卷八十下《文苑列传》,中华书局,1965年,第2645页。
④ 范晔:《后汉书》卷八十下《文苑列传》,中华书局,1965年,第2647页。
⑤ 范晔:《后汉书》卷七十《郑孔荀列传》,中华书局,1965年,第2278页。

孔融卒后"人睹粹所作,无不嘉其才而忌其笔也",其才华横溢如此。再如三国时期吴国的宰相顾雍,其年少时曾得蔡邕的赏识,跟随蔡邕学琴,史载:"顾雍字元叹,吴郡吴人也。蔡伯喈从朔方还,尝避怨于吴,雍从学琴书。"①可见顾雍曾受教于蔡邕。

总之,因为汉末陈留地区文才颇盛,加上陈留文人蔡邕、阮瑀等与曹氏父子私交甚笃,且曹魏的首都许距离陈留不远,所以陈留为曹魏乃至整个魏晋文坛输送了不少文人,由此可见一个地区人才全盛时,对其后来的文坛都颇有影响,地域文学对整个文坛的影响由此可见。

第二节 陈留文人对魏晋文人创作的影响

陈留文人的创作对魏晋文人影响颇大,这种影响主要体现在题材的选择上。比如陈留文人的纪行赋对魏晋时期的纪行题材颇有影响。

纪行赋是一种以记叙作者行程、经过为内容的文体。这类赋作在汉魏六朝时期非常兴盛,萧统的《文选》专门设立了"纪行"类,并且选录了班彪的《北征赋》、班昭的《东征赋》和潘岳的《西征赋》,足见纪行类题材在汉魏六朝时颇为繁荣。除《文选》所选的三篇外,东汉末年陈留蔡邕的《述行赋》也非常有名,且对魏晋"述行"类文学影响很大。

汉代纪行赋的开山之作当推刘歆的《遂初赋》。刘歆曾同其父刘向领校秘书,哀帝时,刘歆欲将《左传》《毛诗》《逸礼》《古文尚书》列于学官,遭到五经博士的反对,在与五经博士辩论中,触犯了执政大臣,为中人所诽谤,出为五原太守,《遂初赋》作于赴五原途中。

西汉五原郡属于并州,治所在今内蒙古包头西五原。刘歆从长安出发,东经洛阳,往北越过太行山,进入位于今天山西南部的天井关。一路向北,历经高城、长子、屯留、下虒、铜鞮、太原等地,出雁门关经云中,西折达到五原。刘歆此行经历的主要是三晋旧地,因此,每到一处,他都自然地联想起晋国的掌故,用以抒发自己的感慨。其云:

过下虒而叹息兮,悲平公之作台。背宗周而不恤兮,苟偷乐而惰怠。枝叶落而不省兮,公族阒其无人。日不丽俊俞甚兮,政委弃于家门。载约屦而正朝服兮,降皮弁以为履。宝砾石于庙堂兮,面隋和而不眂。始建衰而造乱兮,公

---

① 陈寿:《三国志》卷五十二《吴书·张顾诸葛步传》,中华书局,1959年,第1225页。

室由此遂卑。怜后君之寄寓兮,喑靖公之铜鞮。越侯田而长驱兮,释叔向之飞患。悦善人之有救兮,劳祁奚于太原。何叔子之好直兮,为群邪之所恶。赖祁子之一言兮,几不免乎徂落……悲积习之生常兮,固明智之所别。叔群既在皂隶兮,六卿兴而为桀。荀寅肆而颉恣兮,吉射叛而擅兵。憎人臣之若兹兮,责赵鞅于晋阳……①

在下虞刘歆想起晋平公不恤政事的种种表现,终于导致晋国的衰弱不振。然后又列举晋国后期政出多门、贤人受抑的事实。路经太原,他回想起那里曾经发生过晋国六卿倾轧场面,其中包括荀寅骄横、范吉射反叛,以及赵鞅被困于晋阳等一系列重大历史事件。晋国的衰落是从晋平公开始的,而刘歆此次所经主要是晋国故地,且其每到一处就联想起和该地有关的晋国的历史事件,刘歆的这种描写看似无意,但却有着重要的文学史意义,那就是《遂初赋》确立了纪行类辞赋由地入史的创作特点,"而其中由地及史的写作特点,也为后世主流纪行赋所沿袭。"②

班彪的《北征赋》是乱世感叹兴亡之作。班彪是历史学家,其专心于史籍,《后汉书·班彪列传》载:"彪性沈重好古,年二十余,更始败,三辅大乱。时隗嚣拥众天水,彪乃避难从之。"③《北征赋》就作于此次避难期间。班彪从长安出发,向西北经池阳、云阳、栒邑、义渠、泥阳、彭阳,到达当时安平郡的治所高平(今宁夏固原),《北征赋》叙述的是从长安到高平的见闻及感受。其赋云:

朝发轫于长都兮,夕宿瓠谷之玄宫。历云门而反顾,望通天之崇崇。乘陵岗以登降,息郇、邠之邑乡。慕公刘之遗德,及《行苇》之不伤。彼何生之优渥,我独罹此百殃?故时会之变化兮,非天命之靡常。登赤须之长阪,入义渠之旧城。忿戎王之淫狡,秽宣后之失贞。嘉秦昭之讨贼,赫斯怒以北征。纷吾去此旧都兮,騑迟迟以历兹。遂舒节以远逝兮,指安定以为期……越安定以容与兮,遵长城之漫漫。剧蒙公之疲民兮,为强秦乎筑怨。舍高亥之切忧兮,事蛮狄之辽患。不耀德以绥远,顾厚固而缮藩。首身分而不寤兮,犹数功而辞僽。何夫子之妄说兮,孰云地脉而生残。登鄣隧而遥望兮,聊须臾以婆娑。闵獯鬻之猾夏兮,吊尉卬于朝那。从圣文之克让兮,不劳师而币加。惠父兄于南越兮,黜帝号于尉他。降几杖于藩国兮,折吴濞之逆邪。惟太宗之荡荡兮,岂囊秦之所图。④

---

① 费振刚,胡双宝,宗明华:《全汉赋》,北京大学出版社,1997年,第231-232页。
② 王允亮:《汉魏六朝纪行赋考论》,《中国文学研究》,2012年,第3期。
③ 范晔:《后汉书》卷四十上《班彪列传》,中华书局,1965年,第1323页。
④ 费振刚,胡双宝,宗明华:《全汉赋》,北京大学出版社,1997年,第255页。

由于班彪此次北行途经的多是周秦旧地，因此其沿途联想到的也多是周秦的典故。经由豳地，他联想起为周部族兴盛奠定基础的公刘，并把公刘之世的安定局面和自己遭逢的乱世相对比。在义渠旧城，他联想起秦昭王起兵讨伐义渠使秦国日益强大的史实。登上长城，班彪又联想起秦朝名将蒙恬。他批评蒙恬劳民伤财，为秦筑怨，把主要力量用于御外，而无视胡亥、赵高等人在朝廷上的胡作非为，最终导致秦朝的迅速灭亡。班彪在登临长城时还追怀、肯定汉文帝的怀柔政策，认为这种做法有利于消除内忧外患。总之，就赋中班彪引用的诸多典故来看，本赋的主题可以说是"怀古"，从纪行类辞赋的演进来看《北征赋》是"叙述真实的旅途而不是幻想的旅途，这一点是这个时期的赋更加个人化的明显反映。这个时期的赋也表现出在时间、地点和表达个人意见方面的进一步具体化。在更早期的赋中，即使是那些'贤人失志之赋'或'骚赋'也不会把叙述具体化到某一事件或地点。"①

创作《东征赋》的班昭是班彪之女，博学高才，精通历史，其兄班固去世后，其奉命续修《汉书》的八表及天文志。关于《东征赋》的创作缘起，其叙述云："先君行止，则有作兮。虽其不敏，敢不法兮？"②"先君"指班彪，"行止""有作"谓班彪流亡而作《北征赋》。班昭有意识地以其父为榜样，把东行的见闻和感受用赋加以表现。赋的开头称："惟永初之有七兮，余随子乎东征。"③ 班昭是在东汉安帝永初七年（113）随子东行。班昭从洛阳出发，一路东行，先后经过偃师、成皋、荥阳、卷县、原武、阳武、封丘、平丘，向北经蒲城到长垣。班昭行走的多为成周故地，那里历史文化蕴藏极其丰富，但班昭途中联想到的历史典故多与人的功名存没相关。其赋云：

遂进道而少前兮，得平丘之北边。入匡郭而追远兮，念夫子之厄勤。彼衰乱之无道兮，乃困畏乎圣人。怅容与而久驻兮，忘日夕而将昏。到长垣之境界，察农野之居民。睹蒲城之丘墟兮，生荆棘之榛榛。惕觉寤而顾问兮，想子路之威神。卫人嘉其勇义兮，讫于今而称云。蘧氏在城之东南兮，民亦尚其丘坟。④

班昭到长垣境内的匡地，联想起孔子在此曾遭遇围困的经历；在蒲城，作者想起曾任蒲邑大夫的子路，他的勇敢、仗义，至今为蒲城人称颂；蘧伯玉是孔子称赞的贤人，他的坟墓还在蒲城，百姓至今依然祭祀不辍。这些见闻和联

---

① 康达维著，苏瑞隆译：《汉代宫廷文学与文化探微：康达维自选集》，上海译文出版社，2013年，第172页。
② 费振刚，胡双宝，宗明华：《全汉赋》，北京大学出版社，1997年，第366-367页。
③ 费振刚，胡双宝，宗明华：《全汉赋》，北京大学出版社，1997年，第366页。
④ 费振刚，胡双宝，宗明华：《全汉赋》，北京大学出版社，1997年，第366页。

想使班昭得出如下结论:"唯令德为不朽兮,身既没而名存。惟经典之所美兮,贵道德与仁贤。"① 赋的最后强调"谨慎""勤勉""谦退""清静""无欲"等美德,可视为班昭作为一个母亲对即将踏入官场的儿子的教诲。

刘歆《遂初赋》的特点是注重德行,多儒者之言,康达维先生评刘歆的《遂初赋》云:"刘歆用一种明显的儒家信条来结束这篇赋:尽管追求官位是合情合理的,但保持道德品格更为重要。"② 这种儒家的观念也体现在班氏父女的作品中,清何焯《义门读书记》卷四十五评班昭《东征赋》说:"'知性命之在天'至'精诚通于明神',儒者之言,不愧母师女士矣。"③ 对此现代学者也颇为认同,如许结先生云:"而合观班氏父女的的纪行之赋,如所引之段落,均因史事而引发现实慨叹,且终归于政治'耀德'与品格之'令德'。"④ 除《文选》中所选的三篇"纪行"类辞赋外,东汉末年蔡邕的《述行赋》也非常有名,且相比于刘歆和班氏父女之作,蔡邕的《述行赋》呈现出了新的倾向,且其对魏晋"述行"类题材影响很大。如蔡邕的《述行赋》对曹植的《赠白马王彪》就有一定的影响。具体如下:

首先,蔡邕用小序来交代创作背景和动机的方法对曹植有影响。就纪行题材而言,在蔡邕的《述行赋》之前,仅有刘歆的《遂初赋》前有小序,其序云:

遂初赋者,刘歆所作也。歆少通诗书,能属文,成帝召为黄门侍郎、中垒校尉、侍中奉车都尉、光禄大夫。歆好《左氏春秋》,欲立于学官,时诸儒不听。歆乃移书太常博士,责让深切,为朝廷大臣非疾,求出補吏,为河内太守。又以宗室不宜典三河,徙五原太守,是时朝政已多失矣,歆以论议见排摈,志意不得。之官,经历故晋之域,感今思古,遂作斯赋,以叹征事而寄己意。⑤

此段序文用第三人称,显然不是出自刘歆本人之手,是后人所加。班彪的《北征赋》中在论及其创作缘由是"余遭世之颠覆兮,罹填塞之陋灾。旧室灭以丘墟兮,曾不得乎少留。遂奋袂以北征兮,超绝迹而远游。"⑥ "余遭世之颠覆兮"指西汉末年朝政混乱,王莽趁机窃取政权,更始帝带兵攻入长安,长

---

① 费振刚,胡双宝,宗明华:《全汉赋》,北京大学出版社,1997年,第366页。
② 康达维著、苏瑞隆译:《康达维自选集:汉代宫廷文化与文学探微》,上海译文出版社,2013年,第168页。
③ 何焯:《义门读书记》,中华书局,1987年,第871页。
④ 许结:《论东汉赋的历史化倾向》,《文史哲》,2016年,第3期。
⑤ 费振刚,胡双宝,宗明华:《全汉赋》,北京大学出版社,1997年,第231页。
⑥ 费振刚,胡双宝,宗明华:《全汉赋》,北京大学出版社,1997年,第255页。

安悉平,不久"更始败,三辅大乱。时隗嚣拥众天水,彪乃避难从之。"① 班彪是扶风安陵人,扶风在西汉属于三辅之地,三辅在新莽末年已发生过大乱,更始帝进入长安后,长安乃平。及更始帝败,长安再次陷入混乱之中,班彪的故乡深受其害,所以其前往西北避难。班彪用"余遭世之颠覆兮"指代更始败后的三辅大乱,虽极为概括,但不够具体。

而蔡邕的《述行赋》前的序言是第一人称,应是出自蔡邕本人之手。其序云:

延熹二年秋,霖雨逾月。是时梁冀新诛,而徐璜、左悺等五侯擅贵于其处又起显阳苑于城西,人徒冻饿,不得其命者甚众。白马令李云以直言死,鸿胪陈君以救云抵罪。璜以余能鼓琴,自朝廷敕陈留太守,发遣余到偃师。病不前,得归。心愤此事,遂托所过述而成赋。②

此序明确说明了本赋的创作时间、创作缘由和作者的心情,结合史书的记载,可知此则序言具有一定的真实性,《后汉书·桓帝纪》载:

(延熹二年)夏,京师雨水……秋七月,初造显阳苑……大将军梁冀谋为乱。八月丁丑,帝御前殿,诏司隶校尉张彪将兵围冀第,收大将军印绶,冀与妻皆自杀。(八月)壬午立皇后邓氏,追废懿陵为贵人冢。诏曰:'梁冀奸暴,浊乱王室……赖宗庙之灵,及中常侍单超、徐璜、具瑗、左悺、唐衡、尚书令尹勋等激愤建策,内外协同,漏刻之间,桀逆枭夷。斯诚社稷之佑,臣下之力,宜班庆赏,以酬忠勋。其封超等五人为县侯,勋等七人为亭侯。'③

又《后汉书·蔡邕列传》载:"桓帝时,中常侍徐璜、左悺等五侯擅恣,闻邕善鼓琴,遂白天子,敕陈留太守督促发遣。邕不得已,行到偃师,称疾而归。"④ 史书所载桓帝延熹二年(159)的大事如京师的大雨,梁冀的被诛,中常侍五人因功封为五侯,起显阳苑等,皆与蔡邕《述行赋》序中所述事件相吻合,足见其序言的真实性。值得注意的是蔡邕本赋的序言在叙述事件上更加具体。序言交代了此次行程的政治背景,促成此次行程的原因以及作者的心情,诸如此类较《遂初赋》和《北征赋》皆更为具体。

而曹植《赠白马王彪》一诗亦有序,其序云:

黄初四年五月,白马王任城王与余俱朝京师,会节气。日不阳,任城王薨。至七月,与白马王还国。后有司以二王归藩,道路宜异宿止,意毒恨之。

---

① 范晔:《后汉书》卷四十上《班彪列传》,中华书局,1965年,第1323页。
② 费振刚,胡双宝,宗明华:《全汉赋》,北京大学出版社,1997年,第566页。
③ 范晔:《后汉书》卷七《桓帝本纪》,中华书局,1965年,第304-305页。
④ 范晔:《后汉书》卷六十下《蔡邕列传》,中华书局,1965年,第1980页。

盖以大别在数日，是用自剖，与王辞焉，愤而成篇。①

　　诗序同样详细记述了本诗创作的缘由及作者此时的心情。黄初四年（223），诸侯王来京城朝觐，任城王曹彰暴薨于此次朝觐期间，史载："六月甲戌，任城王彰薨於京都。"② 朝觐结束后，曹植和白马王曹彪欲同路返回封地，有司不许，裴松之的《三国志》注引《魏氏春秋》云："是时待遇诸国法峻。任城王暴薨。诸王既怀友于之痛。植及白马王彪还国，欲同路东归，以叙隔阔之思，而监国使者不听。植发愤告离而作诗曰……"③ 除了上述原因外，曹植"发愤"作诗的理由还有自己封地的不断迁徙。曹操生前，曹丕和曹植曾有过立嫡之争。曹丕即位后对诸侯王打击、防范甚严，史称"魏氏王公，既徒有国土之名，而无社稷之实，又禁防壅隔，同於囹圄"④。以曹植为例，曹丕即位后：

　　植与诸侯并就国。黄初二年，监国谒者灌均希指，奏'植醉酒悖慢，劫胁使者'。有司请治罪，帝以太后故，贬爵安乡侯。其年改封鄄城侯。三年，立为鄄城王，邑二千五百户。四年，徙封雍丘王。⑤

　　从上述材料中可以看出魏文帝执政期间，曹植三次迁徙封地，更有被监国弹劾被贬的遭遇，可见文帝父子待曹植之薄。封地的不断改迁，行动上的动辄得咎已令曹植倍感压抑，此次任城王暴薨，甚至和白马王同行此类纤介之事有司皆要横加干涉，所以曹植怒不可遏，愤而作诗。由此可见蔡邕的《述行赋》和曹植的《赠白马王彪》的创作动机相似，皆为抒愤。

　　其次，蔡邕的《述行赋》融纪行、写景、议论、抒情于一体的手法，对曹植的《赠白马王彪》有很大影响。《述行赋》作于桓帝延熹二年（159），当时由于宦官参与诛杀梁冀有功而被封侯，东汉从此开启了"五侯"专权的时代。此种情况下，朝廷征召蔡邕前往京师，在途中，蔡邕撰写了《述行赋》。由于从陈留到洛阳，所经多是先朝故地，历史遗迹甚多，蔡邕每到一处，就联想起与该地相关的掌故，把自己的悲慨寄寓在历史事实的陈述中，并将纪行、叙事、议论融为一体。如在大梁，蔡邕联想起信陵君窃符救赵的故事，不过不同于后世对窃符救赵一事多有赞美，其云："夕宿余于大梁兮，消无忌之称神。哀晋鄙之无辜兮，忽朱亥之篡军。"⑥ "夕宿余于大梁兮"是写自

---

① 萧统编，李善注：《文选》，中华书局，1977年，第340页。
② 陈寿：《三国志·魏书》卷二《文帝纪》，1959年，第83页。
③ 陈寿：《三国志·魏书》卷十九《任城陈萧王传》，中华书局，1959年，第564—565页。
④ 陈寿：《三国志·魏书》卷二十《武文世王公传》，中华书局，1959年，591页。
⑤ 陈寿：《三国志·魏书》卷十九《任城陈萧王传》，中华书局，1959年，561页。
⑥ 费振刚，胡双宝，宗明华：《全汉赋》，北京大学出版社，1997年，第566页。

己途径大梁,此句是纪行。接着蔡邕用"消"字批评信陵君矫制发兵,在此事上其显示出和司马迁不同的态度,同时用"哀"字表达了对无辜被杀的晋鄙的哀悼之情。"忽"四库本作"忿"字,"忿"字更明确地表现出作者对力士朱亥的谴责。因洛阳周围多山冈,所以作者此行多跋涉迤路的艰难,再加上此时朝政昏乱,正直之士或被杀戮或被贬斥,所以作者心中颇为抑郁,在此种愁苦心境下,作者笔下的自然景物颇为凄凉,其云:"岗岑纡以连属兮,豀谷复其杳冥。迫嵯峨以乖邪兮,廓严壑以峥嵘。攒楗朴而杂榛楛兮,被浣濯而罗布。"① 这里险峻的山崖,丛生的荆棘,象征着时局的艰难和仕途的险恶。接着作者又云"寻修轨以增举兮,邈悠悠之未央。山风汨以飙涌兮,气憯憯而厉凉。云郁术而四塞兮,雨濛濛而渐唐。仆夫疲而劬瘁兮,我马虺隤以玄黄。格莽丘而税驾兮,阴暳暳而不阳。"② 此处作者描写了风涌雨急,云层阴暗,天阴不阳,仆从疲惫的惨状,给衰败的社会渲染上了忧郁的色调,增加了悲凉的气氛。此段将写景和抒情融为一体,通过对凄凉的自然景物的描写,揭示了士人对政局的忧虑,揭示了桓帝时国衰民困的现实本质,展现了当时危机四伏的严峻形势。在陈述了一系列的历史典故之后,作者直接描写现实,其云:

贵宠煽以弥炽兮,贪守利而不戢。前车覆而未远兮,后乘驱而竞入。穷变巧于台榭兮,民露处而寝湿。清嘉谷于禽兽兮,下糠粃而无粒。弘宽裕于便辟兮,纠忠谏其侵急。怀伊吕而黜逐兮,道无因而获人。唐虞渺其既远兮,常俗生于积习。周道鞠为茂草兮,哀正路之日淴。③

这里作者揭露了人民的"寝湿""无粒"是由于豪族的"守利"所致,忠臣贤士的"黜逐"是由于皇帝对"便辟"的纵容所致,至此作者既揭示了桓帝时国衰民困的现实本质,又展现了当时危机四伏的严峻形势,同时将作者内心的忧愤倾泻而出。总之,《述行赋》通过跋涉千里的所见所闻,描绘出那触目惊心的社会现实,作者所见景物之萧瑟,旅途中作者的悲凉之感、忧愤之情皆有流露。赋中将纪行、写景、议论、抒情融为一体,达到了感人至深的效果。

曹植和蔡邕的作品一样也描写了旅途萧瑟的景物。曹植《赠白马王彪》一诗开头两章写朝觐京师之后东归封地,抒发了对京城的眷恋,描述旅途的艰险。曹植此诗虽名为赠别诗,但因为作于返回封地的途中,所以诗中着重描写了路途的艰险,抒发了愤懑的心情,此两点皆与蔡邕《述行赋》的内容相似。

---

① 费振刚,胡双宝,宗明华:《全汉赋》,北京大学出版社,1997年,第566页。
② 费振刚,胡双宝,宗明华:《全汉赋》,北京大学出版社,1997年,第567页。
③ 费振刚,胡双宝,宗明华:《全汉赋》,北京大学出版社,1997年,第567页。

曹植叙写路途的艰险云：

> 谒帝承明庐，逝将归旧疆。清晨发皇邑，日夕过首阳。伊洛广且深，欲济川无梁。泛舟越洪涛，怨彼东路长。"①

首句作者交代了描写旅途的原因，因为朝会已结束，即将返回封地。接着写东归之路的漫长和艰难。"伊洛广且深，欲济川无梁。泛舟越洪涛，怨彼东路长。"诗人的归途要经过伊水和洛水，河水既深且广，没有桥梁可以渡过，作者在这里想到路途的凶险，又遭遇生离死别，诗人在"怨彼东路长"一句中突出了"怨"字，以表示内心的伤悲。越过伊、洛二水之后，正逢霖雨，道路泥泞，欲行无路，人马疲累，不堪其苦，诗云："太谷何寥廓，山树郁苍苍。霖雨泥我涂，流潦浩纵横。中逵绝无轨，改辙登高岗。修坂造云日，我马玄以黄。"②太谷在洛阳东南五十里，诗人感到此时的太谷更加寂寥深远。"霖雨泥我涂"四句，写路上因为连日下雨，泥泞阻塞了归路，河水泛滥，四野洪潦，大路上无法通行，只得改走山路，登高陟险又增加了行旅之苦。陡峻的山路艰险异常，马匹都累病了。由于曹植此次东归和蔡邕归途的路线部分重合，所以曹植笔下艰险的路途和凄凉的景物与蔡邕赋中的描写相似。因为洛阳周围山岗林立，蔡邕在《述行赋》中也抒发了路途艰险的感受，其云：

> 岗岑纡以连属兮，豀谷复其杳冥。迫嵯峨以乖邪兮，廓严壑以峥嵘……寻修轨以增举兮，邈悠悠之未央。山风汩以飙涌兮，气慄慄而厉凉。云郁术而四塞兮，雨濛濛而渐唐。仆夫疲而劬瘁兮，我马虺隤以玄黄。③

相同的路线、相同的感受，致使蔡邕和曹植二人笔下描写的景物和悲凉的心情惊人地相似。

此外，曹植和蔡邕的作品中皆抒发了对小人的愤怒。曹植在《赠白马彪》中明确指出其兄弟不得同路相亲是由于小人的离间。"玄黄犹能进，我思郁以纡。郁纡将难进，亲爱在离居。本图相与偕，中更不克俱。鸱枭鸣衡轭，豺狼当路衢。苍蝇间白黑，谗巧令亲疏。"④作者云我马虽病犹能奋力前进，而我郁结的心情却无由纾解。作者心情郁结的原因是其和白马王虽是至亲骨肉，却连结伴同行的自由也被剥夺了，而阻止作者和白马王同行的正是监国使者这些小人，于是作者大声痛斥："鸱枭鸣衡轭，豺狼当路衢。苍蝇间白黑，谗巧令亲疏。"鸱枭是不祥之鸟，豺狼是恶兽，现在鸱枭竟然在乘舆之侧，可见皇帝身边小人之多，豺狼居然当道，可见政治的黑暗。作者痛恨小人像苍蝇一样，

---

① 萧统编，李善注：《文选》，中华书局，1977年，第340页。
② 萧统编，李善注：《文选》，中华书局，1977年，第340页。
③ 费振刚，胡双宝，宗明华：《全汉赋》，北京大学出版社，1997年，第566页。
④ 萧统编，李善注：《文选》，中华书局，1977年，第340页。

颠倒黑白、搬弄是非，致使亲兄弟被猜忌被疏远，在此作者迸发了不可遏制的悲愤。蔡邕《述行赋》中亦有对小人的愤怒，只不过蔡邕写的是宦官对于政局的祸乱，其云："皇家赫而天居兮，万方徂而并集。贵宠煽以弥炽兮，金守利而不戢。前车覆而未远兮，后乘驱而竞入。穷变巧于台榭兮，民露处而寝湿。消嘉谷于禽兽兮，下糠粃而无粒。弘宽裕于便辟兮，纠忠谏其侵急。"①蔡邕此赋中的"贵宠"指的是受皇帝宠幸的宦官，"贵宠煽以弥炽兮，金守利而不戢"即形容宦官的势力正日益嚣张，宦官群体贪图私利而不收敛。作者感叹前车之鉴未远，现实是权贵们用粮食喂养禽兽，而百姓却只能以糟糠为食。皇帝对谗佞之人表现出相当的宽容，而忠正直言的大臣却遭到参劾、纠察。在蔡邕看来桓帝时期整个朝廷小人当道、充满着乱象，而作者对奸佞小人充满了愤恨。

最后曹植和蔡邕的作品皆抒发了各自深沉的哀愁。蔡邕在《述行赋》的开头即描写其苦闷的心情云："余有行于京洛兮，遭淫雨之经时。涂屯邅其蹇连兮，潦汗滞而为灾。乘马蟠而不进兮，心郁伊而愤思。聊弘虑以存古兮，宣幽情而属词。"②作者此次进京正值淫雨经时，久雨造成了行路的艰难可知。时局的艰险，路途的泥泞造成了作者心中情感的郁结，而本篇也是作者抒发愤懑之作。结尾通过对所过古迹的记述，表现了作者对朝政积重难返的无力感，其云：

跋涉遐路，艰以阻兮。终其永怀，窘阴雨兮。历观群都，寻前绪兮。考之旧闻，厥事举兮。登高斯赋，义有取兮。则善戒恶，岂云苟兮？翩翩独征，无俦与兮。言旋言复，我心胥兮。③

这里旅途跋涉的艰辛，遭遇阴雨天气的窘迫，长途旅行的孤独，一起构成了蔡邕心中难以排解的愁思。与蔡邕在赋中抒发的愁苦之情相似，曹植《赠白马王彪》一诗的第四、五章通过对秋天原野日暮凄凉景象的描写，抒发了作者感物怆怀的心情。诗云：

踟蹰亦何留？相思无终极。秋风发微凉，寒蝉鸣我侧。原野何萧条，白日忽西匿。归鸟赴乔林，翩翩厉羽翼。孤兽走索群，衔草不遑食。感物伤我怀，抚心长太息。④

此节作者借景抒怀，在八句中描写了秋风、寒蝉、落日、归鸟、孤兽等物象。倦鸟思归，孤兽求侣，这些意象增添了作者的离别之悲，而作者内心的哀

---

① 费振刚，胡双宝，宗明华：《全汉赋》，北京大学出版社，1997年，第567页。
② 费振刚，胡双宝，宗明华：《全汉赋》，北京大学出版社，1997年，第566页。
③ 费振刚，胡双宝，宗明华：《全汉赋》，北京大学出版社，1997年，第567-568页。
④ 萧统编，李善注：《文选》，中华书局，1977年，第341页。

痛，只能付之长叹，所谓的"感物伤我怀，抚心长太息"。诗的第五章，作者进一步倾诉哀痛的缘由，痛感人生无常，任城王的暴卒引发了作者的死生之感，对白马王则有更深离别之悲哀。诗云："太息将何为，天命与我违。奈何念同生，一往形不归。孤魂翔故城，灵柩寄京师。存者忽复过，亡没身自衰。"①感叹命运总是违背心愿，作者由任城王的仓猝离世联想到生者的亡没也在所难免。这几句情绪低沉而词意激烈。"人生处一世，去若朝露晞。年在桑榆间，影响不能追。自顾非金石，咄唶令心悲"②六句，作者想到人生如朝露般短暂，而自己也非金石，抚事怆怀，抑制不住内心的悲哀。

　　总之，曹植的《赠白马彪》无论是从叙写行程，景物描写，议论时政还是抒发忧愤皆有摹拟蔡邕《述行赋》的痕迹，其原因是曹植东归的路线与蔡邕赴洛所经路线部分重合，且二人作品中所抒发的情绪相似，再加上曹植在黄初四年（223）后徙封雍丘，太和元年（227），又徙封浚仪，而雍丘和浚仪皆属陈留，且距离蔡邕的故乡圉县颇近，所以曹植对蔡邕的作品大抵较为熟悉，进而摹拟蔡作是有可能的。另外曹植处在诗、赋并行的时代，其诗歌明显受到赋的影响，此点黄节先生已经指出，其云曹植："驱屈宋之辞，析扬、马之赋而为诗。"③辞赋对曹植诗歌的影响可见一斑。具体到蔡邕的《述行赋》对曹植《赠白马王彪》的影响，正如曹旭先生所指出的："如蔡邕的《述行赋》，边行走、边写景、边抒情、边议论、边感怀，此后三曹七子如曹植的《赠白马王彪》，乃至老杜的《北征》《自京赴奉先县咏怀五百字》均胎源于此。"④不唯蔡邕对曹植的创作有影响，陈留文人边让的《章华台赋》对曹植的《洛神赋》，蔡邕的《静情赋》对陶渊明的《闲情赋》皆有一定的影响。而蔡邕的碑诔文《司徒袁公夫人马氏碑铭》，文中描写马氏去世后，其子女睹物思人、无所依靠之沉痛十分感人，其云"往而不返，潜沦大幽。呜呼哀哉，几筵虚设，帷帐空陈，品物犹在，不见其人。魂气飘飘，焉所安神？兄弟何依？姊妹何亲？"⑤"几筵虚设，帷帐空陈，品物犹在，不见其人。"极写马氏去世后子女的哀伤。这种睹物思人式的抒情方式对后世的悼亡诗有着直接的影响，如西晋潘岳著名的《悼亡诗》"望庐思其人，入室想所历。帏屏无髣髴，翰墨有馀迹。流芳未及歇，遗挂犹在壁"⑥就受蔡文的影响。由此可见，汉末陈留文人的创作对魏晋文学的影响深远。

---

① 萧统编，李善注：《文选》，中华书局，1977年，第341页。
② 萧统编，李善注：《文选》，中华书局，1977年，第341页。
③ 黄节：《曹子建诗注·阮步兵咏怀诗注》，中华书局，2008年，第3页。
④ 曹旭、文志华：《辞赋遗传与宫体诗新变》，《上海师范大学学报》，2011年，第3期。
⑤ 邓安生：《蔡邕集编年校注》，河北教育出版社，2002年，第334页。
⑥ 萧统编，李善注：《文选》，中华书局，1977年，第330页。

参考文献

主要参考书目：

[汉] 司马迁撰，[宋] 裴骃集解，[唐] 司马贞索引，[唐] 张守节正义：《史记》，北京，中华书局，1959。

[汉] 班固撰，[唐] 颜师古注：《汉书》，北京，中华书局，1962。

[汉] 刘向辑录，范祥雍笺证：《战国策笺证》，上海，上海古籍出版社，2006。

[汉] 王充撰，黄晖校释：《论衡校释》，北京，中华书局，1990。

[汉] 王符撰，[清] 汪继培笺，彭铎校正《潜夫论笺校正》，北京，中华书局，1985。

[汉] 刘珍等撰，吴树平校注：《东观汉记》，郑州，中州古籍出版社，1987。

[三国] 刘劭撰，伏俊琏注释：《人物志译注》，上海，上海古籍出版社，2008。

[晋] 陈寿撰，[宋] 裴松之注：《三国志》，北京，中华书局，1959。

[南朝宋] 范晔撰，[唐] 李贤注：《后汉书》，北京，中华书局，1965。

[南朝梁] 刘勰著、范文澜注：《文心雕龙注》，北京，人民文学出版社，1958。

[南朝梁] 萧统编，[唐] 李善注：《文选》，北京，中华书局，1977。

[南朝梁] 刘勰撰，詹锳义证：《文心雕龙义证》，上海，上海古籍出版社，1989。

[南朝梁] 钟嵘著，曹旭笺注：《诗品集注》，上海，上海古籍出版社，2011。

[唐] 房玄龄等撰：《晋书》，北京，中华书局，1974。

[唐] 刘知几著，[清] 浦起龙通释，王煦华整理《史通通释》，上海，上海古籍出版社，2009。

[唐] 杜佑：《通典》，杭州，浙江古籍出版社，2000。

［宋］司马光编，［元］胡三省注：《资治通鉴》，北京，中华书局，2011。

［宋］洪兴祖：《楚辞补注》，北京，中华书局，1983。

［宋］朱熹：《诗集传》，北京，中华书局，2017。

［明］吴讷、徐师曾著，于北山、罗根泽校点：《文章辨体序说·文体明辨序说》，北京，人民文学出版社，1962。

［明］顾炎武著、黄汝成集释，乐保群、吕宗力校点：《日知录集释》，上海，上海古籍出版社，2006。

［清］严可均：《全上古三代秦汉三国六朝文》，北京，中华书局，1958。

［清］孙星衍等辑，周天游校点：《汉官六种》，北京，中华书局，1990。

［清］王先慎：《韩非子集解》，北京，中华书局，1998。

［清］王先谦：《后汉书集解》，扬州，广陵书社，2006。

［清］阮元校刻：《十三经注疏》，北京，中华书局，2009。

［清］皮锡瑞著，周予同注释：《经学历史》，北京，中华书局，2011。

［清］魏源著，何慎怡校点：《魏源全集》，长沙，岳麓书社，1989。

［清］何焯：《义门读书记》，北京，中华书局，1987。

严耕望：《严耕望史学论文集》，北京，中华书局，2006。

黄侃：《文心雕龙札记》，北京，中华书局，2006。

刘师培：《汉魏六朝专家文研究》，上海，商务印书馆，2010。

余嘉锡：《世说新语笺疏》，北京，中华书局，2007。

钱基博：《中国文学史》，北京，中华书局，1993。

范文澜：《中国通史简编》，北京，人民出版社，1964。

鲁迅：《鲁迅全集》，北京，人民文学出版社，1973。

钱钟书：《管锥编》，北京，三联书店，2007。

逯钦立：《先秦汉魏晋南北朝诗》，北京，中华书局，1983。

王先谦：《后汉书集解》，北京，中华书局影印本，1984。

陆侃如：《中古文学系年》，北京，人民文学出版社，1985。

余英时：《士与中国文化》，上海，上海人民出版社，1987。

曹道衡：《汉魏六朝辞赋》，上海，上海古籍出版社，2011。

曹道衡、沈玉成：《中古文学史料丛考》，北京，中华书局，2003。

刘跃进：《秦汉文学地理及文人流布》，北京，中国社会科学出版社，2012。

罗宗强：《魏晋玄学与士人心态》，天津，天津教育出版社，2005。

骆鸿凯：《文选学》，北京，中华书局，1989。

张峰屹：《西汉文学思想史》，天津，南开大学出版社，2001。

马积高：《赋史》，上海，上海古籍出版社，1987。

吴树平：《秦汉文献研究》，济南，齐鲁书社，1988。

袁济喜：《两汉精神世界》，北京，中国人民大学出版社，1994。

卢云：《汉晋文化地理》，西安，陕西人民出版社，1991。

倪其心：《汉代诗歌新论》，南昌，百花洲文艺出版社，1992。

郭维森、许结：《中国辞赋发展史》，南京，江苏教育出版社，1996。

费振刚、胡双宝、宗明华：《全汉赋》，北京，北京大学出版社，1997。

王琳：《六朝辞赋史》，哈尔滨，黑龙江教育出版社，1998。

于迎春：《秦汉士史》，北京，北京大学出版社，2000。

钱穆：《先秦诸子系年》，上海，商务印书馆，2001。

卞孝萱、王琳：《两汉文学》，合肥，安徽教育出版社，2001。

邓安生：《蔡邕集编年校注》，石家庄，河北教育出版社，2002。

龚克昌：《中国辞赋研究》，济南，山东大学出版社，2003。

杨宽：《西周史》，上海，上海人民出版社，2004。

龚鹏程：《中国文人阶层史论》，兰州，兰州大学出版社，2004。

蓝旭：《东汉士风与文学》，北京，人民文学出版社，2004。

费振刚、仇仲谦、刘南平校注：《全汉赋校注》，广东，广东教育出版社，2005。

周振鹤：《西汉政区地理》，北京，人民出版社，1987。

李晓杰：《东汉政区地理》，济南，山东教育出版社，1999。

钱林书：《续汉书郡国志汇释》，合肥，安徽教育出版社，2007。

杨伯峻：《春秋左传注》，北京，中华书局，2009。

刘志伟：《汉魏六朝文史论衡》，上海，上海古籍出版社，2012年。

高长山：《蔡邕评传》，北京，中华书局，2009。

吕友仁、吕咏梅译注：《礼记全译孝经全译》，贵阳，贵州人民出版社，2009。

王启才：《汉代奏议的文化意蕴与美学阐释》，北京，人民出版社，2009。

陈君：《东汉社会变迁与文学演进》，北京，中国社会科学出版社，2012。

王运熙：《王运熙文集》，上海，上海古籍出版社，2012。

陈海燕：《蔡邕研究》，北京，清华大学出版社，2013。

［美］康达维著、苏瑞隆译：《汉代宫廷文学与文化探微：康达维自选集》，上海，上海译文出版社，2013。

［日］冈村繁著，陆晓光译：《周汉文学史考》，上海，上海古籍出版社，2002。

聂济冬：《东汉士风与文人文学》，济南，山东大学出版社，2011年。

黄文平：《东汉汝颍士人与士风》，杭州，杭州师范大学，2012年古代文学硕士论文。

主要参考单篇论文：

冉德昭：《蔡邕评传》，《励学》，1933年第1期。

孙作云：《从读史的方面谈谈〈诗经〉的时代和地域性》，《历史教学》，1957年第3期。

董志广：《阮瑀与建安文学》，《天津师大学报》，1987年第3期。

周勋初：《潘勖〈九赐〉与刘勰崇儒》，《社会科学战线》，1989年第1期。

吴明贤：《蔡邕赋论》，《四川师范大学学报》，1990年第4期。

后藤秋正：《蔡邕童幼胡根碑铭与哀辞》，《佳木斯师专学报》，1996年第3期。

詹福瑞：《文士、经生的文士化与文学的自觉》，《河北学刊》，1998年第4期。

刘成纪：《宋陈文化与宋陈之学》，《社会科学战线》，1998年第5期。

李炳海：《跋涉遐路 感今思古——汉代纪实性述行赋品评》，《古典文学知识》，1999年第3期。

刘太祥：《河南汉代的文化格局及成因》，《周口师范高等专科学校学报》，1999年第4期。

张峰屹：《'发愤'与'发奋'——司马迁'发愤著述'说双重内涵及其超越时代的意义》，《文学前沿》，2000年第2期。

汤力伟：《先秦寓言中愚人形象分类及宋人居多的原因》，《湘潭大学学报》，2001年第1期。

胡宝国：《汉晋之际的汝颍名士》，《历史研究》，1991年，第5期。

韩秉方：《老子铭》，《江西社会科学》，2002年第1期。

跃进：《东观著作的学术活动及其文学影响研究》，《文学遗产》，2004年第1期。

韩高年：《西汉咏物小赋源流概论》，《中国韵文学刊》，2004年第2期。

蓝旭：《汉末士风述论》，《江苏行政学院学报》，2004年第3期。

朱维铮：《班昭考》，《中华文史论丛》，2006年第2期。

王文革：《从〈世说新语〉看魏晋风度的审美本质》，《华中师范大学学报》，2007年第3期。

王子今：《论申屠蟠'绝迹于梁砀之间'》，《中州学刊》，2009年第

6 期。

陈君：《东汉立碑之风与蔡邕的碑文成就》，《古典文学知识》，2010 年第 3 期。

金荣权：《陈国文化与〈诗经·陈风〉》，《中州学刊》，2010 年第 5 期。

刘志伟：《边让〈章华台〉考论》，《中国文学研究》，2012 年第 2 期。

王允亮：《汉魏六朝纪行赋考论》，《中国文学研究》，2012 年第 3 期。

李春青：《文人身份的历史生成及其对文论观念之影响》，《文学评论》，2012 年第 3 期。

李春青：《闲情逸趣：古代文人趣味的基本特征及其文化政治意蕴》，《江海学刊》，2013 年第 5 期。

李春青：《作为研究视角的趣味》，《中国图书评论》，2014 年第 10 期。

李建华：《东汉洛阳兰台、东观文人群体及其创作考论》，《古籍整理研究学刊》，2015 年第 1 期。

袁济喜：《论蔡邕与汉魏文学观念之禅代》，《武汉大学学报》，2015 年第 1 期。

许结：《论东汉赋的历史化倾向》，《文史哲》，2016 年第 3 期。

曹旭、蒋碧薇：《宫体诗与汉魏六朝赋的悖论》，《复旦学报》，2019 年第 1 期。

宋展云《汝颖文化兴起与汉魏之际文风的演变》，《文艺评论》，2014 年第 4 期。

东汉晚期陈留文人群体附录

时代	姓名	籍贯	出处	事迹
顺、桓	杨匡	陈留人	《后汉书·李杜列传》	"（杜）乔故掾陈留杨匡闻之，号泣星行到洛阳，乃著故赤帻，托为夏门亭吏，守卫尸丧，驱护蝇虫，积十二日，都官从事执之以闻。梁太后义而不罪。"
顺、桓	边韶	陈留浚仪	《后汉书·文苑传》	"陈留浚仪人也。以文章知名，教授数百人。"
顺、桓	史敞	陈留考城	《后汉书·吴延史卢赵列传》	"顺帝时以佞辩至尚书"
顺、桓	吴祐	陈留长垣	《后汉书·吴延史卢赵列传》	"常牧豕于长垣泽中，行吟经书。"
顺、桓	黄真	陈留雍丘	《后汉书·吴延史卢赵列传》	"真后亦举孝廉，除新蔡长，世称其清节。"
顺、桓	蔡朗	陈留圉人	《蔡邕集·琅琊王傅蔡朗碑》	"以鲁诗教授，生徒云集。"
桓帝	范冉	陈留外黄	《后汉书·独行传》	"冉好违时绝俗，为激诡之行。"
桓帝	范协	陈留外黄	《后汉书·独行传》	范冉弟"冉见徵车徒骆驿，遂不自闻，惟与弟共辩论于路。"
桓帝	爰延	陈留外黄	《后汉书·杨李翟应霍爰徐列传》	"爰延字季平，陈留外黄人也。清苦好学，能通经教授。"
桓帝	史弼	陈留考城	《后汉书·吴延史卢赵列传》	"弼为政特挫抑强豪，其小民有罪，多所容贷。"

续 表

时代	姓名	籍贯	出处	事迹
桓帝	仇览	陈留考城	《后汉书·循吏列传》	"览入太学。时,诸生同郡符融有高名,与览比宇,宾客盈室。览常自守,不与融言。"
桓帝	夏馥	陈留圉人	《后汉书·党锢列传》	"馥虽不交时宦然以声名为中官所惮……捕为党魁。"
桓帝	朱震	陈留人	《后汉书·陈王列传》	"蕃友人陈留朱震,时为铚令,闻而弃官哭之,收葬蕃尸,匿其子逸于甘陵界中。"
桓、灵	仇玄	陈留考城	《后汉书·循吏列传》	"(仇览)三子皆有文史才,少子玄,最知名。"
桓、灵	蔡质	陈留圉人	《晋书》卷八十一《蔡豹传》	蔡质在灵帝时官至尚书,曾撰《汉官典职仪式》
桓、灵	张升	陈留尉氏	《后汉书·文苑传》	"升少好学,多关览,而任情不羁。"
桓、灵	史叔宾	陈留人	《后汉书·郭符许列传》	"后果以论议阿枉败名云。"
桓、灵	符融	陈留浚仪	《后汉书·郭符许列传》	"后游太学,师事少府李膺。膺风性高简,每见融,辄绝它宾客,听其言论。融幅巾奋袖,谈辞如云"

续　表

时代	姓名	籍贯	出处	事迹
桓、灵	左原	陈留人	《后汉书·郭符许列传》	"为郡学生，犯法见斥。林宗尝遇诸路，为设酒肴以慰之。"
桓、灵	茅容	陈留人	《后汉书·郭符许列传》	"林宗行见之而奇其异，遂与共言，因请寓宿。"
桓、灵	韩卓	陈留浚仪	《后汉书·郭符许列传》	"（符）融一往，荐达郡士范冉、韩卓、孔伷等三人"
桓、灵	孔伷	陈留浚仪	《后汉书·郑孔荀列传》	"孔公绪清谈高论，嘘枯吹生。"孔伷字公绪。
桓、灵、献	蔡邕	陈留圉人	《后汉书·蔡邕列传》	"少博学，师事太傅胡广。好辞章、数术、天文，妙操音律。"
灵、献	黄忠	陈留人	《后汉书·周黄徐姜申屠列传》	"大将军何进连征（申屠蟠）不诣，使蟠同郡黄忠书劝曰……"
献帝	蔡琰	陈留圉人	《后汉书·列女传》	"兴平中，天下丧乱，文姬为胡骑所获，……在胡中十二年，生二子。"
献帝	路粹	陈留人	《后汉书·郑孔荀列传》	"少学于蔡邕，初平中随车驾至三辅，建安初以高第擢拜尚书郎。后为军谋祭酒，与陈琳、阮瑀等典记室。"

续 表

时代	姓名	籍贯	出处	事迹
献帝	潘勖	陈留中牟	《三国志·魏书·武帝纪》	"(《册魏王九锡文》)后汉尚书左丞潘勖之辞也。勖字元茂,陈留中牟人。"
献帝	毛玠	陈留平丘	《三国志·魏志·毛玠传》	"少为县吏,以清公称。……玠尝为东曹掾,与崔琰并典选举。其所举用,皆清正之士。"

后　记

　　难以忘记十几年前读本科时第一次接触古代文学的情形，那时我们在教室里竖起耳朵听老师讲《逍遥游》，目不转睛地看着黑板，生怕漏掉黑板上的每一个字。是本科老师将我引上了古代文学的道路，是诗词和古文伴我度过了孤寂的大学时光。

　　还记得考研、考博前的紧张和艰辛，读研、读博后的快乐和煎熬，这种感觉伴随了我整个六年的研究生生涯。时至今日我依然记得在长春读研时，每个从图书馆自习回来的晚上，那迎面吹来的刺骨的寒风。也记得在南开读博时，春夏之间，某个周末的晚上和朋友绕过马蹄湖、新开湖一直散步到天大，大家一路欢声笑语，那笑声可以响彻整个夜空。

　　时光如梭，转眼我已经工作几年了。这些年肩负工作的压力，微尝人情的冷暖，一路走来，实属不易。眼下，小书要出版了，心里感慨万千。它是我人生的第一本书，我知道它还很幼稚，但这个题目是我自己独立寻找到的，虽然未见得有多大的学术价值，但它对我来说是一个很好的锻炼。学术这条路，艰辛异常，我不敢说自己现在已经有了独立的研究能力，但这些年来自己从未停止过思考和探索。今年的感恩节，我收到了一个杂志的用稿通知，这篇文章的录用对我来说是个极大的鼓励，因为它是我自己投稿成功的文章，虽然不是顶级期刊，但它给了我坚持下去的勇气。

　　虽然我现在还没有做到很好，但在这里我还是要感谢出现在我生命中的师长和亲友。感谢我的父母，是他们给予我生命；感谢我的导师卢盛江先生，是他录取了我，并将我引向学术的道路；感谢张峰屹老师、查洪德老师、张毅老师、杨洪升老师、卢燕新老师、袁济喜老师、曹书杰老师、陈向春老师、曹胜高老师、柏俊才老师、高长山老师、张振龙老师、李民老师和金荣权老师，是他们点亮了我的求学生涯；感谢李、智、张三位师兄，感谢白、郭二位师姐，感谢邹、钟二位师弟，感谢文、王、袁、宝、郝五位师妹，是他们让我感受到了师门的温暖；感谢我远在郑州、济南、北京、重庆、延安、太原、许昌的挚友，感谢我在师大化材、经管学院和马院的好友，感谢我临汾新医院的好友，你们的陪伴不但让我感受到温暖，还给了我莫大的勇气，是你们支撑了我的情感世界；感谢师大古代文学教研室的郭师兄，来到临汾后，其视我为妹，我尊其为兄，在我万分焦虑时，是郭师兄百忙中抽时间帮我修改论文的框架结构，使我的论文看上去像个论文样子；感谢办公室常驻人员鲁师兄的照拂；感谢小魏、老孙、老崔，这三位好友抽时间帮我修改论文；感谢古代文学教研室的其他诸位老师，给予我鼓励和温暖；谢谢我的学生达娇、马素英等，他们帮我校对了部分注释；感谢某人，给予我快乐、安稳的生活，可以让我在学术的道路上有自己追求。感谢文献出版社的杜编辑，她与我交流时的耐心细致，让我感觉如沐春风。

"四十不惑"，再过几年我也到了不惑之年，我希望那时的我更加笃定，在学术上和人生中找准自己的方向，然后向着心目中的方面不断前行。过而立之年以后，就会明白，自己能改变东西的很少，自己能达到的高度也不高，还好自己生性淡然，对我来说，能够在读书和教学中感受到快乐就好。转眼又是一年，希望我所有的亲友都生活愉快，精神愉悦，"皇恩若许归田去，晚岁当为邻舍翁。"期待着有朝一日能过上归园田居、与友为邻的生活。

亚铮书于山师
2019 年 12 月 2 日